Nicole Bacharan
Dominique Simonnet

Le Livre de Némo

Roman

Seuil

Dépôt légal : avril 2001

Isbn : 2-02-049846-4

N° 49846

(Isbn : 2-02-032107-6, 1re publication)

www.seuil.com

A Isabelle, Caroline, Johanna, Antonin et Célia,
qui nous ont inspiré Némo, leur frère de papier.
Ce que nous croyons juste et bon, pour vivre
sur cette drôle de planète avec un peu plus d'humanité.

Conception graphique & images : Double

Remerciements

A ceux qui, à diverses occasions, nous ont fait part de leur science ou de leurs conseils, et qui ont parfois inspiré nos personnages...

- **Jean-Philippe Lauer, égyptologue, architecte**, qui, à Saqqarah, au pied de sa pyramide, nous a bouleversés par sa chaleur et sa sensibilité.
- **Stella Baruk, mathématicienne**, qui nous a invités dans une classe vraiment pas comme les autres.
- **Yves Coppens, professeur au Collège de France**, qui nous a entraînés sur les traces des premiers hommes, et de la petite Lucy.
- **Jean Clottes, conservateur général du patrimoine**, qui nous a ouvert les portes du trésor de Lascaux pour une demi-heure de magie.
- **Jean Courtin, préhistorien**, qui a corrigé nos chiffres hâtifs et remis Cro-Magnon à sa place.
- **Denis Guedj, mathématicien**, qui a veillé sur nos équations avec vélocité et bon sens.
- **Jean Guilaine, professeur au Collège de France**, qui nous a fait grimper les chemins caillouteux de la préhistoire.
- **Albert Jacquard, généticien**, qui nous a fait longuement réfléchir sur cette chose étrange qu'on appelle intelligence.
- **André Langaney, anthropologue**, qui nous a raconté avec passion comment le drôle d'animal humain a envahi la planète.
- **François Larché, architecte**, qui nous a patiemment menés dans les dédales du temple de Karnak.
- **Sylvie Ozenne, restauratrice**, qui, dans le tombeau de Ramsès II, a illuminé pour nous les jolies déesses antiques.
- **Hubert Reeves, astrophysicien**, qui nous a aidés à découvrir l'éclat d'une galaxie et nous a avertis quand nous nous trompions d'étoiles.
- **Joël de Rosnay, directeur à la Cité des sciences**, qui nous a raconté comment sont nées les algues bleues et les petites bestioles.
- **Kent Weeks, archéologue**, qui, dans la Vallée des Rois, nous a présentés à Osiris au fond de la tombe interdite.
- **Sunita Singh**, pour l'Inde, l'Amérique, le thé et les encouragements du bout de la nuit.
- Nos parents, **Denise et Marcel Simonnet, et Ginette Guy**, qui nous ont appris l'essentiel et dont l'humanité a inspiré chaque page de ce livre.

Et à nos premiers lecteurs, **Isabelle, Antonin, Caroline, Johanna, Célia et Marie**, qui ont noirci nos manuscrits de leurs remarques savantes.

Chapitre 1
Tu es Némo

Drôle de réveil

« Tit... Tit... Tit... Tit... Tit... Tit... Tit... » Le tintement, de plus en plus aigu, de plus en plus insistant, lui déchirait les oreilles et résonnait douloureusement à l'intérieur de son crâne.

« Tit... Tit... Tit... Tit... Tit... » Il avait l'impression de sortir d'une longue nuit, une nuit sans couleur ni bruit. Son corps léger, si léger, retrouvait peu à peu sa sensibilité. Il en percevait de nouveau le poids, il en devinait les contours, il sentait maintenant son dos, ses jambes, ses bras... sa tête où retentissait ce son lancinant.

« Tit... Tit... Tit... Tit... Tit... » Il tenta de soulever ses paupières alourdies par le profond sommeil d'où il émergeait. Il ouvrit les yeux, et les referma aussitôt, aveuglé par la lumière blanche, trop blanche. Il recommença, lentement, doucement...

– Je crois qu'il se réveille, chuchota le docteur, penché au-dessus du lit.

– Némo... murmura une voix voilée par l'émotion. Némo...

Assise à son chevet, la mère de Némo tenait la main de son fils bien serrée au creux de la sienne. Une chaleur nouvelle courait dans ses doigts ; Némo s'animait, Némo revenait à la vie.

Dans la petite chambre d'hôpital, tout le monde parut soulagé. Le père de Némo s'approcha. Comme d'habitude, il restait silencieux, calme en apparence, mais il avait l'impression de revenir de l'enfer. Pendant quelques heures, il avait vécu le pire des cauchemars que puisse faire un parent. Il entendait encore la voix hésitante du policier au téléphone, lui annonçant l'accident : « Votre fils, monsieur, vient d'être renversé par une voiture... » À cette seconde-là, son monde s'était effondré. Il avait couru, couru, couru jusqu'au centre des urgences, hurlé au visage d'une employée trop lente à lui indiquer le chemin de la chambre, bousculé une infirmière qui poussait un chariot... Némo, son garçon, son seul enfant, était peut-être en train de mourir.

Mais il le voyait maintenant, allongé sur le lit, vivant et apparemment en bonne santé. Némo avait redressé sa petite tête brune et regardait autour de lui, de ses grands yeux si bleus, « ses morceaux d'océan », comme disait toujours sa maman.

– Tout va bien, reprit le médecin, rassurant, en se frottant le crâne. L'accident lui a causé un grand choc, mais il n'a rien de cassé, rien de grave. Il est robuste pour ses onze ans, et il devrait se rétablir rapidement.

« Tit... Tit... Tit... Tit... Tit... Tit... Tit... » Le regard étonné de Némo se posait sur chaque visage. Il referma les yeux, les rouvrit. Les trois têtes étaient penchées sur lui. Qui étaient ces personnages ? Que lui voulaient-ils ? Et toujours ce bruit... Il tendit la main, pour essayer de l'arrêter.

Le docteur Benoît comprit son geste. Il s'avança vers un appareil situé près du lit, appuya sur un bouton. « Tit. » Les petites notes cessèrent.

– Cela nous permettait de surveiller les battements de ton cœur, mais nous n'en avons plus besoin maintenant, dit-il en s'adressant à Némo. Comment te sens-tu ? Tu m'entends ?

Némo regardait les lèvres de l'homme remuer. Il écoutait les sons qui en sortaient...

– Tu m'entends, Némo ? répétait le médecin. Némo ?

Que signifiait tout cela ? Que lui arrivait-il ? Où était-il ? Némo ne comprenait pas ce qu'il voyait, il ne comprenait pas ce qu'il entendait... Il se sentait perdu dans un monde inconnu, et il n'avait qu'une envie : fermer les yeux et s'endormir à nouveau.

– Némo ? Némo ? répétait le médecin, d'une voix inquiète. Quelque chose ne va pas, poursuivit-il en se tournant vers les parents. Je crois que nous allons devoir faire de nouveaux examens.

Il a tout oublié !

Les murs étaient blancs, les plafonds étaient blancs, les vêtements des infirmiers étaient blancs... Même leurs souliers étaient blancs. Dans l'ascenseur blanc qui la conduisait à l'étage des accidentés, Sunita se demandait pourquoi les hôpitaux n'avaient pas droit à la couleur. Ici, tout était calme, lent et blanc. On avait l'impression d'être ailleurs, dans un monde de coton, où il fallait parler à voix feutrée et marcher sur la pointe des pieds.

Elle avait dû attendre deux jours pour obtenir la permission de rendre visite à Némo. Deux jours interminables... Pour elle, Némo était bien plus qu'un camarade de classe. C'était son confident. Et même... son amoureux. Il avait de si beaux yeux, et elle le trouvait si intelligent. Bien sûr, elle n'en parlait à personne. De toute façon, les adultes ne croient pas que l'on peut aimer à cet âge-là. « Onze ans, c'est bien trop jeune, tu verras quand tu seras grande, Sunita ! Et patati et patata », répétait sa maman. Mais Sunita en était sûre, Némo et elle s'aimaient vraiment.

Et maintenant, dans ce couloir d'hôpital qui sentait le médicament, elle se tenait là, désemparée, avec son jean effrangé et ses cheveux noirs en bataille qui lui couvraient les épaules.

Le docteur Benoît, celui qui soignait Némo, l'attendait dans le couloir. Il souhaitait lui dire quelques mots avant qu'elle rende visite à son ami. Vêtu d'une longue blouse, blanche évidemment, le médecin avait l'air à la fois doux et comique, avec sa toute petite touffe de cheveux sur le crâne et son gros nœud papillon. Il lui annonça la nouvelle directement :

– Némo a perdu la mémoire. Il ne se souvient de rien.

Sunita resta un moment sans réagir. Que voulait-il dire ? Elle connaissait Némo depuis l'âge de deux ans ! Ils ne s'étaient jamais vraiment quittés tous les deux. Ils parlaient de tout : de ce qu'ils voyaient à la télé, des riches et des pauvres, du monde, quoi. Et bien sûr, des garçons et des filles, des parents, de l'amour, et même de Dieu. Ils échangeaient toutes leurs pensées...

Et Némo ne se souvenait de rien ? De rien du tout ? Pas même d'elle, Sunita ? Ni de leur... enfin... leur secret ?

– Hélas, non, lui répondit le médecin. On appelle cela une « amnésie ».

– Une quoi ? Sunita ne comprenait pas.

– Une perte totale de mémoire, reprit le médecin plus doucement. Imagine que tu te réveilles un jour, la tête vide. Mais vraiment vide. Comme si quelqu'un avait tout effacé pendant ton sommeil. Tes idées, tes pensées, tes souvenirs. Tout. Au point de ne plus savoir où tu es, ni qui tu es. Au point d'avoir oublié tes amis, ta maison, tes parents, ton propre nom, toute ta vie passée. Et bien, c'est exactement ce qui vient d'arriver à Némo.

– Mais ce n'est pas possible !

Sunita ne pouvait pas y croire. Némo était vivant, mais... effacé ! disparu ! C'était trop absurde ! Elle posa la seule question logique qui lui vint à l'esprit :

– Elle est partie où, la mémoire de Némo ?

Le médecin soupira, ce qui ne rassura pas Sunita.

– Je l'ignore, répondit-il. On ne sait pas bien ce qui se produit dans le cerveau d'un être humain.

Sunita le regardait avec des yeux pleins de larmes, et le docteur Benoît comprit que son explication ne suffisait pas.

– Tu as déjà utilisé un ordinateur ? reprit-il.

Sunita hocha la tête. Elle se rappelait les heures passées à jouer devant l'ordinateur de Némo, et elle ferma un instant les yeux pour ne pas recommencer à pleurer. Le médecin se dépêcha de continuer :

– Quand tu enregistres un texte, il s'inscrit dans la mémoire de la machine, n'est-ce pas ? Mais si l'ordinateur est endommagé, il est parfois impossible de le récupérer. Eh bien, à cause de son accident, Némo se trouve dans la même situation. La plupart de ses souvenirs sont peut-être restés dans sa tête, mais il ne peut plus les faire revenir.

– Bonjour… firent deux petites voix timides.

Paul et Arthur, deux copains de l'école, hésitaient à quelques mètres d'eux. Le médecin leur fit signe d'approcher.

– Il a tout oublié, tout, tout, tout ! Il ne sait même plus son nom ! leur annonça Sunita. Il est amnésique !

– C'est pas vrai ! dit Paul, en ouvrant des yeux ahuris derrière ses petites lunettes.

En classe, on avait parlé de l'accident de Némo, mais pas d'une horreur pareille !

– Il est complètement débile, alors ? demanda Arthur, consterné.

Il souffla un bon coup pour écarter la longue mèche qui lui tombait sur le nez. C'était sa manière de se recoiffer.

– Ah non ! intervint le médecin. Némo est toujours intelligent ! Son cerveau fonctionne bien. Mais je crois qu'il va devoir tout réapprendre.

Il y eut un long silence. C'était tellement incroyable…

– Ça va être gai, chuchota Paul à l'oreille d'Arthur.

– On peut le voir ? demanda Sunita, de plus en plus perdue.

– J'allais justement vous le proposer. Mais attention ! Il faut être très calme, Némo discute en ce moment avec une de nos infirmières. Vous savez, il est possible que sa mémoire revienne en vous voyant.

Un peu inquiets, les trois enfants suivirent le médecin et se glissèrent dans la chambre. Némo était assis sur le lit, les sourcils froncés. Pâle, perdu dans la blancheur des draps, il affichait ce petit air de défi qui plaisait tant à Sunita.

Celle-ci retint un instant le médecin par la manche.

– Est-ce qu'il sait encore parler ? chuchota-t-elle.

– Oui, répondit le docteur Benoît. Il lui manque encore certains mots, mais il n'a heureusement pas perdu son français.

Assise près du lit, l'infirmière prenait des notes dans un cahier, tout en interrogeant Némo :

– Comment t'appelles-tu ?

– Némo ! Némo ! Némo !

– Où habites-tu ?

– ...

– Vous voyez, on en est toujours au même point, ça ne revient pas, dit-elle en s'adressant au médecin.

Némo lui jeta un regard furieux. Il en avait plus qu'assez. « Ça ne revient pas ? » C'était quoi, ce « ça » dont on lui parlait tout le temps ? Il aperçut le monsieur en blanc qu'il voyait souvent depuis deux jours, et découvrit à ses côtés une petite personne toute brune, qui le regardait avec des yeux pleins d'eau. Bizarre. Près de la porte se tenaient deux autres personnages, qui se poussaient du coude et parlaient à voix basse. Et toujours cette dame qui faisait des grimaces avec une bouche très rouge, le bombardait de questions incompréhensibles en répétant : « Tu es Némo, donc tu dois dire : "Je m'appelle Némo !". »

– Je m'appelle Némo ! Je m'appelle Némo ! répéta-t-il, très mécontent.

– Mon vieux, glissa Paul à l'oreille d'Arthur, il est drôlement désagréable pour un « amésique » !

– Am-né-si-que, corrigea Arthur. T'as plus de mémoire ou quoi ?

Le docteur Benoît intervint :

– Némo, voici Sunita, Paul et Arthur. Je leur ai expliqué que, depuis ton accident, tu ne te souviens plus du passé, mais tous les tests nous montrent qu'à part cela, ton cerveau fonctionne très bien.

– Cerveau ?

Némo ne comprenait pas.

– Oui, ce que tu as dans la tête.

Le docteur soupira en s'adressant aux trois enfants :

– Eh oui ! Il va falloir tout lui expliquer. Tout ce qu'un enfant doit savoir.

– Tout ce qu'un enfant doit savoir, répéta Némo d'une voix mécanique.

Il ne se sentait pas très bien et porta la main à son front.

– Laissons Némo se reposer, dit le docteur Benoît, qui avait remarqué son geste. Nous allons parler un moment dans mon bureau.

Les enfants lui emboîtèrent le pas. Sunita se retourna vers Némo, remua les doigts de façon curieuse, fit une petite grimace en relevant les coins de ses lèvres. « Drôle de personne », se dit Némo avant de fermer les yeux.

Il faut sauver Némo

Dans le bureau du médecin, une petite pièce encombrée de livres et de dossiers, Sunita s'effondra sur une chaise.

– Il ne m'a pas du tout reconnue, dit-elle, bouleversée.

– En effet, confirma le docteur. Sa mémoire n'est pas revenue.

– On dirait qu'il vient de débarquer d'une autre planète, fit Arthur. Un vrai extraterrestre !

– Il est plutôt comme un bébé, corrigea le médecin. Et ses neurones semblent en parfait état.

– Pffff... fit Paul. Ses quoi ?

– Ses neurones. Les neurones sont les milliards de longues cellules qui forment le cerveau.

Le docteur Benoît regarda les enfants à tour de rôle.

– Ça y est, il se prend pour un prof, souffla Paul en remontant ses lunettes.

– Grâce à tes cinq sens, Sunita, poursuivit le médecin en se tournant vers elle, les neurones de ton cerveau reçoivent en permanence des images, des sons, des odeurs, des goûts et des sensations. Ils gardent ce qui leur paraît le plus intéressant dans la mémoire, tu comprends ?

– Oui, fit Sunita. Mais elle ne comprenait toujours pas où le médecin voulait en venir.

– Au début, lorsque tu étais bébé, tu ne savais faire que des choses très simples : respirer, avaler, crier quand ton corps avait faim, fermer les yeux, les ouvrir... Ensuite, ton cerveau a dû « apprendre ».

– Arreu, arreu, murmura Paul à l'oreille d'Arthur.

Ce dernier se retint d'éclater de rire.

– Ta mère a répété des centaines de fois « ma-man » devant toi, poursuivait le médecin, imperturbable, toujours en regardant Sunita. Ton cerveau a fini par comprendre qu'elle s'appelait comme cela. Puis tu as réussi à prononcer ce nom, tu as commencé à distinguer d'autres mots, à nommer les objets autour de toi... En fait, tout ce que tu sais, tu l'as « appris » de la même façon, et ton cerveau l'a mis dans sa mémoire.

– Alors Némo, il va lui falloir des années pour tout réapprendre ! s'écria Sunita.

– Non ! Son cerveau possède des neurones de onze ans, bien entraînés ! Il sait toujours parler, cela va beaucoup l'aider. Il pourra donc réapprendre rapidement, en quelques mois, ou même en quelques semaines.

– Mais il est bizarre. Il ne sourit plus. Il ne pleure pas. Il n'est pas comme d'habitude…

Sunita cherchait ses mots, hésitait. Enfin elle lâcha dans un souffle : « Il ne m'aime pas ! »

Arthur et Paul devinrent cramoisis. Ah ! les filles !

Le docteur, pourtant, prenait l'affaire au sérieux.

– Sunita a raison. Némo, en effet, a un autre problème grave : il n'éprouve plus d'émotions. Sauf, apparemment, la colère.

– Il est presque comme... un ordinateur, alors ?

Sunita était de nouveau au bord des larmes.

– Pas vraiment, car il pense, il réfléchit. Mais les sentiments, c'est encore autre chose. Et les médecins n'y peuvent rien. En redécouvrant le monde, peut-être Némo retrouvera-t-il ses émotions. Il faudrait qu'il voie des gens, qu'il fasse des expériences, qu'il lise, qu'il vive, quoi !

– Je peux lui apporter tous mes cahiers d'école depuis le CP, proposa Sunita.

– Je peux l'emmener faire du roller ! dit Arthur.

– Je peux lui prêter tous mes cédéroms, ajouta Paul, prêt à un gros sacrifice. Même *Origines !*

– Ce sont de très bonnes idées. Pour le roller, il vaut mieux attendre un peu... Mais vous pouvez certainement aider votre ami. Il faut lui parler, lui raconter des histoires. Et surtout, il faut l'aimer ! C'est ce qui aide le plus les enfants à apprendre, et même les grands d'ailleurs !

Sunita regarda le médecin, l'air décidé.

– Oui, il faut sauver Némo !

Chapitre 2

Tu es un être humain

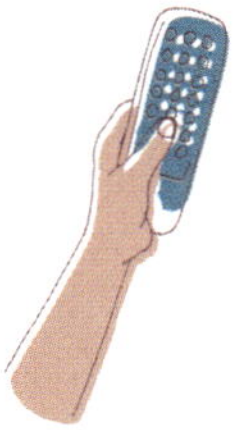

Ma grand-mère est un mammifère

« La tache a disparu, comme par magie ! Et votre linge est redevenu blanc comme neige ! »

« Le tremblement de terre aurait fait une dizaine de morts, mais les sauveteurs espèrent encore retrouver des survivants. »

« Qui est le mannequin le mieux payé au monde ? Vous avez dix secondes. Vos cinq mille francs sont en jeu… »

Némo appuyait sur la télécommande comme un forcené. Plus vite, plus vite. Les images défilaient sur l'écran. C'était donc ça, le « monde » ?

« Fais attention, il est armé ! », lança l'homme en se jetant sur le sol. La voiture de police s'arrêta dans un hurlement de pneus…

« Pas de keufs dans ma ci-té. Faut qu'tu r'gardes la ré-a-li-té… », chantait un grand garçon, coiffé d'une casquette à l'envers, et flottant dans un immense pantalon…

« Il fera globalement beau sur tout l'Hexagone, avec de légers passages nuageux en matinée », racontait une dame blonde qui ouvrait sa bouche en grand pour montrer des dents très blanches…

Des hommes qui conduisaient des voitures à toute allure et se tapaient sans cesse les uns sur les autres, ou parfois collaient leurs lèvres sur les lèvres d'une dame… Des petits personnages dessinés, qui couraient dans tous les sens…. Des chats qui mangeaient sans cesse des « croquettes »… Et des mots, des mots, des flots de mots… Némo avait la tête pleine de tous ces mots et de ces étranges images. Si c'était ça, le monde…

– Tu as l'air d'aimer la télé, dis donc !

Le docteur Benoît était entré dans la chambre sans faire de bruit, accompagné de la femme en blouse blanche, celle qui n'arrêtait pas de poser des questions.

– Tu sais, continua le docteur, aujourd'hui, tu quittes l'hôpital. Tu rentres chez toi.

« Chez toi » ? Némo se demandait à quoi ressemblait un « chez toi ». Un peu comme ici, à l'hôpital, mais en plus petit, lui avait-on dit pour l'aider à l'imaginer. Seulement « imaginer », Némo ne savait pas ce que c'était.

– Je dois vraiment y aller ? demanda-t-il.

Le docteur Benoît éteignit la télévision.

– Oui, répondit-il d'un ton ferme. Tu n'es pas malade, tu n'as plus mal à la tête, tes réflexes sont bons. Quant à ta mémoire… Nous allons encore faire un petit bilan avant ton départ, d'accord ?

Ils allaient recommencer ! Némo s'enfonça dans son fauteuil, renfrogné.

– Je sais que ce n'est pas toujours drôle pour toi, fit le docteur Benoît, qui semblait avoir lu dans ses pensées. Pourtant, les résultats sont plutôt encourageants. En une semaine, tu as récupéré un certain nombre de tes capacités. Tu t'exprimes de mieux en mieux. Je vais t'écouter pendant que tu travailles avec Valérie.

La dame en blanc s'avança. Elle portait sous le bras un classeur encore plus volumineux que d'habitude.

– Dans quel pays habites-tu ? commença-t-elle.

– À l'hôpital, répondit Némo, peu aimable.

– Némo, comment s'appelle ton pays ? insista Valérie.

– L'amnésie ?

L'infirmière secoua la tête.

– Non, la France. Quelle est la capitale de la France ?

– Chais pas…

– Quels sont les grands fleuves de France ?

Némo haussa les épaules, sans desserrer les dents. Le docteur fit un petit signe de la main à Valérie, qui tourna plusieurs pages de son dossier, chercha une autre question.

– Qui était Jules César ?

– Un général romain, répondit Némo sans hésiter.

Valérie et le docteur Benoît se regardèrent, en ouvrant de grands yeux.

– Que sais-tu de lui ? continua Valérie.

– Il portait des petites feuilles sur la tête, il voulait toujours aller au cirque, mais il n'était jamais content parce qu'il n'avait pas de potion magique !

– Et ses pires ennemis s'appelaient Astérix et Obélix ? enchaîna le docteur.

– Ben oui, fit Némo.

– Valérie, vous pouvez éviter les personnages de la télévision ?

– Bien sûr, docteur. Qui a pris la Bastille ?

– C'est quoi, une bastille ?

– Une prison, à l'époque de la Révolution, répondit l'infirmière en tapotant son crayon contre le papier. Qu'est-ce qu'un mammifère ?

– Ma grand-mère.

À ces mots, le docteur fit un drôle de bruit. Il se mordait l'intérieur des joues. Il avait peut-être mal aux dents ?

– Je crois que tu fais une confusion, dit-il. Ta grand-mère s'appelle Mamy Fanny. Elle est venue te voir hier, tu te souviens ?

Némo lui jeta un regard furieux. Bien sûr qu'il se souvenait !

– Cela dit, ta grand-mère est un mammifère. Comme toi et moi, d'ailleurs. On continue ?

L'infirmière tourna de nouveau plusieurs pages.

– Qu'est-ce qu'une fraction ?

Némo regarda le plafond, sans un mot.

– Qu'est-ce qu'un kilomètre ?

– 1 kilomètre égale 10 hectomètres, égale 100 décamètres, égale 1 000 mètres, égale 10 000 décimètres, égale 100 000 centimètres, égale 1 million de millimètres !

– Bravo Némo ! s'exclama le docteur, stupéfait, tandis que Valérie écrivait à toute allure.

– Je ne suis pas débile, quand même, fit Némo. Il suffit d'ajouter un zéro à chaque fois. On fait pareil avec les grammes, ou avec les litres.

– Sais-tu faire une multiplication ?

– 9 fois 6, 54 ; 9 fois 7, 63 ; 9 fois 8, 72 ; 9 fois 9, 81, récita Némo, sans réfléchir.

– Très bien, très bien ! s'écria le docteur. Poursuivons.

– Qu'est-ce qu'un nom ? demanda Valérie.

– Euh… Le contraire d'un oui.

– Sois sérieux, Némo, coupa Valérie. Essaie de te souvenir.

Se souvenir ? Elle était incroyable, celle-là !

– Qu'est-ce qu'un sujet ?

Némo resta muet.

– Un complément ?

Même silence.

– Comment forme-t-on le pluriel des noms ?

– Je sais ! Bijou, caillou, chou, genou, hibou, joujou, pou ! Et puis bal, carnaval, festival !

– Peux-tu nous expliquer ?

– Laissez, intervint le docteur Benoît. Némo semble seulement se souvenir des exceptions : les mots qui prennent un *x* au pluriel. Quant à bal, carnaval, festival, ils prennent un *s*, normalement, alors que tous les autres noms en *ail* ou *al* se terminent par *aux* au pluriel.

– Qu'est-ce qu'une proposition principale ? demanda Valérie d'un ton sec.

– Euh… Némo hésitait. Un machin important ?

– Nous pouvons nous arrêter là, coupa le docteur Benoît.

Son visage se couvrait de petits plis qui tiraient sa bouche et ses yeux vers le haut. Il se tourna vers Némo.

– Comme nous l'avions remarqué, certains automatismes, les petits « trucs » que tu avais appris par cœur, reviennent facilement. Pour le reste…

– « Ça » va revenir ?

– Peut-être… Il faut en tout cas que tu réapprennes très vite l'essentiel.

– L'essentiel ?

– Oui, l'essentiel. Qui tu es et d'où tu viens. Tu dois connaître ton histoire, celle de tes ancêtres, de ton pays.

– Mais comment je vais faire ?

Némo se sentait fatigué, sans énergie.

Le docteur Benoît réfléchit, tout en passant la main sur sa petite touffe de cheveux.

– Ne te décourage pas, dit-il. Pour commencer, tu dois redécouvrir ce que savent déjà les enfants de ton âge : le français, les maths, l'histoire, la géographie, les sciences… Je pense que cela ira assez vite.

– À quoi ça sert ? demanda Némo.

– Voilà ce que tous les enfants se demandent ! Ce serait quand même plus drôle de continuer à regarder la télé, n'est-ce pas ?

– Ben oui…

Le docteur Benoît fit une pause. La question de Némo n'était pas simple.

– À quoi ça sert d'apprendre ? Eh bien, d'abord, à mieux comprendre le monde, à mieux comprendre les autres, à mieux te comprendre toi-même.

Némo fixait l'écran noir de la télé d'un air morne. Il avait vraiment besoin de tout cela ? Juste pour ne pas se sentir si bizarre, si différent des autres ?

– Tu es un être humain, Némo, reprit le docteur. Et les êtres humains ne vivent pas seuls. Ils réfléchissent, ils développent leur intelligence, ils partagent leurs connaissances.

Le docteur le prit par les épaules, et le regarda bien dans les yeux.

– Il y a une chose qu'on oublie souvent de dire aux enfants : en apprenant, on devient un peu magicien… Tu comprends ?

– Ça veut dire avoir des pouvoirs ?

– Exactement ! Tu découvriras des trésors, tu entreras dans des mondes merveilleux, tu feras de fabuleux voyages.

Le docteur regarda sa montre.

– Nous allons te laisser, c'est l'heure des visites.

– Oh non ! soupira Némo. Pas encore le conducteur de la voiture ! Il répète tout le temps « mon pauvre petit, mon pauvre petit ! ».

– Que veux-tu, Némo, le malheureux a été presque aussi choqué que toi, en te voyant surgir devant ses roues ! Et lui, il n'a pas oublié…

– Justement, il m'embête !

Le docteur ouvrit la porte et découvrit Sunita, qui allongeait déjà le cou pour apercevoir Némo.

– Entre vite ! Vous n'avez pas trop de temps, tous les deux, nous devons faire une dernière série de tests avant le départ de Némo. Mais cette fois, il n'y aura plus de questions. Promis !

Le docteur cligna de l'œil et s'éloigna, suivi de Valérie.

Les mots de Némo

Sunita s'assit sur le bord du lit. Elle regardait Némo d'un drôle de petit air penché, sans rien dire. Elle semblait attendre quelque chose, mais quoi ? Némo ne comprenait pas ses visites. On lui avait expliqué qu'elle était son amie. D'accord, mais à quoi ça servait ? Les parents, il savait : c'étaient des grands qui s'occupaient des petits. Mais les amis ?

– Alors, commença Sunita au bout d'un moment, tu te rappelles des choses ?

– Ben oui. Des multiplications, du pluriel, des trucs comme ça… Et puis… Jules César. Mais c'est grâce à la télé.

– Et… notre secret, Némo ?

– Quel secret ?

Sunita soupira. Elle fouilla dans son cartable.

– Regarde, je t'ai apporté un cadeau.

– Un cadeau ?

– Oui, quelque chose que je te donne, pour toi. Tu dois l'ouvrir.

Elle tendait un petit paquet, entouré d'un ruban doré. Némo le prit, ça lui disait vaguement quelque chose, les paquets et les rubans. Il déchira le papier et découvrit un carnet bleu. Il le feuilleta. Les pages étaient blanches.

– Pour que tu n'oublies plus, expliqua Sunita. Tu pourras noter tout ce que tu apprendras. Ce sera ta mémoire de poche. Et celle-là, elle ne s'efface pas !

– C'est pour ça que tu as plein de cahiers dans ton cartable ?

Sunita fit sa petite grimace, la bouche relevée dans les coins.

– Oui, tu veux que je te montre ?

Némo hocha la tête, intrigué. Il se demandait toujours ce que les gens cachaient dans leurs sacs. Tout le monde portait un sac, sauf lui ! Sunita vida son cartable sur le lit : elle sortit les livres, les cahiers, une trousse avec des crayons, trois pièces argentées, deux bouts de papier repliés quatre fois, un vieux biscuit, un tout petit miroir, des clés, une carte avec sa photo. Némo ouvrit un cahier, tourna une page.

– « Exercice », lut-il. « En ajoutant un préfixe ou un suffixe, formez des mots de la même famille. »

Une famille ? Comme les gens ? Némo ne parvenait pas à comprendre. Les deux parents, par exemple : ils le regardaient tout le temps, fronçaient les sourcils, étiraient la bouche bizarrement. Cela voulait-il dire qu'ils étaient de sa famille ? Mais Sunita aussi faisait ça, et même le docteur. Ils étaient eux aussi dans sa famille ?

– C’est quoi, une famille de mots ? demanda-t-il.

– Des mots qui se ressemblent, qui parlent tous un peu de la même chose. On ajoute des préfixes – un petit truc avant –, ou des suffixes – un petit truc à la fin –, et on trouve des mots de la même famille. Par exemple… patient et im-patient, ou trot, trotter, trottiner, trottinement.

– Némo, némoter, némotiner, némotinement… C’est ma famille ?

– Non, non ! Tu es un être humain, donc ta famille, ce sont des personnes. Tandis que la famille des mots, ce sont des mots, forcément. Tu veux le noter ?

Némo se sentait perdu. Sunita continuait déjà :

– Je peux te faire un dessin, pour commencer le carnet.

Elle tira un crayon de sa trousse et se mit au travail en mordillant sa lèvre inférieure. Elle gomma, ratura, recommença, et finalement, elle tendit son œuvre à Némo.

Elle avait dessiné un garçon aux cheveux bruns et une fille avec une longue natte, qui se tenaient par la main. En dessous, elle avait écrit : « Pour Némo, de la part de Sunita. S’il te plaît, Némo, reviens vite ! »

– Pourquoi tu dis ça ? Je suis là !

– Tu n’es pas vraiment là ! Je veux dire… comme avant. Quand… Quand tu savais qu’on était amis, et que tu ne voulais pas que je parte… Je sais bien que ce n’est pas de ta faute, mais je n’arrive pas à croire que tu aies vraiment oublié tout ça ! Qu’est-ce que je vais devenir ? Il faut que tu m’aides !

La petite fille ne regardait plus Némo. Elle avait caché son visage dans ses mains, et son dos tressautait bizarrement.

Ça alors ! pensait Némo. Mais c’était lui qui avait un problème, à cause de son accident et de son amnésie. Il ne pouvait pas « aider » !

– Pourquoi tu dois partir ? demanda-t-il brusquement.

À ce moment, le docteur Benoît entra. Il remarqua la mine défaite de Sunita.

– Ça ne va pas ?

– Si, si, dit Sunita en rangeant précipitamment ses affaires. Salut, Némo, je viendrai te voir chez toi. Au revoir, monsieur.

Elle se retourna une dernière fois vers Némo, posa un doigt sur ses lèvres, puis disparut. Némo montra le carnet bleu qu'il tenait encore à la main.

– Un cadeau, expliqua-t-il, pour écrire les trucs importants.

– Quelle bonne idée ! Voilà un excellent système pour exercer la mémoire. Mais pour l'instant, on t'attend pour les tests. En route !

En se levant, Némo s'aperçut que Sunita avait oublié un de ses petits papiers sur le lit. Il le déplia et lut : « Je ne partirai pas ! Je ne partirai pas ! Je ne partirai pas ! » Mais qu'est-ce qu'elle avait, cette fille ?

La merveilleuse machine

Allait-on l'envoyer dans l'espace, ou était-il entre les mains d'un savant fou ? Torse nu, en short, Némo se trouvait maintenant prisonnier d'une machine semblable à celle de *Missions secrètes,* sa série de télé préférée : tout autour de lui, ce n'était que voyants, clignotants, écrans… Il se tenait debout, sur un tapis roulant, la poitrine couverte de rondelles en plastique d'où partaient de longs fils. Dans le miroir qui lui faisait face, il examinait avec curiosité ses longues jambes maigres et ses petits genoux pointus. Et tout d'un coup, il sentit le sol se dérober sous ses pieds !

– Allez, Némo ! Il faut courir ! disait le docteur Benoît. Tu te trouves sur un tapis roulant qui t'entraîne en arrière. Toi, tu dois courir vers l'avant, pour garder l'équilibre.

Némo était bien obligé. Il trottait déjà à toutes jambes.

– Qu'est-ce qu'on entend ? haleta-t-il.

La pièce retentissait d'un « pa-poum, pa-poum » rapide et régulier.

– Le bruit de ton cœur, répondit le docteur, qui est amplifié. Nous vérifions son bon fonctionnement.

– Mon cœur ? Pourquoi il fait tant de bruit ?

– Il fonctionne comme une pompe, qui fait circuler le sang à travers ton corps. Quand tu cours, il bat plus vite. Ainsi, le sang circule plus vite, lui aussi, pour donner de la force aux muscles : il apporte des sucres, des graisses et de l'oxygène. Hé ! Némo ! Ralentis, maintenant !

Le tapis roulant s'immobilisa. Les jambes de Némo suivirent le mouvement. Au bout d'un moment, le rythme de son cœur se calma. Le docteur Benoît appuya sur un bouton, le silence revint.

– Il faut aller doucement, c'est ton premier sprint depuis l'accident ! En tout cas, tu n'as pas oublié comment courir.

– Pourquoi je n'ai pas oublié ? demanda Némo en descendant du tapis roulant.

– Tu n'as sans doute pas besoin de mémoire pour cela. Le corps est une merveilleuse machine, qui accomplit tout le temps des exploits sans même que nous y pensions.

– Des exploits ?

– Pense à la course, pour commencer ! Rien que pour rester en équilibre, c'est toute une affaire ! Grâce à tes os, tu peux tenir debout, sinon tu serais tout mou, comme un petit chiffon. Les articulations, entre les os, te permettent des mouvements très compliqués, comme ceux des pieds, des

Le **corps** dévoilé

Le squelette

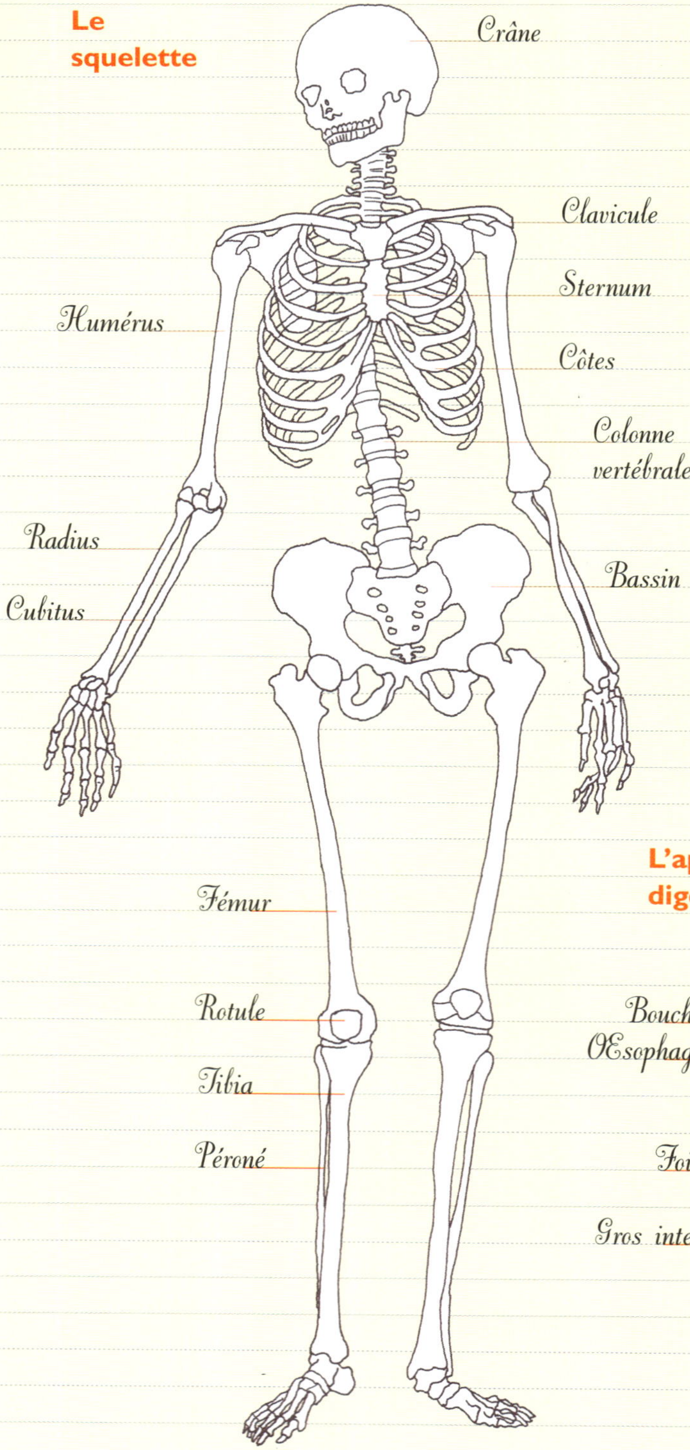

Le corps humain est une merveilleuse machine qui fonctionne sans que nous y pensions. Il est bâti autour du **squelette**, *architecture d'os articulés les uns avec les autres. Les muscles, qui se détendent comme des élastiques, leur permettent des mouvements très complexes.*

L' **appareil digestif** *transforme les aliments en éléments solubles qui passent dans le sang (digestion) et rejette les déchets (excrétion)…*

L'appareil digestif

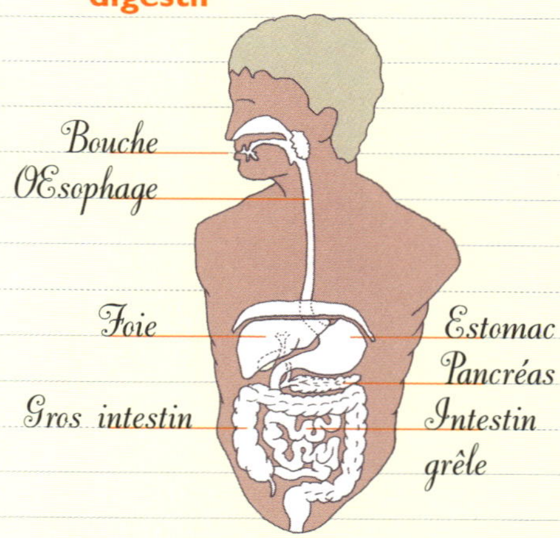

Némo

genoux, des bras. Et il faut en plus que les muscles tirent sur les os, fassent bouger ces articulations, et ça, des dizaines de fois par seconde !

– Et tous les… êtres humains savent faire ça ? fit Némo.

– Oui, tant qu'ils ne sont pas malades. Tous ont un corps fabriqué sur le même modèle, avec les mêmes muscles, les mêmes os, un cœur qui bat…

– Mais certains courent beaucoup mieux que les autres ! À la télé, il faut aller drôlement vite pour s'échapper !

– C'est vrai, certains sont plus rapides, plus grands, plus forts. D'autres ont la peau claire, ou plus foncée, des cheveux blonds ou noirs, mais ce ne sont que des différences de détails. Tous sont des êtres humains, avec un corps d'homme ou de femme. Nous faisons tous partie de la même famille humaine.

Encore cette histoire de famille… Décidément, on n'en sortait pas.

Le docteur Benoît fouilla dans un tiroir et sortit une série de cartes.

– Regarde, Némo, voici des dessins du squelette – l'ensemble des os –, des muscles, de la circulation du sang… Je te les donne, tu pourras les coller dans le carnet que t'a offert Sunita. Tu peux aussi comparer avec tes radios.

– Je n'ai pas de radio. Je préfère la télé.

Le médecin ajusta son petit nœud papillon, ses joues se plissèrent.

– Les radios sont des photos de tes os que nous avons prises après ton accident, grâce à un appareil qui permet de voir à l'intérieur du corps. Heureusement, tu n'avais rien de cassé !

On entendit un coup discret frappé à la porte. Une infirmière passa la tête.

– Les parents de Némo sont arrivés.

*L'***appareil respiratoire** *puise l'oxygène de l'air : les poumons transmettent l'oxygène au sang et rejettent le gaz carbonique (respiration).*
*L'***appareil circulatoire** *répartit l'oxygène et les éléments nutritifs dans tout le corps. Le* **système nerveux***, lui, envoie les informations des cinq sens vers le cerveau qui donne des ordres à toute la machine. Il la fait aussi bouger, chanter ou… lire selon notre volonté.*

L'appareil respiratoire

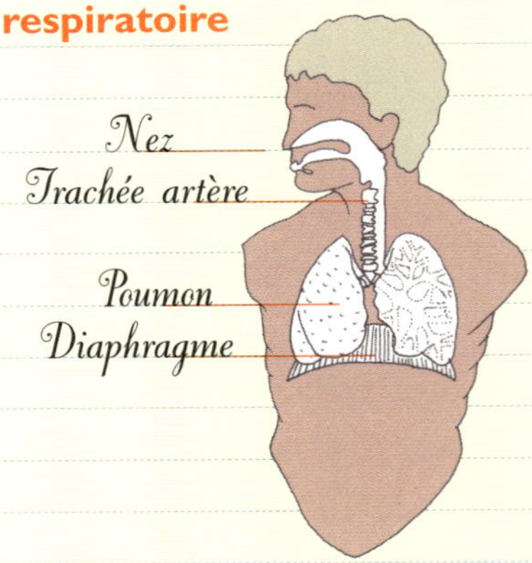

L'appareil circulatoire

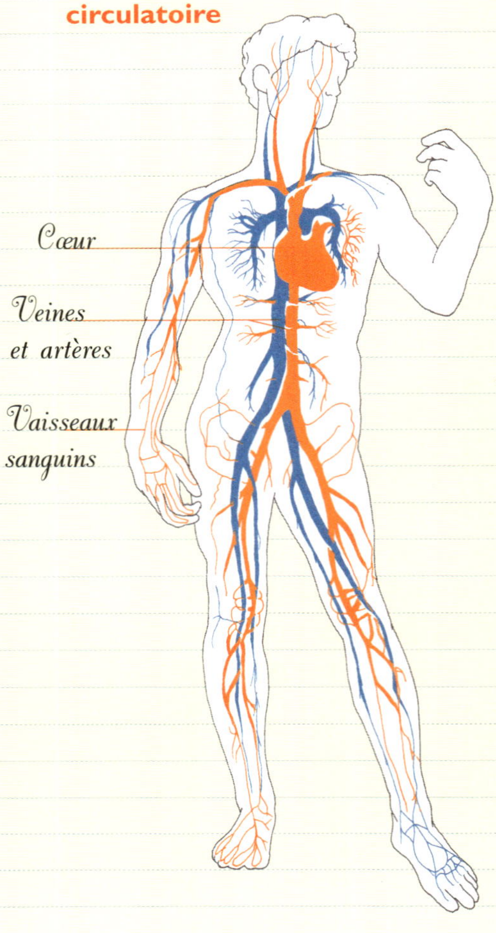

Le système nerveux

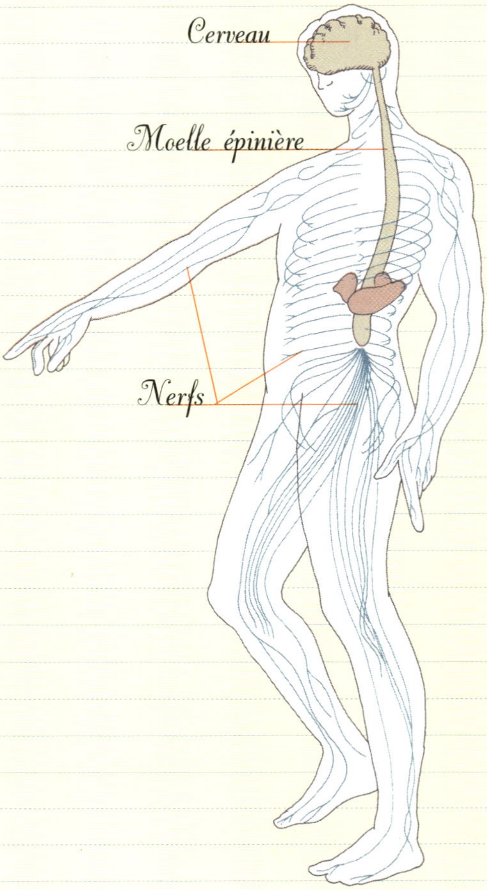

Némo

– Très bien, très bien ! Faites-les entrer. Némo, tu peux te rhabiller.

Le docteur salua le père et la mère de son petit patient. Ils portaient déjà à la main le sac bleu où ils avaient rassemblé toutes les affaires de Némo.

– Nous avons terminé ! annonça le médecin. Tous les résultats sont bons. Némo peut retrouver des activités normales, mais en douceur. Il faut le laisser redécouvrir le monde à son rythme, sans le bombarder d'informations. Il suffira de répondre à ses questions.

– Et l'école ? avança le père de Némo.

– Vous pouvez l'y envoyer une demi-journée, pour voir. N'hésitez pas à m'appeler quand vous voulez. Allez, Némo, on se reverra bientôt. Bonne chance !

Némo regardait la main que le docteur lui tendait. Il n'avait rien à lui donner. Pourquoi faisait-il ça ?

Le docteur lui tapota l'épaule, et s'éloigna au bout du couloir. Tout s'était déroulé si vite que Némo n'avait pas eu le temps de réaliser. Il fallait suivre ses parents, ils étaient là pour s'occuper de lui. Mais où l'amenaient-ils, qu'allait-il se passer ? La maman se pencha pour lui prendre la main, et la garda. Qu'est-ce que ça voulait dire ?

– Viens, Némo, dit-elle doucement, ne t'inquiète pas.

Némo ne comprenait pas ces mots-là. Il se dégagea, mais continua pourtant d'avancer à côté d'elle. Ils franchirent ensemble la lourde porte d'entrée de l'hôpital. Dehors, les voitures faisaient un bruit assourdissant. Ça crissait, ça vrombissait, ça klaxonnait de tous les côtés. À la télé, Némo voyait ça tout le temps. Mais là, c'était en VRAI ! Ça lui arrivait, à lui, Némo !

– Viens, dit le papa en posant une main sur son épaule. Nous sommes garés tout près.

Il s'avança vers une voiture bleue, dont il ouvrit la porte arrière. Némo regarda son père, puis sa mère. Il secoua la tête. Il ne voulait pas monter là-dedans !

La maman avait un drôle de regard brillant. Elle remontait sans cesse une boucle blonde qui lui tombait dans les yeux.

– N'aie pas peur, Némo, dit-elle. Nous habitons en banlieue, loin d'ici, nous sommes obligés de prendre la voiture. Mais nous conduirons très prudemment, tu ne risques rien.

De quoi parlait-elle ? Peur ? Il ne voulait pas monter làdedans, c'était pourtant simple !

Le papa s'accroupit devant lui, pour mettre son visage à la même hauteur que le sien.

– Je t'assure que nous n'avons pas d'autre moyen pour rentrer chez nous. Je te promets que tout ira bien.

Némo comprit qu'il n'avait pas le choix. Il se glissa à l'arrière, la maman attacha autour de lui une grande lanière qui fit « clic », elle referma la portière et alla s'asseoir à l'avant. Le papa tourna une petite clef, la voiture démarra. Némo, recroquevillé, plaquait ses mains sur ses oreilles pour échapper au bruit. Il regarda à travers la vitre et vit des maisons, des gens qui marchaient, et même des enfants comme lui. Exactement comme à la télé.

Chapitre 3
Tu es unique

Ils ont fait un œuf !

– Maman, Monix est bizarre !

Némo s'époumonait en haut de l'escalier.

– Il vient de sortir de son œuf ? cria sa mère, du fond de son bureau, au rez-de-chaussée.

– Non, il a déjà deux heures.

– Regarde l'indicateur d'humeur…

Bonne idée, pensa Némo. Il retourna s'asseoir devant son ordinateur, le seul objet qu'il avait reconnu à son retour de l'hôpital, bien installé dans une chambre… « innommable », disait son père. Cela voulait dire « pas rangée ». Le sol était jonché de papiers, livres, chaussettes propres – et, bon d'accord, parfois sales. On y trouvait même une serviette mouillée, souvenir de la douche du matin, et un paquet de biscuits entamé. « En tout cas, tu n'as pas récupéré la mémoire du rangement ! », répétait son père. Et alors ? Lui, il s'y retrouvait parfaitement !

Pour le moment, il était absorbé par l'univers de son cédérom préféré, *Origines,* celui que Paul lui avait prêté. Le jeu consistait à élever des petits personnages dans un monde virtuel. Il fallait leur apprendre à parler, à marcher, à jouer, et l'on pouvait même les soigner s'ils tombaient malades. Justement, le nouveau, Monix, restait coincé dans un coin de l'écran, allongé sur le dos, les oreilles basses. Némo avait vérifié sa température, l'équilibre de son alimentation… Mais pas l'indicateur d'humeur.

Sa mère avait raison. Le voyant rouge brillait : « Solitude ! » Cela signifiait que Monix désirait se trouver en compagnie d'autres personnages. Némo cliqua sur la souris, pour déposer son petit protégé chez Zoey, un autre habitant – fille, celle-là – de *Origines.* Ouf, voyant vert ! Est-ce que les êtres humains réagissaient de la même manière ?

– Il va mieux ! cria Némo.

Sa mère n'entendit pas, bien trop absorbée par son propre écran. Dans son métier, elle inventait des jeux pour enfants. En ce moment, d'ailleurs, elle tenait « une idée ». Elle tapotait toute la journée sur son clavier sans quitter son pyjama chinois, se nourrissait exclusivement de tartines de Nutella et de yaourts à la fraise. Némo adorait ce genre de nourriture. Bien mieux qu'à l'hôpital !

– Némo !

Cette fois, c'était la voix de son père. Celui-ci revenait de son « labo », une sorte d'hôpital où il faisait des piqûres à des souris avec des poils. Némo le retrouva au rez-de-chaussée, les bras chargés de sacs en plastique.

– Ras le bol des tartines ! J'ai acheté des lasagnes.

– Génial ! cria la mère de Némo. Venez grignoter près de moi, je ne veux pas lâcher mon idée.

Son père poussa un grand soupir en regardant Némo.

– Les ordinateurs, quel cauchemar !

Ils s'installèrent dans le petit bureau sur des coussins. Némo regardait ses deux parents. Elle, toute blonde, toute ronde, tout agitée, avec ses boucles remontées sur le haut du crâne. Lui, si sérieux, si calme, avec son visage maigre, ses cheveux frisés. Pourquoi lui avait-on donné ces deux-là ? Il n'existait pas d'autres parents disponibles à l'hôpital ?

Le bureau était empli de papiers, de dossiers entassés et de piles de livres qui menaçaient de tomber à tout moment. Sur la cheminée s'alignaient plusieurs cadres contenant de vieilles photos. Némo les avait plusieurs fois regardées, mais sans en parler.

Sur l'une d'elles, on le voyait à côté d'un grand garçon blond, maigrichon, qui descendait d'un hélicoptère semblable à ceux de la police dans *Missions secrètes*. Le visage du jeune homme portait des petits plis autour des yeux, pourtant il n'avait pas l'air d'un papa.

– C'est Gaspard, mon jeune frère, dit la maman en s'approchant. La star de la famille ! Il est journaliste. En ce moment, il anime une grande émission.

– *La Planète est à nous !* s'exclama Némo. Je l'ai vu à la télé quand j'étais à l'hôpital. Alors il est dans ma famille ?

– C'est ton oncle, mais il préfère dire qu'il est ton cousin. Il a cinq ans de moins que moi. Alors « oncle », il trouve que ça fait un peu… vieux, tu comprends ?

– Non !

– Ça n'a pas d'importance. Mais Gaspard, lui, compte vraiment dans ta vie, il s'est toujours beaucoup occupé de toi.

Némo examinait déjà une autre photo. Il avait reconnu Sunita, assise avec lui au pied d'un arbre, en compagnie d'une dame.

– C'est la mère de Sunita, expliqua sa maman. Nous vous

Ma famille

Léon *1885-1946* — **Anna** *1893-1983*

Richard *1899-1963* — **Evelyne** *1907-1963*

Eugène *1894-1970* — **Louis** *1898-1918* — **Noémie** *1900-1973*

Mon grand-père
Jean
né en 1923

Ma grand-mère
Louise
née en 1927

Mon grand-père
Guy
1924-1981

Ma grand-mère
Mamy **Fanny**
née en 1930

Le frère de papa
Gilles
né en 1951

Mon papa
Daniel
né en 1957

Ma maman
Sylvie
née en 1960

Le frère de maman
Gaspard
né en 1965

Moi
Némo

Némo

avions emmenés dans la forêt de Fontainebleau, et vous aviez passé la journée à grimper aux arbres !

– Elle a une tête différente, Sunita.

La maman de Némo examina la photo.

– À cette époque-là, elle était sans doute plus heureuse. Sa maman aussi a changé… Elle a beaucoup de soucis en ce moment. Elle n'arrive pas à retrouver un travail, et elle va peut-être retourner habiter dans son pays, l'Inde, très loin d'ici.

– Et le papa?

– Il est… mort, depuis assez longtemps déjà.

– Mort ? Il a disparu ?

Némo pensait aux personnages de son jeu. Parfois, ils « mouraient » eux aussi, ils disparaissaient…

Son père prit la parole :

– Oui. Quand les êtres humains deviennent très vieux, il arrive un jour où leur cœur et leur cerveau s'arrêtent de fonctionner. Ils n'existent plus. On peut mourir plus tôt, à cause d'un accident ou d'une maladie. C'est ce qui est arrivé au père de Sunita.

Le regard de Némo fut attiré par une autre photo. On y voyait son père et sa mère avec un autre enfant, plus petit que lui, qu'il ne connaissait pas.

– C'est toi, Némo, à huit mois ! lui expliqua sa mère.

– Mais non, c'est pas moi !

– Mais si ! Tu étais bébé, mon bébé…

Némo la regarda avec des yeux ronds. Les joues de sa mère étaient devenues très rouges. Le père posa très vite une main sur son bras.

– Du calme… intervint-il. Reprenons au début.

Il fouilla dans le tiroir d'une commode et en sortit un album qu'il ouvrit à la première page.

– Nous ne te les avons pas encore montrées parce que…

– Je sais, fit Némo, sûr de lui. Parce que le docteur vous a dit d'attendre mes questions !

– Exactement ! Regarde, tout a commencé ainsi.

La première image montrait un arc de cercle brillant, noir et blanc.

– Te voilà déjà, sur cette photo d'échographie, quand tu étais dans le ventre de ta maman.

Lui, ce haricot, noyé dans un nuage ? Il avait perdu la mémoire, mais il ne fallait pas en profiter pour lui raconter n'importe quoi !

– J'y crois pas ! dit-il.

– Difficile à imaginer, je sais, poursuivit son père. Au début, tu étais même si petit qu'il aurait fallu un microscope – un instrument grossissant très puissant – pour te voir.

– Comment tu le sais ? demanda Némo d'un air soupçonneux.

– Tous les êtres humains commencent de la même façon, par… euh… un œuf minuscule.

– Un œuf ! Comme dans le frigo ? J'y crois pas.

Son père étira les lèvres, fit un petit bruit de gorge. Némo savait maintenant que cela s'appelait « rire ».

– Mais non ! Les œufs de poule deviennent des poulets, si on ne fait pas d'omelettes avant. Mais les œufs d'êtres humains sont très différents… Disons que ta mère et moi, nous l'avons fabriqué.

– Vous avez fait un œuf !

Sa mère faillit avaler sa dernière bouchée de lasagnes de travers.

Imperturbable, son père prit une feuille de papier, traça un cercle. À côté, il dessina un petit animal rigolo, avec une queue en zigzag.

– Voilà, dit-il. Dans la réalité, tout cela est beaucoup plus petit. Cette grosse boule est un ovule, qui vient de la femme. L'homme, lui, donne des dizaines de millions de spermatozoïdes. L'un d'entre eux – le papa pointa son crayon sur le petit animal – entre dans l'ovule. On dit alors que l'ovule est « fécondé ». Il est devenu un œuf.

Sa maman l'interrompit :

– Soyons plus clairs. Pour faire cela, l'homme fait entrer son sexe dans celui de la femme. Quand on s'aime, c'est un grand bonheur de se fondre ainsi l'un dans l'autre… Et on ne le fait pas toujours pour avoir des bébés, heureusement, ajouta-t-elle en pouffant.

Elle avait retrouvé sa tête habituelle, mais maintenant, son père se tortillait, l'air bizarre.

– Est-ce bien utile de lui dire tout ça ? fit-il.

– Évidemment ! Ça l'intéresse, comme tout le monde ! Quand l'œuf est formé, le bébé va pouvoir se développer dans le ventre de la mère. Tu comprends ?

– C'est toujours comme ça ?

Némo avait quand même du mal à y croire.

– Oui, presque toujours. Parfois, l'œuf n'arrive pas à se former. Les parents peuvent demander l'aide d'un médecin. Celui-ci prélève des ovules et des spermatozoïdes, les fait se rencontrer dans un tube, à l'hôpital, et il replace l'œuf dans le ventre de la maman. Mais c'est très rare.

Décidément, il s'en passait des choses à l'hôpital ! se dit Némo.

– Et après ? demanda-t-il.

– Eh bien, l'œuf est la toute première cellule du futur bébé, reprit son père.

– Cellule ? interrompit Némo.

Elle commençait à devenir compliquée, leur histoire.

– Notre corps, comme celui des animaux, est composé de

cellules. Tout commence avec cet œuf, la première cellule, qui se divise très vite en deux cellules, qui chacune se divisent en deux, qui se divisent en deux…

– Ça n'en finit plus !

– Cela donne un très grand nombre de cellules. Certaines vont former le cœur, d'autres le cerveau, d'autres le squelette. Le petit d'homme grossit, grandit, jusqu'au moment où, neuf mois plus tard, il est prêt à naître, à quitter le corps de sa maman.

– C'est pareil pour tous les enfants ?

– Oui, confirma le papa. Tous les bébés du monde se développent de la même manière et possèdent, à la naissance, une tête, deux bras, deux jambes, des organes qui fonctionnent de la même façon, un cerveau qui leur permet de réfléchir, de penser et d'apprendre.

– Mais pourquoi ils ne se ressemblent pas, alors ?

– Nous sommes semblables, mais pas tout à fait. Chacun de nous est unique ! Tu es unique, Némo ! Dans le monde entier, il n'y a personne qui te ressemble exactement.

– Comment tu peux en être aussi sûr ? Tu connais tous les enfants du monde ?

Son père reprit sa respiration et poursuivit :

– Je n'en ai pas besoin. L'œuf, la toute première cellule, contient une sorte de programme…

– Un peu comme un ordinateur, ajouta la maman.

– Le programme d'un être humain, ce sont les gènes, des petits filaments qui se trouvent dans chaque cellule de ton corps. La moitié a été apportée par le spermatozoïde, l'autre par l'ovule. Ton programme génétique est donc un mélange du nôtre. Et il est unique. C'est lui qui t'a donné la teinte de tes yeux, de tes cheveux, la forme de tes oreilles, la couleur de ta peau. Tout ce qui te fait toi, Némo.

– Si tu avais des frères et des sœurs, ajouta sa mère, ils auraient un « air de famille », parce qu'ils auraient reçu des gènes de la même maman et du même papa que toi. Mais ce ne serait pas exactement le même mélange, donc, ils ne te ressembleraient pas tout à fait.

– Sauf si tu avais un frère jumeau, coupa son père. Il arrive parfois que l'œuf se partage en deux et donne deux bébés qui possèdent alors les mêmes gènes. Deux jumeaux, identiques en apparence. Mais plus tard, ils n'auront pas forcément le même caractère, ni les mêmes idées !

Sa mère poussa un long soupir et se leva.

– Bon, assez de cellules, d'œufs et de leçons ! Il faut te coucher. Tu n'as pas oublié que tu retournes à l'école demain ?

Oublié ! Il n'avait pas perdu la mémoire une deuxième fois quand même ! Mais justement…

– J'ai pas envie d'y aller.

– Tous les enfants doivent aller à l'école, dit son père en souriant. Tu te débrouilleras très bien. Tu sais lire, tu écris comme autrefois, et ta nouvelle capacité de mémoire est tout à fait extraordinaire. Tu apprendras beaucoup plus vite que les autres enfants !

Némo se leva et se dirigea en traînant vers l'escalier. C'était vrai, tout ça ? Son père et sa mère l'avaient vraiment fabriqué ?

Retour à l'école

– Hé ! Regardez ! C'est Némo !

– C'est pas possible ! Il est revenu ?

– Ben, il est comme avant ! C'était pas vrai, l'accident ?

– Les enfants, j'ai dit qu'on se taisait !

L'arrivée de Némo, planté à l'entrée de la classe avec ses parents, avait fait sensation. Deux élèves s'étaient déjà précipités vers lui.

– Tu te souviens de nous, dis ?

– Toi, c'est Arthur, et toi, Paul, fit Némo. Je n'oublie plus !

– Hé ! madame ! Il n'oublie plus ! criait un autre enfant. C'est une connerie, cette amnésie !

– Thomas, sois poli ! Paul, Arthur, retournez à vos places, dit la prof en s'avançant vers les nouveaux arrivants. Bonjour, Némo, je suis madame Legroux, ton professeur de français.

Némo ne broncha pas. Avec son énorme poitrine, elle ressemblait à la dame qui parlait de cuisine à la télé. Elle portait une robe à fleurs, semblables à celles du jardin de l'hôpital.

– C'est dingue ! s'exclama encore Thomas. Il sait même plus ça !

– Arrête, coupa Sunita, laisse-le tranquille!

– Toi, fais chier !

– Thomas ! intervint madame Legroux.

Puis elle se tourna vers les parents de Némo.

– Ne vous inquiétez pas. Nous allons profiter du retour de Némo pour faire quelques révisions.

Ses parents s'éloignèrent, non sans se retourner plusieurs fois.

– Némo, dit madame Legroux en refermant la porte, va t'asseoir à ta place.

– Je préfère rester debout.

Cette réponse déchaîna les rires des élèves.

– Moi non plus, j'veux pas m'asseoir ! dit Émilie.

– On se tait ! reprit la prof. Némo, ta place est à côté de Sunita.

– Il se rappelle même plus sa copine ! chuchota une voix. Il est nul !

Les joues brunes de Sunita devinrent écarlates. Elle se retourna vers Thomas.

– Espèce de… débile au stade terminal !

Madame Legroux frappa deux fois dans ses mains et regagna son bureau.

– Les enfants, dit-elle, vous donnez à Némo un exemple déplorable. En classe, on reste poli, on emploie des mots corrects. Pas d'argot, pas de vulgarité, pas de fautes de grammaire ! C'est bien clair ?

Elle s'aperçut que Némo se tenait toujours debout, au fond de la salle.

– Némo, tu veux bien t'asseoir près de Sunita, s'il te plaît ? Nous devons nous remettre au travail.

Némo finit par prendre sa place. Sunita se pencha vers lui.

– Tu vas bien ? Ça revient, ta mémoire ?

– Pas vraiment. Hier, j'ai vu des photos de toi et de ta maman, celle qui a porté ton œuf.

Les yeux de la petite fille s'agrandirent. Némo continuait.

– Il paraît qu'elle va partir très loin, en Inde, avec toi…

Sunita hocha la tête et dit, très vite :

– Mais moi, je ne veux pas y aller ! Là-bas, ma mère doit obéir à sa famille. Tu avais compris tout cela, avant… Il y a longtemps, maman s'est enfuie pour venir en France retrouver celui qui est devenu mon père. En Inde, sa famille ne lui a jamais pardonné.

Sunita baissa encore la voix et continua :

– Et puis, mon père est mort…

– Je sais, dit Némo.

– Si ma mère retourne en Inde, ses parents vont la marier

avec un vieux bonhomme qu'ils ont déjà choisi. Et moi, quand j'aurai seize ans, ils vont vouloir me marier aussi !

– C'est quoi, se marier ?

– Ben… C'est vivre ensemble… Dans la même maison. Dormir dans le même lit, comme des parents, quoi !

– Pourquoi tu ne veux pas te marier ?

– Hé ! Némo veut sortir avec Sunita ! lança Fadila à Jules.

– Silen-en-en-en-ce !

Cette fois, la prof avait poussé un vrai hurlement.

– Némo, il ne faut pas parler avec les autres élèves pendant la classe. Sunita, je comptais sur toi pour servir de modèle !

Elle fit une petite pause.

– Certains d'entre vous n'ont toujours pas compris la différence entre la nature et la fonction des mots…

Némo la regardait sans comprendre. Madame Legroux poussa un grand soupir.

– Némo, toi, tu devras revoir ta grammaire dans ton livre. Sunita peut t'aider, elle a très bien réussi ses exercices.

Némo se tourna vers Sunita. Elle avait fermé les yeux. Deux grosses gouttes d'eau roulaient sur son visage.

– Pourquoi tu fais ça ? demanda Némo.

– C'est rien, chuchota-t-elle, très bas.

– Et la… grand-mère ?

– La quoi ? Ah oui ! La grammaire…

Elle s'essuya les joues avec le dos de sa main.

– La grammaire, c'est rasoir. En fait, les profs ne te le disent pas, mais tu la connais déjà !

Némo la regarda sans comprendre.

– Mais oui, continua Sunita, tu l'utilises, sans le savoir, quand tu parles ou quand tu écris : c'est la manière de bien mettre les mots ensemble.

– Pourquoi on doit l'apprendre alors, si on la connaît ?

– Parce qu'en français, il y a des règles que l'on doit suivre pour écrire correctement. Il faut accorder les mots, par exemple. Le verbe avec le sujet, les adjectifs avec les noms…

Némo fronçait les sourcils.

– Ne t'inquiète pas, c'est facile. Et puis c'est moins ennuyeux si on en fait un jeu. On l'écrira dans ton carnet.

Madame Legroux s'efforçait d'attirer l'attention de ses élèves.

– Revoyons un moment notre leçon sur la nature des mots, pour éclairer notre ami Némo, dit-elle.

– Oh ! non… soupira Arthur en enfouissant sa tête dans ses bras.

Mais la prof l'ignora et s'adressa directement à Némo.

– La langue française est composée de mots de différente « nature ». Cette nature ne change pas. Un « verbe », par exemple, reste « verbe » pour toujours. Tu comprends ?

Némo fit « oui » de la tête. Ce n'était pas difficile ! La prof reprit :

– Les verbes expriment une action ou un état. Ce que l'on fait ou comment on est.

Elle se retourna pour écrire le mot verbe sur une planche verte. Elle utilisait un gros crayon blanc qui crissait.

– Un exemple ?

Elle regardait Isabelle. Celle-ci plissa son petit nez avant de répondre :

– Manger, dormir, jouer, être, paraître ! annonça-t-elle d'un trait.

– Bien ! Ensuite, les « noms » : ils nomment les gens ou les choses.

– Et les chiens alors ? rigola Thomas.

La phrase *en questions*

Si on le veut, la grammaire peut devenir un jeu. Après tout, ce n'est qu'une manière de bien mettre les mots ensemble. Chaque mot a **une nature***, qui ne change pas : verbe, nom, pronom, article, adjectif, adverbe, préposition, conjonction...*
Dans les phrases, il prend aussi une **une fonction***. Comment la trouver?*
Le plus simple est d'abord de chercher le verbe conjugué.
Puis, de faire comme un détective : poser des questions.

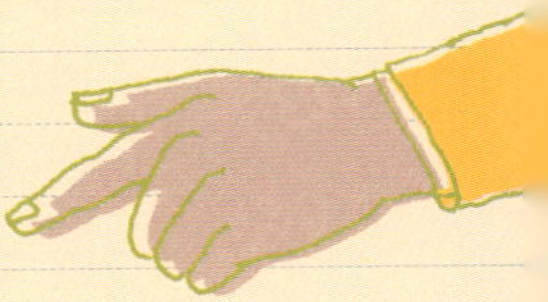

ex. : La prof explique une leçon.
Le verbe conjugué c'est explique

Le sujet *: on pose la question « qui est-ce qui ? »*
ex. : « Qui est-ce qui » explique *?* la prof. *Le sujet est* La prof.

Le complément d'objet
*Certains verbes (on les appelle transitifs) peuvent avoir un complément d'objet direct (***c.o.d.***). Celui-ci se rattache directement au verbe.*
Pour le trouver, on pose la question : « qui ? » ou « quoi ? »
ex. : Je mange une pomme.
Je mange *« quoi ? »* une pomme. *Le c.o.d. est* une pomme.

*D'autres verbes (les intransitifs) ont besoin d'une préposition pour attacher leur complément d'objet ; c'est un complément d'objet indirect (***c.o.i.***).*
ex. : Sunita ressemble à sa mère.
Sunita ressemble *« à qui ? » A* sa mère. *Le c.o.i. est* sa mère.

Attention *! Certains verbes transitifs peuvent avoir un c.o.d., et en plus un complément rattaché par une préposition. C'est le* **complément d'objet second** *(ou complément d'attribution).*
ex. : Je donne une pomme à Sunita.
Je donne *« quoi ? »* Une pomme. *Le c.o.d. est* une pomme.
Je donne *« à qui ? »* à Sunita. *Le complément d'objet second est* Sunita.

Les compléments circonstanciels
ex. : Ce matin, à l'école, à cause du retour de Némo, la prof explique la leçon avec patience.
Le complément de temps. *On pose la question « quand ? » (réponse :* ce matin*).*
Le complément de lieu. *On pose la question « où ? » (réponse :* à l'école*).*
Le complément de manière. *On pose la question « comment ? » (réponse :* avec patience*).*
Le complément de cause. *On pose la question « à cause de quoi ? » (réponse :* du retour de Némo*).*

Némo

– Silence ! Il y a aussi les « articles » et les « adjectifs », qui accompagnent le nom.

Madame Legroux écrivit en gros : nom, article, adjectif. Elle poursuivit :

– Quelquefois, le nom est remplacé par un « pronom », pour faire plus court. Caroline ?

Caroline rejeta ses longs cheveux bruns en arrière, hésita un instant, et annonça d'une voix gracieuse :

– Euh… Moi, je. Ce sont des pronoms ?

– Oui, approuva madame Legroux. Je, moi, tu, toi, il, nous… Continuons… Nous avons aussi les « adverbes »…

Elle éleva la voix :

– Antonin, peux-tu cesser de pianoter sur le bord de ton bureau ! Trouve-moi des exemples d'adverbes.

Antonin conclut son petit morceau de musique avec deux coups de percussion « tac, tac » frappés d'un index énergique. Il repoussa d'une main son épaisse crinière blonde et répondit sans hésiter :

– Partout, longtemps, rarement, lentement. Et… vachement.

– Si on veut… Enfin, il nous reste les « prépositions » et les « conjonctions », qui nous servent à relier des mots ou des morceaux de phrases. Tous ces mots, « adverbes », « prépositions », « conjonctions » sont… Johanna ?

– In-va-riables ! répondit la jeune fille en levant ses grands yeux sombres.

– En effet, approuva la prof. Pas de féminin, pas de pluriel, ils s'écrivent toujours de la même manière.

Elle alla s'asseoir derrière son bureau pour souffler un moment.

– N'oublie pas tout cela, Némo. Ce sont les bases de la grammaire.

Le train des **propositions**

Pour ne pas faire de faute d'accord, il faut bien raccrocher les groupes de mots (sujets et compléments) à leur verbe. C'est-à-dire qu'il faut bien repérer les propositions.
Une **proposition** *est une suite de mots qui comporte un verbe conjugué, un sujet, un ou plusieurs compléments. Elle peut former une phrase à elle toute seule : on dit dans ce cas qu'elle est « indépendante ».*
ex : Je suis revenu à l'école.
Parfois, elle se réduit au seul verbe conjugué.
ex. : Reviens !

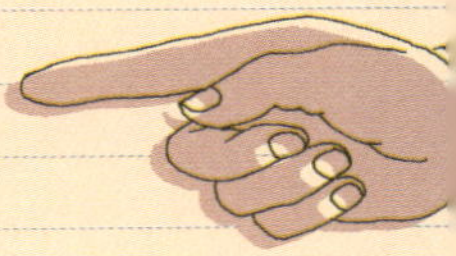

Les propositions peuvent aussi s'accrocher les unes aux autres, comme les wagons d'un train, pour former des phrases plus compliquées. Dans ce cas, elles ne sont plus indépendantes : il y a une proposition « principale » et d'autres propositions qui lui sont « subordonnées » (elles dépendent de la principale).
ex. : Les élèves interrompent la prof qui essaye de garder son calme.
proposition principale — *proposition subordonnée*

Si une phrase possède deux verbes conjugués, elle comprend deux propositions. Si elle a trois verbes conjugués, elle comprend trois propositions, etc. Comment les distinguer ? En posant les fameuses questions que l'on a vues précédemment (qui est-ce qui ? que ? quoi ? etc.).

Une proposition subordonnée commence par un petit mot qui l'accroche au train de la phrase:
un **pronom relatif** *(qui, que, quoi, dont, où, lequel, duquel, auquel...)*
ex. : Les élèves répondent aux questions que pose la prof.
une **conjonction de subordination** *(que, à ce que, de ce que, quand, comme, lorsque, tandis que, puisque, parce que, pour que, bien que, quoique...)*
ex. : La prof se fâche parce que Thomas fait trop de bruit.
un **mot interrogatif** *(qui, de quoi, à quoi, quel, pourquoi, comment, combien...)*
ex. : Sunita essaye d'expliquer pourquoi elle ne veut pas partir en Inde.

Une phrase peut contenir plusieurs propositions principales, reliées par une virgule (,) un point-virgule (;) ou une conjonction de coordination (mais, ou, et, donc, or, ni, car).
ex. : Les élèves ont appris un poème et ils doivent le réciter.

Némo

– D'accord, fit Némo, je n'oublierai pas, mais à quoi ça sert ?

– Écoute bien… répondit madame Legroux. Quand les mots sont dans une proposition, ils gardent leur « nature » et en plus ils remplissent différentes fonctions : le verbe reste un verbe, mais on doit le conjuguer. Le nom, lui, peut jouer le rôle de « sujet » ou de « complément ». Par exemple, complément d'objet ou complément circonstanciel… Tu comprends ?

Némo secoua la tête. Il avait l'air très préoccupé.

– Non ! Et je ne veux pas mettre dans ma mémoire des trucs que je ne comprends pas. Ça ne sert à rien !

Cette proclamation déclencha un beau chahut.

– Némo a raison ! criaient quelques enfants.

– C'est débile, répliqua Yasmina, vous aurez des mauvaises notes et vous serez vraiment des nuls !

– Qu'est-ce qu'elle est conne, cette fille ! fit un grand garçon nommé Alex.

– Macho ! répondit Antonin.

– Assez ! Assez ! criait madame Legroux. Elle réussit enfin à rétablir le calme. Si j'entends encore une grossièreté, c'est la porte !

Némo regarda la porte. Elle n'avait rien de bizarre…

– Il est déjà tard, reprit la prof, et nous avons encore un contrôle. Les élèves ont appris une poésie, un très joli texte, et ils doivent le savoir par cœur, c'est-à-dire de mémoire.

De mémoire ? Ils n'allaient pas recommencer ! Némo avait de plus en plus envie de partir.

– Sunita, poursuivit madame Legroux, ouvre ton cahier, pour que Némo puisse lire. Le poème parle de marins qui vont conquérir un pays lointain. Célia, c'est à toi, récite les deux premières strophes.

Des **mots** *bien* **accordés**

L' **adjectif** *s'accorde avec son nom, en genre (masculin ou féminin), et en nombre (singulier ou pluriel).*
ex. : un copain énervé, une copine énervée ; les copains sont énervés, les copines sont énervées.
Il y a quelques exceptions, comme certains adjectifs de couleur :
ex. : une veste marron *(= de la couleur du marron)*

Le **participe présent** *(ex : marchant, jouant, dormant...) est invariable : c'est pratique !*
ex. : Je vois des copains courant à la récréation.
Mais parfois, le participe présent est utilisé comme un nom ou un adjectif, et dans ces cas-là, il s'accorde en genre et en nombre. Attention au piège !
ex. : les vivants et les morts
une récréation amusante ; des récréations amusantes

Le **participe passé** *d'un verbe conjugué avec* **être** *(ex. : aller, venir, partir...) s'accorde en genre et en nombre avec le* **sujet**.
ex. : Sunita est allée plusieurs fois à l'hôpital. Les enfants sont allés dans la cour.

Le **participe passé** *d'un verbe conjugué avec* **avoir** *(ex. : chanter, finir, mentir, lire...) ne s'accorde* ***jamais*** *avec le* **sujet**.
ex. : Sunita a suivi des élèves dans la cour.
Mais il s'accorde avec le **complément d'objet direct**, *seulement si celui-ci est* ***placé avant*** *le verbe !*
ex. : Sunita a suivi des copains. Voici les copains qu'elle a suivis. Elle les a suivis.
(c.o.d.) (c.o.d.) (c.o.d.)

Attention : le grand piège !
Certains verbes conjugués avec **être** *sont parfois accompagnés d'un pronom qui rappelle le sujet (me, te, se ou s', nous, vous). On dit qu'ils sont à la* **forme pronominale**.
Ces verbes-là peuvent avoir un complément d'objet direct. On applique alors la même règle que pour les verbes conjugués avec **avoir** *: on accorde le participe passé avec le* **complément d'objet direct** *s'il est* **placé avant** *le verbe.*
ex. : Voici la montre qu'Arthur s'est achetée. Sunita s'est coupé une part de tarte.
(c.o.d.) (c.o.d.)

Le **participe passé** *est souvent utilisé comme un simple* **adjectif,** *et dans ces cas-là, il s'accorde avec son nom, sans problème.*
ex. : une classe ordonnée ; des pulls déchirés.

Némo

Une fille blonde se leva. Ses cheveux épais couvraient déjà une partie de son visage, et elle pencha la tête pour se cacher un peu plus derrière ce rideau improvisé.

– Comme un vol de gerfauts hors du charnier natal… commença-t-elle.

Elle avait une voix douce, un peu grave, pleine de secrets. Némo ferma les yeux. Il ne comprenait pas un seul mot de cette histoire. Qu'est-ce que c'est, un gerfaut ? Et un charnier ? Et un natal ? Pourtant, il avait l'impression d'être dans un film, comme ceux de la télé, avec toute cette eau qu'ils appelaient la mer, et puis les voiles, les bateaux…

– Aux bords mystérieux du monde occidental… conclut Célia, dans un murmure.

– Très bien, très joli, dit madame Legroux. Martin, continue.

Martin se leva et Némo ferma de nouveau les yeux.

– Cha-que-soir-es-pé-rant-des-len-de-mains-é-pi-ques-l'a-zur-phos-pho…

Némo eut l'impression d'être réveillé brutalement.

– Arrête ! Arrête ! cria-t-il. On n'entend plus la mer !

– Mais t'es malade ! fit Martin. Tu ne comprends rien au poème !

– J'y comprends rien, admit Némo, mais je l'entends.

De nouveau, il ferma les yeux, et récita sans se tromper les deux dernières strophes, en essayant d'imiter la voix mystérieuse de Célia. Quand il se tut, il réalisa que tous les élèves le regardaient, silencieux.

– Tu… Tu as déjà appris ce poème ? demanda la prof, hésitante.

– Non, je viens de le lire !

– C'est sa nouvelle mémoire ! cria Sunita. Elle est formidable ! Némo peut tout apprendre !

Les **fausses familles** *de mots*

Certains mots se prononcent de la même façon, mais ils ne s'écrivent pas pareil et ils ne veulent pas dire la même chose : ils ne sont pas de la même famille. Pour les reconnaître, et ne pas faire de faute en écrivant, on peut les remplacer dans sa tête par un autre mot, et voir si « ça marche ».

et *ou* **est** *? Si on peut remplacer par « était », il s'agit du verbe être : « est ».*
ex. : La cour **est** (était) entourée d'un mur.
Mais : Le bureau **et** la chaise *(*Le bureau *« était »* la chaise *? Non, impossible, « et » est une conjonction de coordination.)*

son *ou* **sont** *? Si on peut remplacer par « étaient », il s'agit du verbe être : « sont ».*
ex. : Arthur et Paul **sont** (étaient) des copains.
Mais : La prof apporte **son** grand classeur. (apporte *« étaient »* grand classeur *? Impossible, « son » est un adjectif possessif.)*

a *ou* **à** *? Si on peut remplacer par « avait », il s'agit du verbe avoir : « a »*
ex. : Sunita **a** (avait) une longue natte.
Mais : On n'arrivera jamais **à** lui parler. *(« avait »* lui parler *? Impossible, « à » est une préposition.)*

on *ou* **ont** *? Si on peut remplacer par « avaient », il s'agit du verbe avoir : « ont ».*
ex. : Sunita et Thomas **ont** (avaient) un compte à régler.
Mais : **On** se retrouve dans la cour. *(« avaient »* se retrouve dans la cour *? Impossible. « On » est un pronom personnel.)*

ou *ou* **où** *? Si on peut remplacer par « ou bien », il s'agit de la conjonction de coordination « ou ».*
ex. : Je veux parler à mon père **ou** (ou bien) à ma mère.
Mais : Voici l'école **où** j'allais avant. *(« ou bien »* j'allais avant *? Impossible, « où » est un pronom relatif qui indique le lieu.)*

infinitif *ou* **participe passé** *?*
Avec les verbes en « **er** *», on n'entend pas si le verbe est à l'infinitif ou au participe passé, le son est toujours « é ». Si l'on n'est pas sûr : remplacer par un verbe du 3e groupe comme « vendre ». Là, on entend la différence (vendre ou vendu).*
ex. : Je peux **donner** (vendre) des coups de poing.
C'est l'infinitif, donc « er ».
J'ai **donné** (vendu) des coups de poing.
C'est le participe passé, donc « é ».

Némo

– Ça alors ! dit Caroline.
– C'est génial ! dit Paul.
– C'est dégueulasse ! dit Maxime.
– En tout cas, dit madame Legroux, Némo a compris tout seul le plus important : dans la poésie, on entend la musique des mots… Maintenant, filez en récréation, je ne veux plus vous voir !

La bagarre du sergent

Poussé, tiré, bousculé, Némo se retrouva dans une cour entourée d'un haut mur et plantée de quelques arbres maigres. Une foule d'enfants se pressait autour de lui.
– Pourquoi on est là ? demanda Némo. C'est la prison ?
– T'as bien raison, dit Paul.
– Dis, demanda Johanna, tu te souviens de moi ?
– Némo ! Némo ! piaillait Isabelle en le tirant par la manche.
– Mais arrête ! s'exclama Caroline, on n'arrivera jamais à lui parler ! Alors, tu te souviens de moi, ou pas ?
– Fous-lui la paix ! fit Arthur. Tu l'emmerdes !
– Oh ! toi, tu le défends toujours, dit Martin. Son truc d'amnésie, c'est pour faire le malin !
– Hé ! Némo, demanda Thomas d'une voix aiguë, ça fait combien 1 et 1 ?
– Réponds pas, Némo ! intervint Sunita, il se moque de toi !
– On t'a rien demandé, espèce de sale Indienne ! lança Maxime en tirant violemment sur la natte de Sunita.
– T'es qu'un sale raciste dégueulasse ! répliqua Célia en lui lançant un coup de pied dans les jambes.

– Ta gueule, j'suis pas raciste ! beugla Maxime.

– Non, t'es juste xé-no-pho-be ! répliqua Antonin, furieux. Je vais te mettre un pain !

Il lui asséna un grand coup de poing dans le ventre. Alex répliqua en lui sautant sur le dos, Arthur arriva à la rescousse, Paul se précipita dans la mêlée… Défenseurs et adversaires de Sunita se livrèrent bientôt à une bagarre en règle. Némo avait déjà vu une telle situation à la télé ! Il fonça dans le tas et tenta d'empoigner Maxime pour le jeter par-dessus son épaule ! Il n'entendit même pas les cris du directeur qui accourait vers le champ de bataille.

– Arrêtez ! Arrêtez tout de suite !

Les enfants se calmèrent peu à peu, non sans échanger encore quelques coups. Thomas avait un œil gonflé, le pull d'Arthur était déchiré, Alex se tenait le bras en grimaçant… Némo, lui, restait au milieu, le poing en avant.

– C'est toi, Némo, qui fais tout ce chahut ? demanda le directeur.

– Qui c'est celui-là ? fit Némo. Pourquoi il crie si fort ?

– Alors ça, c'est un comble ! s'exclama le directeur.

Les enfants se regardaient en rigolant en douce.

– C'est pas de sa faute, monsieur ! essaya d'expliquer Sunita.

– Silence ! cria le directeur.

– Tais-toi, si tu veux du silence ! dit Némo.

– Vous aurez tous un zéro et un avertissement ! hurla le directeur encore plus fort.

– C'est lui, le sergent ? demanda Némo, très étonné.

Plusieurs enfants éclatèrent de rire.

– Silence ! hurla encore le directeur. Retourne en classe, Némo, immédiatement !

– J'suis arrêté ?

– Suis-moi !

Némo obéit. À la télé, ça se passait aussi comme ça ! En arrivant dans la classe, il trouva son père qui discutait avec madame Legroux. Le directeur essayait de reprendre son calme.

– Bonjour, monsieur, dit-il. Je dois vous dire la vérité. Némo n'est pas… Némo ne peut pas… La situation est difficile, les autres enfants sont déconcentrés et Némo ne sait pas… Enfin, je pense qu'il ne doit pas encore revenir à l'école !

Le père de Némo l'écoutait, un pli profond entre les sourcils.

– Pourtant, il réapprend très vite, intervint madame Legroux.

– Certes, coupa le directeur, très nerveux. Mais il n'a aucune notion du comportement approprié à l'école. Il doit d'abord retrouver la mémoire élémentaire de la politesse !

– Cela ne dépend pas de nous ! fit le père de Némo assez sèchement.

– Si on lui laissait un peu de temps… reprit madame Legroux.

– Nous verrons, répondit le père de Némo. Pour l'instant, nous allons le garder à la maison.

Pressé de quitter les lieux, il salua le directeur et madame Legroux.

– Au revoir, Némo, dit la prof. Je demanderai à Sunita de t'apporter les devoirs. Appelle-moi si tu as besoin d'aide !

Némo sentit qu'elle était dans sa bande. Il se souvint du petit signe que faisait Sunita quand elle partait, et il leva la main, remua deux ou trois doigts. Madame Legroux l'imita. Ils s'étaient compris !

Dans la rue, Némo se tourna vers son père.

– La prof, elle est sympa, dit-il. Mais je voulais quand même pas rester à l'école, avec ce sergent !

Le père de Némo éclata de rire.

– J'ai quelque chose à t'annoncer, dit-il. Ton cousin Gaspard a téléphoné : il veut faire une émission de télé avec toi !

– Mais j'en fais tout le temps, de la télé !

– Cette fois, il ne s'agit pas de regarder mais d'être à la télé, à l'intérieur si tu préfères. C'est toi qui vas parler !

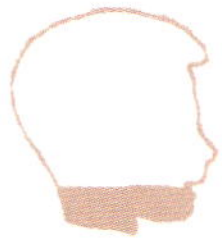

Chapitre 4
Tu es un terrien

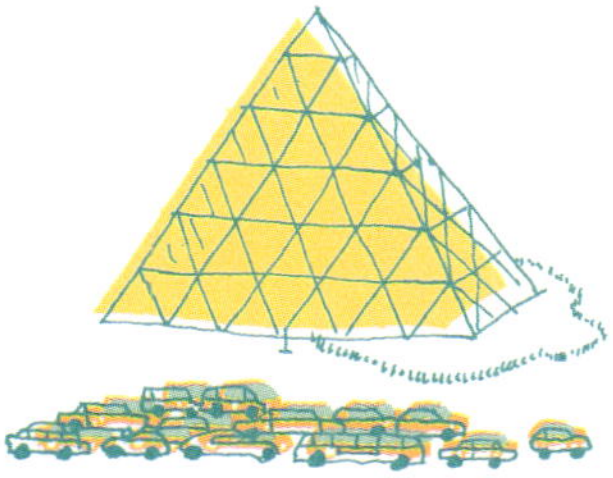

Star de télé

Orange, rouge, vert… Orange, rouge, vert… À chaque carrefour, Némo éprouvait une impression étrange, comme si son estomac devenait tout petit. Il n'aimait pas les feux tricolores, ni les parcours en voiture. Heureusement, Gaspard conduisait prudemment au milieu de l'intense pagaille de la circulation parisienne. Ils venaient de traverser la grande cour du Louvre, là où se dresse une étonnante construction en verre. « J'adore la pyramide », avait dit Gaspard. Après avoir franchi la Seine, ils longèrent le fleuve, devant le musée d'Orsay, cette ancienne gare avec sa drôle d'horloge – « il faudra que je t'y emmène, il y a des tableaux superbes ». Au loin, on apercevait la tour Eiffel. Némo se demandait comment on avait pu construire une grue aussi haute.

La voiture traversa la Seine une seconde fois, contourna la pierre géante plantée au milieu de la place de la Concorde.

« L'Obélisque, c'est égyptien, ça aussi », fit encore Gaspard, et ils s'engagèrent sur les Champs-Élysées.

Némo jetait fréquemment des petits regards de côté vers son cousin. Gaspard l'intéressait beaucoup. Celui-là, il n'était pas comme les autres. Ce matin, quand il était venu le chercher, Némo avait reconnu le grand garçon blond qu'il avait déjà vu à la télévision et sur la photo. Gaspard avait jeté son sac à dos dans le couloir, embrassé les parents, et s'était planté devant lui, en lui parlant comme le faisait Arthur ou Sunita.

– Salut, Némo ! T'es une vraie star en ce moment, dis donc !

La mère de Némo ne lâchait pas le bras de son jeune frère.

– Comment va Léa ?

– Elle prépare sa tournée, je vais essayer de l'accompagner.

– Tu ferais bien…

– Léa est danseuse, avait ajouté Gaspard à l'intention de Némo. Elle a des jambes… Mais des jambes…

Heureusement pour elle, s'était dit Némo.

L'an dernier, ils avaient passé des vacances avec Gaspard, dans une maison de Provence, avec une piscine. Évidemment, Némo ne s'en souvenait pas, mais on lui avait dit qu'il était resté des journées entières dans l'eau et qu'il s'était très bien entendu avec Gaspard. Il n'y avait pas de raison pour que cela ne continue pas.

D'ailleurs, Gaspard lui avait tout de suite tendu un livre : « Cadeau. Pour ta mémoire », avait-il chuchoté, énigmatique. Némo avait lu : *Le Petit Prince*.

– C'est un peu ton histoire. Celle d'un garçon qui veut découvrir le monde dans lequel il est tombé. Il vient d'une autre planète, et il pose des tas de questions.

– Une autre planète ?

Némo ne comprenait pas très bien.

– Je te raconterai tout cela plus tard, monsieur Némo, avait conclu Gaspard en souriant.

Oui, son cousin était plutôt du genre comique…

– Tiens, regarde, c'est là ! fit soudain Gaspard, interrompant les réflexions de Némo.

Ils étaient arrivés devant l'immeuble de la télé, une construction imposante. Dans une vaste vitrine, une série d'écrans diffusaient tous la même image, celle de la chaîne. Ils avaient à peine franchi le seuil qu'une jeune femme se précipitait vers eux.

– Salut, Gaspard. Ah ! vous devez être Némo. Il ne faut pas tarder, vous êtes attendus au maquillage.

Némo se retrouva, avec Gaspard, dans une petite loge, devant des miroirs fortement éclairés. La maquilleuse commença immédiatement à lui enduire le visage d'une crème orangée.

– À cause de la lumière du studio, expliqua Gaspard. Il faut toujours redonner un peu de couleur et effacer les petits défauts, sinon on les voit trop.

– Mais, vous, vous n'avez pas besoin de grand-chose, dit la maquilleuse en passant un peu de poudre sous les yeux de Némo.

– Merci pour moi, dit Gaspard en rigolant. Tu vois, plus on est vieux, plus on doit tricher. Tu es prêt pour le grand soir ?

Némo suivit Gaspard à travers un dédale de couloirs, jusqu'à une immense salle éclairée par des dizaines de projecteurs. Au centre, des fauteuils étaient disposés en arc de cercle, devant un faux mur où on lisait, sur le dessin de la Terre, « La Planète est à nous ».

– Allons saluer nos invités, chuchota Gaspard.

Némo savait maintenant comment s'y prendre. Il écrasa soigneusement les doigts d'un comédien qu'il avait déjà vu dans un film, ainsi que ceux du docteur Benoît, invité lui aussi, et d'une dame qu'on lui présenta comme une « psy ». Puis Gaspard l'entraîna au milieu d'un fouillis de câbles et de fils électriques.

– Ici, nous sommes sur le « plateau ». Tu vois les caméras ? Il y en a cinq. Quand la lumière rouge s'allume sur l'une d'elles, cela signifie que le réalisateur choisit l'image qui vient de cette caméra pour l'envoyer sur les écrans des téléspectateurs. Celle-ci fera un gros plan sur ton visage, celle-là nous prendra tous de loin.

– Salut, Gaspard, tu as l'antenne dans dix minutes ! fit une voix qui semblait tomber du plafond.

– C'est le réalisateur. Viens avec moi, en régie.

Ils pénétrèrent dans une petite pièce cachée derrière le décor. Plusieurs personnes s'affairaient devant des boutons multicolores et de nombreux écrans.

– Les images de chaque caméra arrivent là, chacune sur un écran différent. En appuyant sur ses boutons, le réalisateur les fait se succéder ; il les sélectionne selon ses envies. Par exemple, le visage de celui qui parle, puis le visage de celui qui écoute, puis une vue plus lointaine des deux personnages…

– Tiens, essaie toi-même, proposa le réalisateur.

Némo appuya sur les boutons et fit défiler les images des caméras 1, puis 2, puis 3. C'était marrant.

– Voilà comment on construit une émission, poursuivit Gaspard. Avec une succession de « plans » différents, un peu comme une écriture. Tu écris des phrases en alignant des mots. À la télé, tu mets bout à bout des images. Au cinéma aussi.

– Cela s'apprend ? demanda Némo.

– Évidemment ! On apprend à écrire avec des images. Mais les enfants devraient aussi apprendre à lire les images, en essayant de comprendre comment le réalisateur a enchaîné les plans pour composer son émission.

– Après la régie, où vont-elles, les images ?

– Elles sont transformées en signaux, une autre écriture si tu préfères, qui voyagent dans les fils électriques et dans les câbles des immeubles. Ou en ondes, qui se propagent dans l'air et arrivent sur les antennes des maisons. Cela se passe presque instantanément. Bon, il faut y aller, maintenant.

Ils retournèrent s'installer dans le studio à côté des autres invités. Gaspard consultait des petits papiers blancs qu'il venait de sortir de sa veste.

– C'est ma mémoire, chuchota-t-il. Tu n'as pas peur ?

Peur ? Némo ne comprenait pas.

– Excuse-moi, j'oubliais... Tu en as de la chance, toi, de ne pas avoir d'émotions...

Il avait le visage plus pâle et ses mains tremblaient légèrement.

– L'antenne dans dix secondes, fit la voix du réalisateur.

Les grandes portes du studio étaient maintenant fermées et tout le monde gardait le silence.

– 4, 3, 2, 1... fit la voix. Une petite musique retentit.

Gaspard se redressa vivement, fit un large sourire en regardant fixement une caméra – celle qui avait la petite lumière rouge, remarqua Némo – et commença à parler. Il était encore une fois question de planète. Gaspard annonça un « reportage » sur un jeune Malien, un « sujet » sur la population du monde et « l'extraordinaire histoire d'un garçon nommé Némo qui a perdu la mémoire ». Un cameraman, à moitié couché par terre, tournait autour de Némo, une caméra sur l'épaule. Némo vit son propre visage apparaître sur un petit écran posé sur le sol. C'était drôle de se voir dans l'image. Il fit comme Gaspard et essaya d'étirer la bouche pour sourire. Mais son visage était déjà remplacé par celui de son cousin.

Il se passa beaucoup de temps avant que Némo se revoie sur l'écran. Le reportage sur la famille africaine l'intrigua. Il s'agissait d'un garçon de onze ans, comme lui, qui s'appelait Kontie. Il vivait dans une sorte de désert de terre, avec son père, sa mère, ses quatre frères et ses trois sœurs – deux autres frères étaient morts quand ils étaient bébés. Leur maison était en boue séchée et la famille ne possédait presque rien : des pots pour cuire la nourriture – du mil ou du riz –, quelques outils, une toile pour se protéger des moustiques. Chaque jour, Kontie et sa mère allaient chercher de l'eau au puits et ils marchaient de longues heures en quête de branches pour alimenter le feu. Le soir, tout le monde mangeait une bouillie de riz que l'on prenait avec les mains, dans un seul plat pour tous. Kontie n'avait pas la télévision, ni le téléphone, ni la lumière électrique, ni l'eau dans la maison. Il ne semblait pas malheureux. Il rêvait d'avoir un vélo. Un jour peut-être, quand il serait grand…

Après une longue discussion entre les invités du plateau sur « le Nord et le Sud » et un machin bizarre appelé « niveau de vie », Gaspard lança un sujet sur la population de la planète. Sa voix commentait les images. On voyait des enfants dans un hôpital, à qui on faisait des piqûres. « Cinq bébés naissent chaque seconde dans le monde, disait Gaspard. C'est dans les pays les plus pauvres que naissent le plus d'enfants, souvent parce que, dans une famille, il faut être nombreux pour survivre, pour aller chercher l'eau et le bois ; c'est aussi là qu'ils vivent le moins longtemps. Les six milliards de terriens sont très mal répartis sur notre planète. Nous serons bientôt huit ou dix milliards, certains très riches, les autres très pauvres, comme Kontie. »

Soudain, les caméras se braquèrent sur Némo.

– Némo, dit Gaspard en lui parlant avec une voix plus forte que d'habitude. Toi qui découvres tout cela, que penses-tu de ce que tu viens de voir ?

Les invités le fixaient, son visage apparaissait sur tous les écrans.

– Eh bien… hésita Némo. C'est quoi, un terrien ?

Il y eut un silence. Personne ne s'attendait à cette question. Némo était là pour répondre, pas pour demander !

– C'est toi, reprit Gaspard, un peu décontenancé. Un habitant de la planète Terre.

Et il s'adressa rapidement à la caméra :

– Voilà, Némo est comme ça. Surprenant, vif, intelligent. Il a perdu la mémoire mais il interroge le monde entier, n'est-ce pas, docteur ?

– C'est effectivement un cas d'amnésie rare et passionnant, répondit le docteur Benoît.

Gaspard se tourna vers son petit cousin.

– Quelles sont les premières images que tu as retrouvées dans ton cerveau ?

Mais la question n'intéressait pas Némo. Il demanda :

– Kontie est aussi un terrien ?

– Évidemment, répondit Gaspard. Nous sommes tous des habitants de la même planète.

– Mais alors, pourquoi ne mange-t-il pas à sa faim ? Pourquoi on ne lui donne pas à manger ?

Les invités prirent la parole dans le désordre. Gaspard eut beaucoup de difficultés à les faire intervenir les uns après les autres et à revenir à l'histoire de Némo. Le docteur

Benoît raconta son passage à l'hôpital ; le comédien expliqua comment, lui, il réussissait à se rappeler des pages et des pages de la pièce de théâtre qu'il devait jouer chaque soir : il s'installait seul dans une pièce et écrivait en grand les phrases sur les murs. Il avait besoin de voir les mots pour mieux les apprendre.

– Némo a sans doute, lui aussi, besoin de voir, de sentir, de percevoir les choses, pour mieux les retenir, continua le docteur Benoît.

Sur l'écran, un scientifique expliqua qu'il existait différentes mémoires dans le cerveau : une mémoire courte pour les sons, les images, tout ce que captent les yeux et les oreilles ; et une mémoire « à plus long terme », elle-même composée de plusieurs compartiments : un pour les événements, les noms, les lieux ; un autre pour ce que nous comprenons ; un autre encore pour ce que nous faisons automatiquement, sans y penser, comme rouler à vélo.

– Némo a perdu sa mémoire à long terme, continua le docteur Benoît, mais celle des automatismes, comme les tables de multiplication, lui revient parfois. Et il est capable d'apprendre extrêmement rapidement. Son problème, c'est qu'il n'éprouve pas d'émotions.

– Cela peut être traumatisant, intervint la dame qu'on avait appelée « psy ». Songez que ce petit n'a pas reconnu son père ni sa mère. Il a perdu tout souvenir de son enfance, c'est une vraie infirmité !

De quoi se mêlait-elle, celle-là ? Némo n'aimait pas la voix haut perchée de cette dame. Pourquoi l'appelait-elle « petit » ? Il n'était pas si petit que ça !

– Une infirmité ? Vous exagérez un peu, non ? s'indigna Gaspard. Némo est un enfant extrêmement intelligent.

– Peut-être, reprit dame Psy, en se tournant vers Némo.

Parle-nous de ton enfance. Tu ne te rappelles pas quand tu étais tout petit garçon ?

Némo n'avait aucune envie de répondre à ce genre de questions. Il ne savait pas, tout simplement.

– Ça ne m'intéresse pas, dit-il froidement. Je veux savoir pourquoi on ne donne pas à manger à Kontie.

– Comment, ça ne t'intéresse pas ! poursuivit la dame. Mais ça doit t'intéresser, il faut essayer, mon garçon !

Némo sentit quelque chose d'étrange se produire dans sa tête. Cette personne-là, il avait envie de la faire disparaître. De la zapper, comme il le faisait chez lui avec la télécommande. Après tout, on était à la télé…

– Je ne suis pas votre garçon ! répliqua-t-il.

Il savait maintenant qui étaient sa mère et son père. Et ils n'avaient rien à voir avec cette espèce de… sergent !

– Retournez dans votre école !

Gaspard et le comédien se retenaient d'éclater de rire. Dame Psy devint toute rouge, bégaya des choses incompréhensibles et finit par se taire. Gaspard reprit calmement la parole et donna le signal de la fin :

– La planète est à nous, décidément, conclut-il. Et bonne chance à Némo. Visiblement, ce jeune homme a besoin de vous tous pour se réconcilier avec les terriens. Vous pouvez lui écrire à l'émission ou par Internet. Nous lui transmettrons vos messages. À bientôt.

Une heure plus tard, Némo et Gaspard étaient de retour à la maison. Ils avaient à peine franchi la porte du jardin que les parents de Némo et Sunita se précipitèrent vers eux.

– Tu as été génial ! cria Sunita qui ne tenait plus en place. Ses yeux brillaient, elle montrait toutes ses dents.

– Pourquoi tu es là ? demanda Némo. Ce n'est pas ta maison.

La lumière s'éteignit dans les yeux de Sunita.

– Tous nos amis sont ici chez eux, intervint son père.

Némo se demanda s'il avait beaucoup d'amis.

– Ton assistante vient d'appeler, Gaspard, coupa la maman, tout agitée. Elle reçoit des centaines d'appels à la télé, qui viennent de toute la France et même des pays étrangers. Tout le monde veut aider Némo et lui expliquer ce qu'est un terrien.

Gaspard se tourna vers Némo, avec un petit sourire malin.

– Je te l'avais dit. En une soirée, mon cher Némo, tu es devenu une star !

La leçon de la Lune

Une star, cela veut dire une « étoile » en anglais, expliqua Gaspard peu après. Némo et lui étaient assis dans le jardin, avec Sunita, en attendant le dîner. Il était très tard, mais le téléphone n'arrêtait pas de sonner : des amis, des cousins, des voisins avaient vu Némo à la télé et voulaient le féliciter. Némo laissait ses parents leur répondre. Tous ces gens qui semblaient le connaître, il trouvait cela étrange… Il ne se sentait pas fatigué, pas du tout. Il avait envie de rester avec Gaspard, la tête renversée vers le ciel d'été, à contempler toutes ces étoiles, toutes ces « stars »…

– On ne les voit pas bien ce soir, commenta Gaspard. La Lune est pleine et trop lumineuse.

Elle était évidemment ronde dans le ciel. Némo ne se lassait pas de la regarder. Drôle de boule perchée là-haut. On dirait presque un visage, avec ses taches sombres…

– Ce sont des vallées et des montagnes, expliqua Gaspard. La Lune est une boule de pierres grises, qui tourne autour de la Terre en vingt-huit jours. Tu veux la regarder de plus près ?

– Je veux bien, répondit Némo.

Gaspard fila vers la maison et revint avec une énorme paire de jumelles. Il les posa en équilibre sur le haut d'une chaise, glissa dessous une petite pierre, et les ajusta longuement tout en regardant dans l'oculaire.

– Regarde vite, sans les bouger surtout. Elles sont braquées pile sur la Lune.

Némo appuya doucement ses yeux sur les jumelles.

– Je vois les montagnes ! s'écria-t-il.

Le morceau de Lune occupait son champ de vision et lui semblait très proche.

– Ce sont les cratères, dit Gaspard. La Lune n'est pas si loin que ça, en fait 380 000 kilomètres.

Si près, si loin… Némo contemplait le désert de poussière. Il se sentait basculer en arrière.

– Eh ! s'écria-t-il. Je vais tomber.

– Mais non ! Tu as l'impression de partir en arrière. Mais en réalité, c'est la Terre tout entière qui tourne sur elle-même et t'entraîne. On s'en aperçoit quand on fixe, au loin, quelque chose qui ne tourne pas avec nous. D'ailleurs, regarde : la Lune a disparu de nos jumelles maintenant, parce que nous tournons.

Tout le monde voulut voir. Il y eut des « ah ! » et des « oh ! je ne la vois plus ! ». Gaspard souriait, ravi de sa trouvaille.

– Sais-tu que là-haut, il y a des vieilles voitures et même une balle de golf ?

– Des voitures ? Là-haut ? Némo n'en revenait pas. Même Sunita regardait Gaspard d'un œil méfiant.

– Oui. Des hommes les y ont apportées dans les années 1970, quand j'étais petit.

– Ah ! Les missions Apollo ! fit la voix menue de Sunita.

– Exactement, reprit Gaspard. Seize explorateurs – des astronautes – sont allés sur la Lune à bord de fusées puissantes ; ils ont fait une petite promenade dans les montagnes lunaires et ils ont abandonné leurs engins et une balle de golf, pour s'amuser. On n'y est plus retourné depuis.

– Même pas toi ?

– J'aurais bien voulu ! J'en ai toujours rêvé.

– Qu'est-ce qu'ils ont découvert, les astronautes ?

– En fait, pas grand-chose : des morceaux de rochers, des pierres qu'ils ont rapportées pour les analyser. Mais surtout, ils ont pu regarder la Terre de loin. C'est cela, la vraie découverte : pour la première fois, des terriens ont vu leur planète entière, une petite boule dans le ciel, un peu comme nous voyons la Lune aujourd'hui. Attends…

Gaspard disparut dans la maison.

– Tu sais, souffla Sunita, la Lune, l'espace, tout ça… C'est sa marotte, il peut en parler pendant des heures.

Gaspard revenait déjà, une carte postale à la main.

– Je la garde toujours avec moi, elle me fascine, avoua-t-il. C'est une photo qui a été prise là-haut, sur la Lune.

On y voyait un paysage désolé, rien que de la poussière grise, un ciel de nuit avec, au milieu, un rond bleu…

– La Terre, commenta Gaspard. Némo, mets-toi à la place de l'homme qui a pris cette photo : les pieds dans la poussière, seul dans son désert, il regardait la planète, notre planète, si lointaine, si fragile. Quel choc !

– Et nous, où sommes-nous ? demanda Némo.

– Nous sommes bien trop petits pour que l'on puisse nous

repérer. Il faut se rapprocher. Imagine que tu reviennes de la Lune, comme les astronautes pendant leur voyage de retour. Tu regardes par le hublot : la planète devient plus grosse, elle occupe tout le ciel. Autour d'elle, il y a une sorte de voile : c'est son atmosphère, composée d'azote, d'oxygène et de quelques autres gaz. Une sorte d'emballage qui entretient une bonne température et nous protège.

– Nous protège de quoi ? demanda Némo.

– Du Soleil. La Terre occupe une position idéale par rapport à son étoile, le Soleil : elle n'est pas trop proche pour ne pas être brûlée, pas trop éloignée pour ne pas être glacée. L'atmosphère fixe une partie des rayons du Soleil et abrite la Terre.

– Et à l'intérieur de la Terre, qu'est-ce qu'il y a ?

– Un noyau de roches très chaudes, fondues, qui bouillonnent et ressortent parfois à la surface par la cheminée des volcans. Cela s'appelle « la lave ». Heureusement pour nous, la plupart des volcans ne crachent plus de lave ! Mais rapprochons-nous encore, comme les astronautes. Cette fois, tu commences à discerner le relief, les immenses zones plates que sont les plaines, et aussi des hautes montagnes.

– Comme l'Himalaya, 8 846 mètres, fit doucement Sunita. Près du pays de maman.

– En approchant de la Terre, on voit surtout de l'eau. Beaucoup plus d'eau que de terre.

– On aurait dû l'appeler la planète Mer, suggéra Sunita.

– Tout à fait. Les trois océans – le Pacifique, l'Atlantique, l'Indien – et les mers couvrent plus des deux tiers de notre planète. Et ils peuvent être très profonds, jusqu'à 11 000 mètres.

– Quelle est la différence entre un océan et une mer ? demanda Némo.

La Terre **imaginaire**

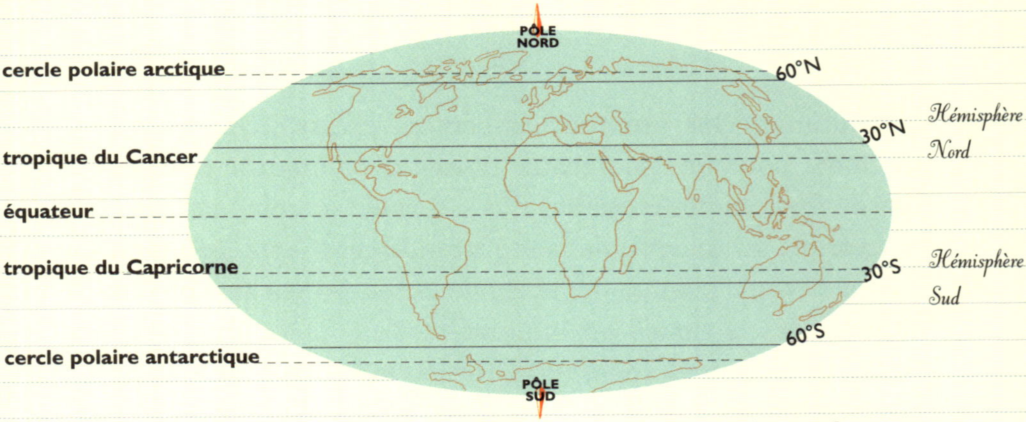

L'équateur, cercle imaginaire, sépare la Terre en deux hémisphères. Les autres cercles s'appellent les **parallèles**. *La position d'un point sur la Terre par rapport à ces parallèles s'appelle la* **latitude**.

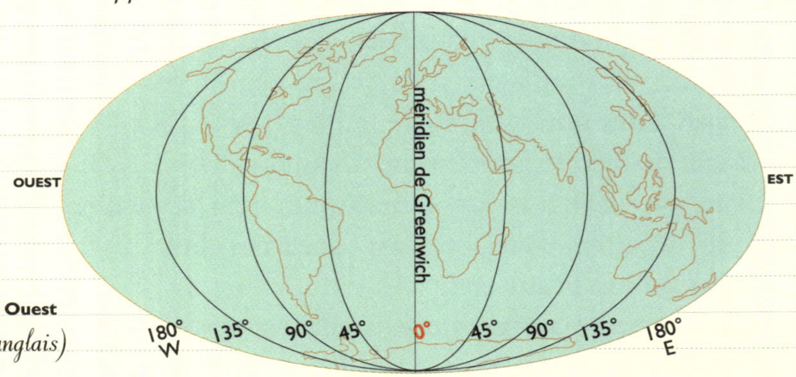

W *signifie* **Ouest**
(**West** *en anglais*)

Les demi-cercles imaginaires qui rejoignent les pôles, et qu'on appelle les **méridiens**, *permettent de déterminer la* **longitude** *d'un point sur le globe.*

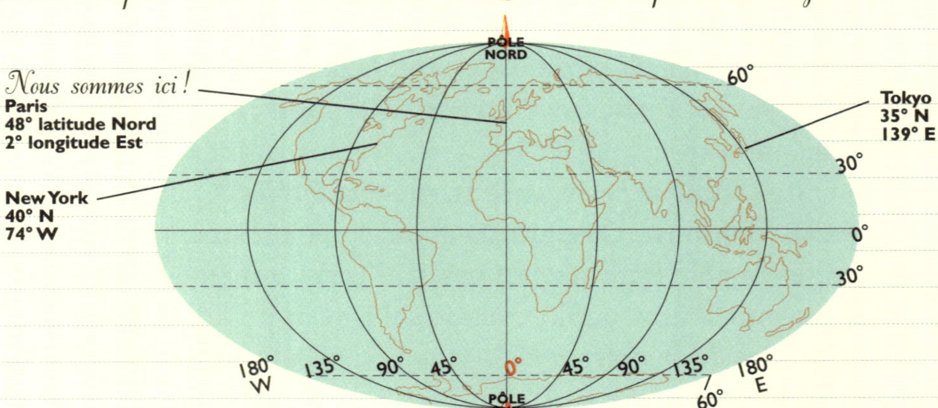

Tout point sur la Terre peut être repéré précisément par ses **coordonnées**, *c'est-à-dire sa latitude et sa longitude. Par exemple, Paris est situé à l'intersection du 48e parallèle nord et du 2e méridien est.*

Némo

– Humm… Gaspard était un peu embarrassé. Disons que les mers sont des morceaux d'océan, comme la mer du Nord, ou alors des étendues d'eau fermées comme la Méditerranée… Et les grandes étendues de terre que l'on peut parcourir sans avoir à traverser une mer, on les appelle des continents… Attends une seconde.

Gaspard s'éclipsa encore une fois dans la maison et revint chargé du globe terrestre qui se trouvait dans la chambre de Némo.

– Avec ça, ce sera plus facile ! Voilà la Terre et ses cinq continents : l'Afrique, l'Amérique, l'Océanie, avec cette immense île que l'on a nommée Australie, puis l'Antarctique, qui est couvert de glace, et le continent eurasien qui regroupe l'Asie et l'Europe où nous sommes.

– Mais où exactement ? reprit Némo.

– Paris se situe à peu près ici, répondit Gaspard en pointant le doigt sur le globe : 48 degrés de latitude nord, 2 degrés de longitude est.

Némo le regarda avec des yeux ronds.

– Attends, poursuivit Gaspard. Tu comprendras mieux avec un dessin. Prête-moi ton carnet.

Et il se mit à dessiner une sorte de Terre un peu aplatie.

– On ne peut pas montrer toutes les faces du globe sur une feuille de papier plate, on est obligé de le déformer. Pour se repérer sur la Terre, on a inventé des points et des lignes « imaginaires ».

– Qui n'existent pas vraiment, précisa Sunita.

– Oui, approuva Gaspard. D'abord le pôle Nord, tout en haut, et le pôle Sud tout en bas. La Terre tourne sur elle-même comme une toupie, comme s'il y avait un axe qui passait par ses deux pôles.

– Aux pôles, on gèle ! fit Sunita.

Le chaud *et le* froid

Les climats ne dépendent pas seulement de la latitude, mais aussi de l'altitude, de la proximité des océans, etc. C'est pour cela qu'ils sont si variés.

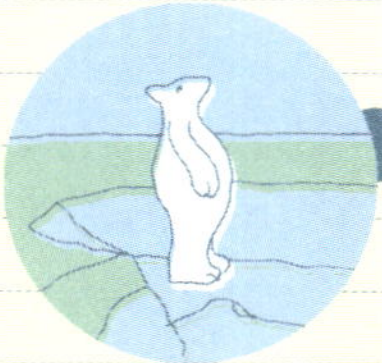

Climat désertique froid
Il règne un froid glacial surtout en hiver. C'est le climat des régions polaires.

Climat désertique chaud
Comme au Sahara, il fait très chaud le jour, froid la nuit. Il ne pleut presque pas.

Climat tropical
Surtout dans les régions situées entre les 2 tropiques, il fait chaud toute l'année, mais il y a une saison des pluies.

Climat équatorial
Toute l'année, il fait très chaud et il pleut, comme dans la grande forêt amazonienne.

Climat océanique
C'est le nôtre. Les pluies sont nombreuses, les températures moyennes.

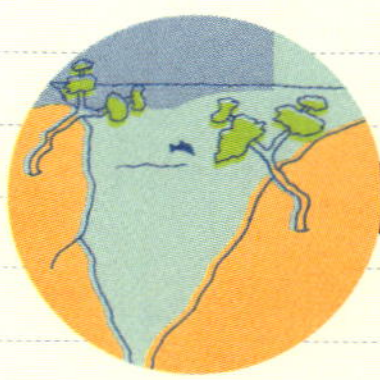

Climat méditerranéen
Comme en Italie, doux en hiver, chaud en été.

Climat continental
C'est celui de la Sibérie. Très froid en hiver, chaud en été.

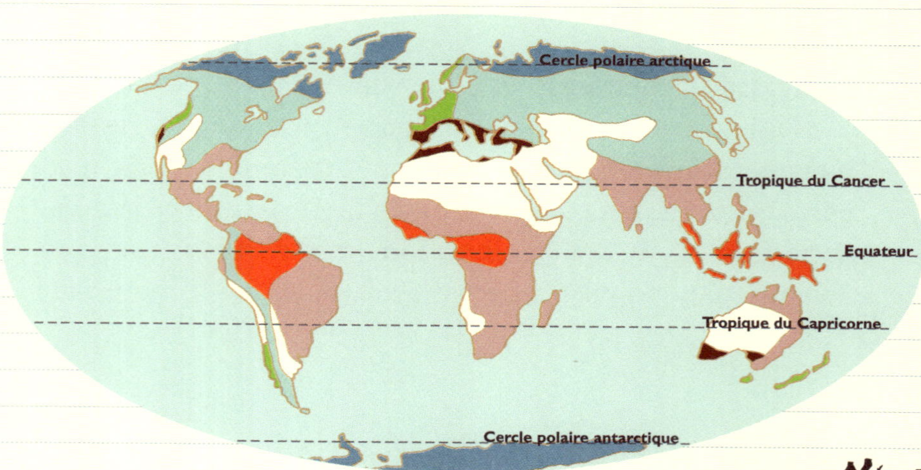

Némo

– Jusqu'à – 90 °C en Antarctique, au sud. C'est un continent, mais entièrement couvert de glace. Au nord, il n'y a que de la glace sur plusieurs mètres d'épaisseur…

– La banquise, précisa Sunita qui voyait que Némo l'écoutait enfin avec attention.

– Ensuite, on a inventé des cercles imaginaires, les « parallèles ». Le plus grand, au milieu, c'est l'équateur, une ligne qui sépare la Terre en deux parties, les deux « hémisphères » Nord et Sud. Et ces deux cercles-là, on les appelle les tropiques du Cancer et du Capricorne.

Sunita posa son index sur le globe et compta : 46, 47, 48…

– Tu vois, Paris se trouve sur le 48e parallèle, dans l'hémisphère Nord.

– On a aussi imaginé des lignes dans l'autre sens, poursuivit Gaspard, pour découper la Terre en quartiers comme une orange : ce sont les méridiens, qui nous donnent « la longitude ». On a décidé que le méridien zéro passait par Greenwich, en Angleterre. D'un côté, c'est l'est ; de l'autre, c'est l'ouest.

Sunita reprit son calcul.

– Paris se trouve sur le méridien numéro 2, à l'est. On dit « 2 degrés de longitude est ». Facile, non ?

Et même amusant… Némo voulut chercher les coordonnées de Kontie, le petit Africain.

– Chez lui, dit-il, il fait trop chaud. Au pôle, il fait trop froid.

Gaspard fit tourner le globe sur lui-même.

– Oui, entre les cercles arctique et antarctique, les tropiques et l'équateur, les climats sont différents : froids, tempérés ou tropicaux, ce qui donne à la Terre une végétation variée. On trouve des étendues couvertes de sable comme au Sahara ; des forêts épaisses, dans la zone équatoriale,

Les sept plaies de la planète

1 - **Les espèces disparaissent**. *Chaque année, des milliers d'espèces animales disparaissent, parce qu'on les tue ou parce qu'on détruit leur habitat. Les baleines, les éléphants, les félins, les ours, par exemple, sont de moins en moins nombreux.*

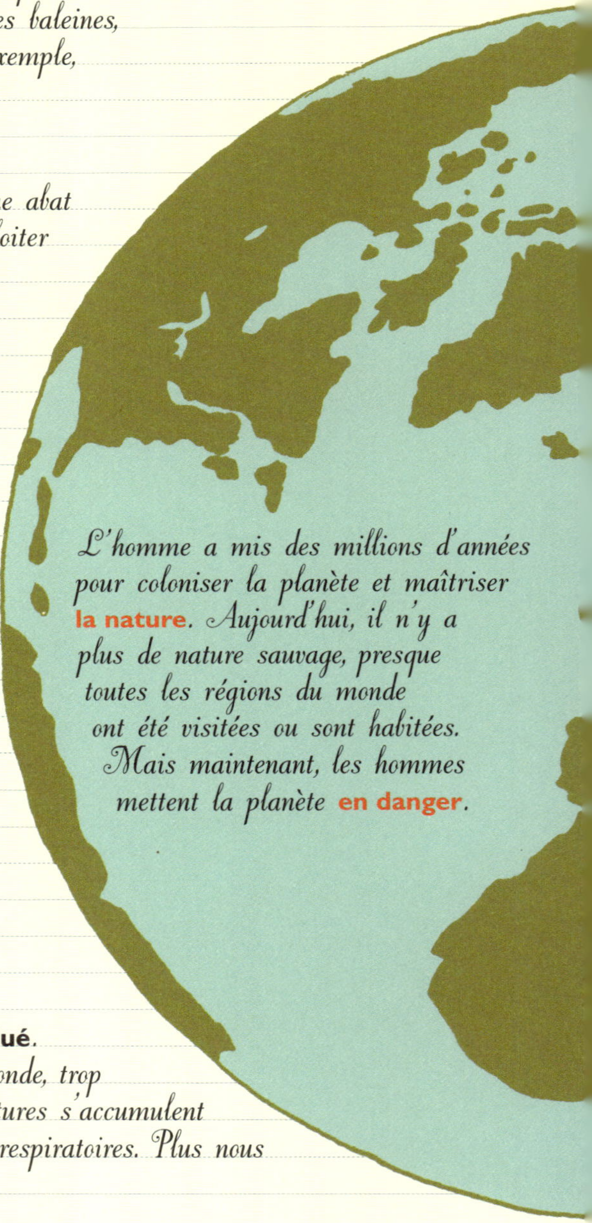

L'homme a mis des millions d'années pour coloniser la planète et maîtriser **la nature**. *Aujourd'hui, il n'y a plus de nature sauvage, presque toutes les régions du monde ont été visitées ou sont habitées. Mais maintenant, les hommes mettent la planète* **en danger**.

2 - **Les forêts se réduisent**. *L'homme abat également les grandes forêts, pour exploiter le bois ou faire des pâturages. Mais il détruit en même temps des milliers d'espèces végétales. Certaines d'entre elles sont pourtant précieuses : elles pourraient par exemple servir à fabriquer de nouveaux médicaments.*

3 - **Les déserts s'agrandissent**. *A cause de l'homme qui arrache les arbres et les arbustes, et à cause des sécheresses, des régions entières, en Afrique notamment, se dénudent.*

4 - **L'air devient de plus en plus pollué**. *Dans de nombreuses villes dans le monde, trop peuplées, les gaz des usines et des voitures s'accumulent dans l'air et provoquent des maladies respiratoires. Plus nous consommons, plus nous polluons.*

5 – Les pluies sont acides.
La pollution des usines retombe du ciel en pluies acides, qui rongent les feuilles des arbres et détériorent les forêts. Elle s'accumule aussi dans les lacs, y détruisant la vie.

6 – La couche d'ozone s'amincit.
Très haut, dans l'atmosphère, la couche d'ozone, qui nous protège des rayons trop violents du soleil et nous évite des maladies de peau, est attaquée par les gaz que nous utilisons, dont certains produits en «spray».

7 – Le climat se réchauffe.
En consommant trop de pétrole et de charbon, nous envoyons du gaz carbonique dans l'atmosphère. Il s'accumule autour de la planète et retient la chaleur, comme la vitre d'une serre. Notre climat se réchauffe. Si on ne fait rien, dans les prochains siècles, la glace des pôles fondra doucement, le niveau de la mer va monter, des régions entières risquent d'être inondées.

Heureusement, il n'est pas trop tard pour réagir. Les espèces animales peuvent être protégées. On peut économiser l'eau, replanter certaines régions désertiques, limiter la pollution en changeant nos habitudes. Recycler plutôt que jeter. Utiliser des gaz sans danger pour l'ozone. Nous n'avons qu'une seule Terre !

Némo

comme en Amazonie ; mais aussi des steppes sèches avec des touffes d'herbes espacées ; des savanes avec de hautes herbes et des arbres tropicaux ; et encore, dans les climats froids, des toundras avec quelques petits buissons…

– Et nous ?

– Nous, en Europe, nous avons quatre saisons. Sais-tu pourquoi ?

– Parce que la Terre tourne autour du Soleil en un an, mais qu'elle n'est pas toujours à la même distance, avança Sunita.

– Oui, confirma Gaspard. C'est aussi parce qu'elle est inclinée sur son axe. Selon sa position par rapport au Soleil, les rayons arrivent de face : c'est l'été, il fait chaud ; ou en oblique : c'est l'hiver et nous avons froid. C'est aussi pour cela qu'il existe des cycles dans la nature. Les arbres, par exemple, refont de nouvelles fleurs et de nouveaux fruits chaque année. Voilà la merveille de la Terre.

– Les fruits, interrompit Némo, une merveille ?

– La vie, Némo. La vie ! continua Gaspard avec enthousiasme. La Terre est une planète unique. La seule, du moins de ce que l'on connaît, à posséder ainsi la vie : les plantes, les animaux, nous, les êtres humains… C'est cela être un terrien, Némo : un habitant de cette incroyable planète vivante.

– J'ai bien fait de tomber sur cette planète, comme tu dis !

– Oui. Malheureusement, nous la mettons maintenant en danger. Chaque année, nous tuons des dizaines d'espèces animales. Les baleines, les éléphants, les félins, les ours, et bien d'autres ne seront plus bientôt qu'un souvenir. Et des centaines de milliers d'animaux et de plantes disparaissent parce qu'on détruit les grandes forêts.

– Eh ben dis donc…

Némo s'interrompit soudain et tendit le bras vers le ciel.

– Qu'est-ce que c'est, ce point qui bouge tout là-haut ?

Gaspard et Sunita mirent quelque temps avant de repérer ce que Némo leur indiquait.

– Peut-être un avion, dit enfin Sunita.

– Non, je pense que c'est un satellite, déclara Gaspard. Des dizaines de satellites lancés par l'homme tournent ainsi autour de la Terre, pour retransmettre les signaux du téléphone et de la télévision, ou pour observer la planète... Tu dois bien comprendre cela, Némo : nous l'avons maintenant entièrement transformée, notre planète. Être un terrien, cela signifie qu'on est responsable de la Terre et qu'on doit la laisser à ses enfants en bon état. Il faut y faire très attention. Nous n'avons pas de planète de rechange. C'est cela, la leçon de la Lune !

Némo garda le silence. Il songeait à tout ce qu'on venait de lui raconter : la Lune, les satellites, la vie, une seule Terre. Mais pourquoi les terriens n'étaient-ils pas tous pareils ?

Le repas planétaire

Il était déjà fort tard et ils venaient tout juste de se mettre à table. La maman de Sunita avait appelé pour féliciter Némo et autoriser Sunita à rester pour la nuit. Si elle a un lit, pensa Némo, elle doit vraiment être chez elle. Gaspard s'adressa à lui d'un ton malicieux, comme s'il venait de trouver une bonne idée.

– Regarde. Cette Terre dont nous parlions, elle est dans ton assiette.

Némo regarda son plat avec suspicion, en s'attendant à une mauvaise surprise.

– Dans mon assiette ?

– Exactement. Ce riz, il vient d'Asie : pense à ceux qui l'ont cultivé, les pieds nus dans les rizières, au Pendjab, au nord de l'Inde… C'étaient peut-être des enfants comme toi. Et ce thon, on l'a pêché dans l'océan, au large de la Côte d'Ivoire, en Afrique…

– Tu n'es pas en train de critiquer mes conserves ? se moqua la mère de Némo.

– J'ai l'habitude, reprit Gaspard, taquin. Le chocolat du gâteau vient d'Amérique du Sud, comme le café. Quant au sucre, il est extrait de cannes à sucre qui ont poussé aux Antilles…

– Rien de la France ? fit Sunita, étonnée.

– À l'exception de ce pain qui est fait d'un blé cultivé chez nous, tout ce repas est composé d'aliments qui viennent d'autres continents. La Terre entière est dans notre assiette !

– Je ne savais pas que nous avions des menus aussi chics, commenta le père, la fourchette en l'air.

– N'oublions pas que nous sommes des privilégiés, continua Gaspard en regardant Némo. La plupart des terriens n'ont pas notre niveau de vie, ils ne mangent que ce qu'ils cultivent ou ce qu'ils élèvent.

Encore ce « niveau de vie ». Némo n'aimait pas ces mots compliqués qu'il ne comprenait pas.

– Qu'est-ce que c'est, un niveau de vie ? demanda-t-il.

– À toi de te débrouiller, dit sa mère à Gaspard.

– C'est un peu… Gaspard hésita. La richesse, ce que l'on possède, le confort dont on dispose, les soins médicaux que l'on peut obtenir… La vie est difficile pour la plupart des terriens, Némo, et les hommes ont des niveaux de vie très inégaux. Tiens, regarde.

Gaspard reprit le globe terrestre qu'il avait posé sur une chaise.

– Les pays occidentaux, ceux du Nord-Ouest, sont les plus riches. Chez nous, en Europe, on vit bien et plus longtemps. Là, aux États-Unis, une famille moyenne, c'est-à-dire ni riche ni pauvre pour ce pays, avec deux enfants, possède de nombreuses choses : une ou deux voitures, une maison avec plusieurs pièces, tous les appareils modernes – réfrigérateur, micro-ondes, télévision, ordinateur. Un Américain « moyen » gagne plus de 100 000 francs par an.

– Pffff ! fit Sunita. J'aimerais bien être américaine !

– Regardons ici, maintenant, poursuivit Gaspard. Dans les pays du Sud, en « voie de développement », c'est le contraire : les gens travaillent beaucoup, ils sont mal équipés. Pour faire le même travail, un ouvrier indien reçoit vingt fois moins d'argent qu'un Américain.

Il pointa son doigt sur l'Inde.

– En Inde, un individu « moyen » gagne, lui, 1 500 francs par an. J'ai été un jour accueilli par une famille indienne. Ils avaient quatre enfants, vivaient dans une toute petite maison, avec très peu de choses, un lit, une table, des pots en métal, des couvertures, quelques portraits et des sculptures représentant les dieux hindous, leurs biens les plus précieux. Le père et la mère travaillaient plus de quatre-vingts heures par semaine, quand ils arrivaient à trouver du travail.

Sunita l'interrompit, indignée :

– Je sais tout ça ! Alors pourquoi maman veut y retourner ? Elle a l'air si triste quand elle en parle. Je ne veux pas y aller ! Et Némo…

Elle se tut. Némo la regardait sans comprendre. Elle détourna la tête.

– Sa famille peut l'aider, dit Gaspard pour l'apaiser. En

Inde, certains vivent très confortablement. Mais c'est vrai, malheureusement, des millions et des millions de gens sont très pauvres.

– Il y a même des enfants qui mendient et dorment dans la rue, murmura Sunita.

Ses yeux noirs semblaient s'agrandir comme si elle voyait dans sa tête des images étranges. Némo essaya de comprendre.

– Pourquoi on n'aide pas les enfants pauvres, comme les Indiens ou Kontie ? demanda-t-il une fois encore.

– Quand il y a une grande famine en Afrique, à cause de la sécheresse, on envoie de la nourriture et des médicaments. Mais c'est trop tard, et insuffisant. En plus, ces pays-là sont parfois en guerre : les hommes s'entre-tuent. Et puis les pays riches en profitent. Ils poussent les plus pauvres à cultiver du café, du cacao, à extraire des minerais, mais ils les paient très mal. Les pays pauvres manquent d'argent, d'outils. Souvent, ils n'ont pas d'école.

– Ils ont de la chance ! fit Némo.

– Non, tu te trompes, répondit Gaspard en souriant. L'éducation est une grande richesse. Plus les gens sont éduqués, plus le niveau de vie est élevé. Grâce à l'école, on peut comprendre le monde dans lequel on vit, mais aussi apprendre à développer son pays, à fabriquer soi-même des machines, à mieux cultiver la Terre…

Une sonnerie se fit entendre. Gaspard sortit un petit téléphone jaune de sa poche.

– Excusez-moi…

Il se leva pour ne pas déranger la conversation. Quand il revint dix minutes plus tard, il paraissait très excité.

– Je viens de parler au directeur de la chaîne… C'est incroyable ce qui se passe ! Némo, tu as fait un véritable tabac, ce soir. Le site Internet de l'émission est encombré de messages pour toi.

– Je peux les lire ? demanda Némo.

– Oui, on se branchera avec ton ordinateur. Quand nous aurons fini de dîner, si tu veux bien, dit le père de Némo.

– Non, non, allons-y tout de suite ! coupa sa mère en se levant, tout agitée.

– Ce n'est pas tout, reprit Gaspard. Nos téléspectateurs veulent qu'on leur donne des nouvelles de Némo... Le directeur de la chaîne m'a dit qu'avec un succès pareil, il fallait absolument continuer. Il voudrait que je suive Némo, pendant qu'il redécouvre le monde pour faire un film sur lui.

– Un film sur Némo ? répéta Sunita.

– Oui, mais pas dans un studio, cette fois-ci. Il nous propose de voyager tous les deux cet été où nous voulons, dans des lieux que l'on pourrait montrer à la télé et qui aideraient Némo à réapprendre plus facilement... Il faudrait bien sûr que vous soyez d'accord, ajouta Gaspard en se tournant vers les parents.

– Quelle chance ! s'exclama sa maman.

– Il faut y réfléchir, proposa son père, posément. Nous sommes presque au début des vacances et, bien sûr, Némo ne retournera pas à l'école avant la rentrée. Nous devons aussi demander l'avis du docteur Benoît. Et Léa ? Je croyais qu'elle comptait sur toi ?

L'excitation de Gaspard retomba. Puis, brusquement, il releva la tête.

– Léa ? Elle comprendra. C'est une fille formidable !

Sunita ne disait rien et regardait son assiette sans broncher. Gaspard se pencha vers elle.

– Ça ne va pas ?

– Si Némo retrouve la mémoire, tu m'appelleras ? murmura-t-elle.

– Je te le promets !

Pour changer de conversation, Gaspard proposa d'aller lire quelques messages envoyés à Némo sur Internet. Il tapota son code personnel pour accéder au serveur de l'émission. 564 messages en attente pour Némo ! Gaspard fit défiler les premiers sur l'écran.

« Cher Némo, j'habite en Provence et je suis un terrien, comme toi, même si, moi, je ne passe pas à la télévision. Viens nous voir, on t'aidera à retrouver la mémoire. Sébastien, douze ans, Avignon. »

« Salut Némo, bravo pour ce que tu as dis à la télé. Les terriens devraient tous être égaux. Je vais te dire un secret : moi aussi, j'ai oublié ce qu'on m'a appris à l'école. Alors, ne t'inquiète pas ! Il y a plein de choses inutiles qu'il vaut mieux oublier. Lisa, treize ans, Saint-Malo. »

« Cher Némo, t'étais drôlement bon à la télé. Quand pourra-t-on te voir encore ? Julie, une terrienne qui t'aime. »

Némo, visiblement, avait du succès auprès des filles. Certains messages venaient de loin. Par la magie des satellites, l'émission avait été diffusée sur un réseau câblé du Québec, une chaîne francophone de New York, dans plusieurs pays d'Europe et même dans quelques villes d'Afrique et d'Asie.

« Hi, Némo, écrivait une jeune Américaine. *You were great! You're right : we are all human beings and should all be equal! We must help children like Kontie. I'm with you. Come and see me in NY. I love you. Linda. »*

Sunita traduisit en résumant : c'est une fille de New York qui dit que tu as été génial et qu'il faut aider les enfants comme Kontie… Elle t'invite à New York, ajouta-t-elle très bas.

– 5 PM, lut Gaspard. C'est-à-dire 5 heures de l'après-midi.

Nous, nous disons 17 heures. Il fait encore jour à New York. Tu sais qu'un tour de Terre prend une journée. On a divisé la planète en 24 quartiers imaginaires, 24 fuseaux horaires. Quand il est minuit à Paris, il est 18 heures à New York, mais déjà 5 heures du matin en Inde. Tiens, regarde, ce message a été envoyé du Japon à 8 heures du matin.

Sur l'écran, on lisait :

« Salut, Némo. J'habite Tokyo. J'apprends le français comme toi. On a regardé ton émission ce matin, avec mon frère. On est d'accord avec toi. Courage, et viens nous voir ! Mio. »

– Ben dis donc, fit Némo. Il resta un long moment silencieux, puis dit, sans s'arrêter : Mais comment tout cela a commencé ? D'où elle vient, cette Terre qui tourne ? Et tous ces terriens ? Pourquoi ils ne parlent pas la même langue ? Pourquoi ils ne sont pas égaux ? Pourquoi il y a des pauvres et des riches ? Et nous ? Pourquoi on est là ? Pourquoi…

– Oh ! oh ! oh ! interrompit Gaspard. Voilà les grandes questions ! Pour y répondre, il faudrait que je te raconte une longue histoire. Cela demande du temps… Elle commence, il y a très, très longtemps, il y a des milliards d'années…

Ce fut au tour de Gaspard de rester silencieux. Il réfléchissait très intensément et personne n'osait interrompre sa réflexion.

– Je sais ce que nous pouvons faire, tous les deux, s'écria-t-il soudain. Nous pouvons voyager en remontant le temps, Némo ! Nous pouvons visiter différents lieux où elle s'est déroulée, cette histoire. Tu la comprendrais mieux.

– Mais de quelle histoire parles-tu ?

– Mais de la tienne ! L'histoire de l'univers, de la vie, de l'homme, celle de tes ancêtres… Ton histoire ! Ce n'est peut-être pas important que tu retrouves ta petite mémoire de onze ans. Mais il faut que tu comprennes ce que les hommes ont vécu avant toi, ce qu'ils ont appris depuis qu'il y a des hommes sur la Terre, et même avant.

En allant se coucher, ce soir-là, Némo eut l'impression que sa tête allait éclater. Tout se mélangeait dans son cerveau : les étoiles, les lumières des projecteurs de télévision, les mots qui scintillaient sur l'écran d'Internet, les yeux sombres de Sunita et les lèvres de Gaspard qui répétait : ton histoire, ton histoire… C'est bizarre, un terrien, pensa-t-il, avant de sombrer dans un profond sommeil.

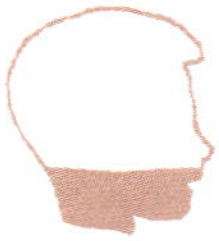

Chapitre 5
Tu es l'enfant des étoiles

Némo dans les airs

La petite musique qui sortait des haut-parleurs couvrait le bourdonnement des réacteurs. Tous les passagers étaient maintenant installés. Par le hublot, Némo vit l'étrange couloir en accordéon s'éloigner de l'avion. Est-ce qu'on allait enfin partir ? Depuis ce matin, il n'arrêtait pas d'attendre. Devant le guichet de l'aéroport de Roissy, dans la salle d'embarquement, et maintenant dans l'avion. Qu'est-ce que c'était long ! Il triturait nerveusement la ceinture qui le liait à son siège. Ce truc-là ne lui plaisait pas. Pourquoi fallait-il toujours être attaché ?

– Ne t'inquiète pas, fit Gaspard en rigolant. On te libérera à l'arrivée.

Tout s'était organisé si rapidement. L'idée du voyage avait immédiatement plu au directeur de la télévision. On avait donné une caméra numérique minuscule à Gaspard, pour qu'il puisse lui-même filmer Némo sans avoir recours à un cameraman. Ils voyageraient donc seuls, tous les deux.

Le docteur Benoît, lui aussi, avait été enchanté : emmener Némo sur des grands lieux de l'histoire lui paraissait une excellente manière de remplir à nouveau sa mémoire. Mais avec Sunita, quel problème ! Elle avait eu encore une fois plein d'eau dans les yeux au moment du départ. Et puis, il y avait Léa, la « copine » de Gaspard, « l'amour de ma vie », comme il disait. Elle était partie en « tournée », aux États-Unis d'abord, puis au Japon. À cause de leur voyage et de la télé, Gaspard avait renoncé à la rejoindre et, depuis, il semblait dans le même état que Sunita.

Comme le Petit Prince, avec sa fleur… Bizarre. Némo aimait bien ce livre, mais il ne comprenait pas tout. Cette phrase, par exemple : « On ne voit bien qu'avec le cœur, l'essentiel est invisible pour les yeux. » Némo savait ce que voulait dire « essentiel » : « Tout ce qu'un enfant doit savoir », lui avait répété le docteur Benoît. Mais pourquoi l'essentiel était-il invisible ? Et comment pouvait-on voir avec le cœur ? Et puis, qu'est-ce qui était « vraiment vrai » dans cette histoire ? Le Petit Prince avait-il existé ? Comment pouvait-il venir d'une autre planète s'il n'y avait pas de vie ailleurs ?

À côté de lui, Gaspard déployait un immense morceau de papier en faisant de grands bruits.

– C'est une carte de France, expliqua-t-il à Némo.

Celui-ci reconnut « l'hexagone » dont on parlait toujours à la météo de la télévision. Gaspard pointait le doigt sur une ville tout en bas.

– Là, c'est Pau. On y sera dans un peu plus d'une heure, en allant droit vers le sud.

– Ce n'est pas loin alors ?

– Mais si. Entre Paris et Pau, il y a plus de 700 kilomètres. Regarde.

Gaspard indiquait une petite ligne en bas de la carte.

– C'est ce qu'on appelle l'échelle : 1/ 2 000 000e. Eh bien, cela veut dire que 1 centimètre sur la carte, c'est 2 millions de centimètres dans la réalité.

– Deux millions de fois ce petit morceau ?

– Exactement. Calcule : cela fait 20 kilomètres en vrai. À l'endroit le plus large, la France fait à peu près 1 000 km, et également 1 000 km à l'endroit le plus long.

L'avion avait commencé à rouler doucement. Par le hublot, on voyait les bâtiments de l'aéroport s'éloigner. Gaspard poursuivit :

– Une fois arrivés à Pau, nous continuerons vers le sud, au pic du Midi. C'est le point de départ de notre voyage. Puis, nous nous arrêterons dans tous les lieux que j'ai inscrits sur la carte et qui me permettront de te raconter ton histoire. D'une certaine manière, nous voyagerons aussi dans le temps, Némo.

Une voix interrompit brusquement le discours de Gaspard.

– Le commandant Lucas et son équipage vous souhaitent la bienvenue à bord de cet Airbus A320 à destination de Pau. « *Ladies and gentlemen, captain Lucas and his crew welcome you aboard this Airbus flight to Pau.* »

Un bruit assourdissant fit soudain vibrer l'avion. Une autre voix intervint :

« Mesdames et messieurs, notre décollage est imminent. *Ladies and gentlemen, captain's speaking. We're about to take off.* »

– Regarde bien, dit Gaspard. Il s'enfonça dans son fauteuil et ferma les yeux. « Excuse-moi, je n'aime pas les décollages... »

Au même moment, Némo se sentit plaqué contre le dossier de son siège. La piste défila à toute allure, puis le sol s'éloigna rapidement. Sous l'aile de l'avion, les voitures de l'autoroute et les maisons devinrent minuscules. On apercevait dans le lointain la tour Eiffel, posée comme un jouet sur le tapis gris des immeubles de Paris.

– Impressionnant, non ?

Gaspard le regardait de son air amusé qui signifiait « je sais ce que tu es en train de penser ». Il se pencha vers Némo.

– C'est pas grand-chose, un être humain, tu vois. Il suffit de prendre un peu de hauteur et hop ! on devient une fourmi parmi des milliards de fourmis.

Le paysage fut un instant brouillé par une mince couche de nuages. L'avion se retrouva dans un ciel d'un bleu parfait, sous un soleil éclatant. Les nuages en dessous se groupaient en montagnes blanches et mousseuses comme de la crème Chantilly. Némo avait presque envie d'y marcher.

– Moi aussi, j'ai toujours rêvé d'aller m'y promener, intervint Gaspard en clignant de l'œil. Mais ce n'est que de l'eau, Némo. Des collections de gouttes d'eau qui voyagent ensemble.

– Elles vont aussi à Pau ?

– Eh ! dis donc, tu recommences à avoir de l'humour.

– De quoi ?

– De l'hu-mour. Quand cela fait rire les gens, tu sais ?

Non, Némo ne savait pas. Il ne comprenait pas pourquoi les gens riaient.

– Bon. Laisse tomber, reprit Gaspard. Quand j'étais enfant, j'adorais un livre qui racontait le voyage de *Perlette, la petite goutte d'eau.*

– Raconte.

– La petite goutte d'eau habitait l'océan comme des milliards de milliards de milliards d'autres gouttes d'eau. Un jour, alors qu'elle se prélassait à la surface, les chauds rayons du soleil l'ont caressée et elle s'est évaporée en montant vers le ciel. Là-haut, elle s'est regroupée avec ses sœurs autour de petits grains de poussière pour former un nuage. Poussées par les vents, elles ont entrepris un long voyage. Et puis un jour, le nuage, trop plein, a brusquement libéré un grand nombre de gouttes d'eau qui sont tombées en pluie sur la terre. Notre goutte est restée un moment dans un champ, puis a glissé dans un ruisseau. Le ruisseau l'a conduite dans une rivière. La rivière l'a emmenée dans un fleuve.

– C'est fini ?

– Non. Dans le fleuve, la goutte a été aspirée par un gros tuyau qui l'a emportée vers une usine. Là, on l'a séparée de tous les déchets qui l'accompagnaient et on l'a renvoyée dans un autre tuyau. Après un long voyage sous terre, elle est arrivée chez un petit garçon comme toi. Il l'a fait couler sur son corps, avec du savon qui lui piquait les yeux, sans même l'apercevoir. Alors, la goutte a été aspirée par un autre tuyau sale et, de nouveau, elle est arrivée dans le fleuve. Le fleuve l'a longuement portée jusqu'à la mer où il se jetait. Et notre gouttelette a retrouvé ses sœurs. Elle était revenue à son point de départ. Avant peut-être de recommencer un nouveau voyage.

– Eh ben dis donc, fit Némo.

– Excusez-moi !

Une hôtesse, qui poussait un petit chariot plein de boissons, se penchait vers eux.

– Vous désirez un Coca ? Du jus d'orange ?

– Vous n'auriez pas plutôt du champagne ? demanda Gaspard. Il faut fêter notre départ. Némo, tu n'en boiras qu'un tout petit peu, d'accord ?

Némo regardait son verre, avec toutes ces bulles qui

Mon pays, la **France**

La France métropolitaine

La France d'outre-mer

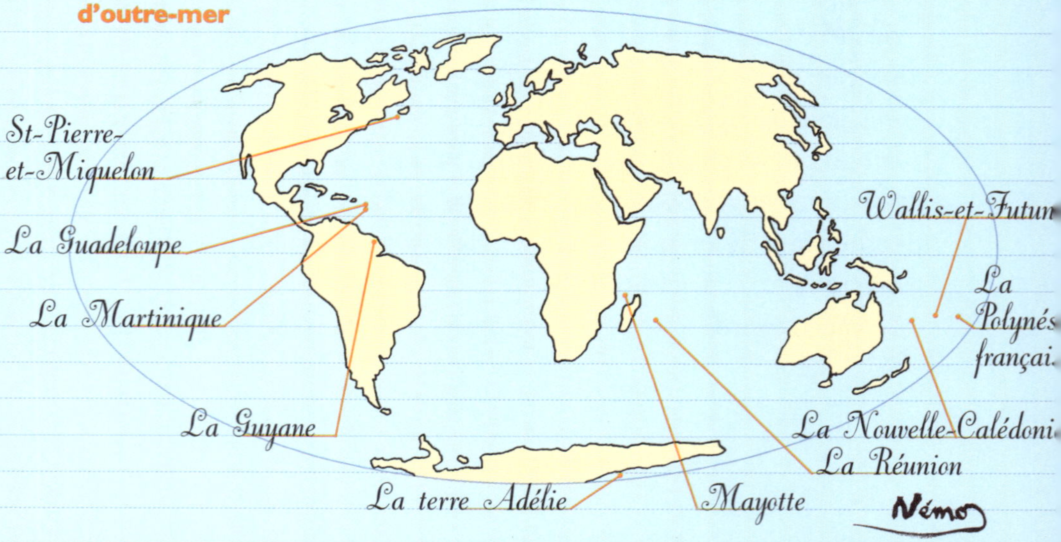

sortaient de nulle part et montaient à la surface du liquide. Derrière le hublot, les nuages s'étaient dissipés. Le paysage, tout en bas, ressemblait à un tableau : une succession de petites surfaces vertes, jaunes, ocres. Et de temps en temps, la tache sombre d'un village.

– Tu vois comme tout est plat, reprit Gaspard. C'est la plaine du Bassin parisien. Nous sommes au-dessus de la Beauce, une région où on cultive du blé, de l'orge, du colza et bien d'autres produits que l'on vend dans le monde entier. Tiens, tu mettras ça dans ton carnet.

Gaspard lui tendit une petite feuille : une carte de l'Hexagone et des principales régions de France.

– Voici les quatre plaines, fit-il en pointant le doigt sur le dessin : le Bassin parisien, le Bassin aquitain, la plaine d'Alsace et le Sillon rhodanien. Les vieilles montagnes qui ne sont pas très élevées : les Vosges, les Ardennes, le Massif central. Et les hautes montagnes, plus jeunes : le Jura, les Pyrénées, les Alpes, avec le mont Blanc qui culmine à 4 808 mètres. Et puis, les cinq grands fleuves : la Seine, la Loire, la Garonne, le Rhin, le Rhône. De très nombreuses rivières les rejoignent : ce sont les affluents.

Gaspard semblait content de lui.

– Voilà l'essentiel de la géographie de la France. Retiens cela, c'est ton pays. Regarde…

Sous l'avion, une sorte de ruban bleu-gris coupait à travers champs.

– C'est la Loire, commenta Gaspard. Elle est née d'une source de montagne et se jette dans l'océan Atlantique, après avoir été grossie par des dizaines d'affluents. C'est le dernier des fleuves de France à rester sauvage.

– Sauvage ? dit Némo.

– Oui, comme un animal qui n'a pas été domestiqué. La

Loire n'a pas été transformée en canal, comme les autres. Elle est restée telle qu'elle était : large, capricieuse, irrégulière. Chaque année, gonflée par les pluies, elle déborde – on dit qu'elle sort de son lit. C'est un petit bout de nature qui n'a pas trop été modifié par l'homme. Du moins pas encore… Attends une seconde.

Gaspard leva la main pour attirer l'attention de l'hôtesse. Il chuchota quelques mots que Némo ne comprit pas. L'hôtesse disparut un instant au bout de la travée, puis revint en disant : « C'est d'accord. »

– Viens, dit Gaspard à Némo. Je t'emmène dans un lieu secret…

Il guida Némo vers l'avant de l'appareil et poussa une petite porte. Némo découvrit le poste de pilotage : il y avait des dizaines de boutons lumineux, des manettes, des voyants… Le commandant de bord et son copilote se retournèrent pour les saluer.

– Entrez, entrez, messieurs. Installez-vous.

Pendant que Gaspard filmait la scène avec sa petite caméra, le commandant se mit à expliquer à Némo tous les appareils de bord : les grosses manettes des gaz, les guidons pour virer et contrôler l'altitude, les écrans des ordinateurs qui donnent toutes les indications pour le pilotage, les commandes de la radio pour communiquer avec les tours de contrôle, les compas qui donnent le cap, les dispositifs d'alarme, l'aiguille des « flaps »… Il y avait même une sorte de petite Terre en mouvement qui indiquait l'inclinaison de l'avion. « L'horizon artificiel », expliqua le commandant. L'avion pèse 130 tonnes et nous volons actuellement à 900 kilomètres/heure.

– C'est une mesure de vitesse, ajouta Gaspard. Nous parcourons 900 kilomètres en une heure.

Némo était fasciné. Le commandant de bord le laissa s'installer un moment sur son siège. Il était lui-même aux commandes de l'avion…

Ils restèrent encore longtemps à parler avec les deux pilotes. Némo ne voulait plus partir. Quand ils retournèrent enfin dans la cabine des passagers, une jeune femme aux longs cheveux noirs les appela. Gaspard lui souriait déjà, mais elle s'adressa directement à Némo :

– Bonjour, dit-elle. Vous êtes Némo, n'est-ce pas ?

– Euh oui… répondit Némo, étonné.

– Je vous ai vu à la télé. Je voulais vous dire que je vous ai trouvé formidable. Restez comme vous êtes. Surtout ne changez pas. Et bon voyage.

Némo regagna son siège sans savoir ce qu'il devait en penser.

– Tu vois, je t'avais bien dit que tu étais une star, commenta Gaspard, d'un petit ton bizarre.

– Qu'est-ce que tu as ? demanda Némo. Tu voulais qu'elle te dise bonjour ?

Gaspard sourit, et jeta un regard par le hublot.

– Regarde, nous arrivons au-dessus du Massif central. C'est une vieille montagne. Comme les Vosges et les Ardennes, elle contient encore quelques volcans, heureusement éteints aujourd'hui.

– Il y a des gens qui habitent là ?

– Bien sûr, mais ils sont peu nombreux. Si tu te représentes un morceau de territoire, comme un carré de 1 kilomètre de côté, celui-ci n'abrite pas plus de 15 habitants, dans des fermes très espacées. On dit que la densité de cette région est faible. Dans le nord de la France, ils sont 300 habitants pour une même surface… Le nombre d'habitants est très élevé dans les villes. Il y a presque 10 millions de personnes dans Paris et sa banlieue, et plus de 1 million à Lyon, à Marseille, à Lille, les trois autres grandes villes du pays… Bon, je sens que je t'ennuie…

Némo la star n'avait effectivement pas l'air intéressé par la géographie. Depuis quelques minutes, il se sentait un peu bizarre. Quelque chose bouillonnait dans sa tête. En même temps, il avait l'impression d'être léger, si léger. Comme la nuit dernière…

Pendant son sommeil, il s'était passé quelque chose d'extraordinaire : il avait vu des images dans sa tête, pour la première fois depuis son accident. Comme quand on regarde la télé. Mais là, c'était lui, l'acteur. Il s'était promené dans sa maison en volant. Oui, en volant, comme un oiseau. Il avançait en faisant de grands mouvements de bras et de jambes, en repoussant l'air derrière lui. Il avait ainsi survolé les escaliers, s'était posé sur le haut d'une armoire et était sorti dans le jardin en empruntant la fenêtre du premier étage.

– J'aimerais bien aussi voler dans l'avion, se dit Némo, sans réaliser qu'il parlait à voix haute.

– Eh ben dis donc, fit Gaspard en éclatant de rire. Le champagne te fait de l'effet !

Le champagne ? Cela faisait des petits chatouillements dans la tête ?

« Mesdames et messieurs, nous allons bientôt atterrir à l'aéroport de Pau, fit une voix dans les haut-parleurs. Nous vous prions de bien vouloir attacher vos ceintures et de relever le dossier de votre siège. »

– Nous voici dans le sud, commenta Gaspard, l'air réjoui. Tu verras, ici, il y a un autre climat et une autre végétation, très différents de la région parisienne. Attention, nous allons atterrir…

Gaspard se cala dans son siège et ferma les yeux. Il n'aimait pas non plus les atterrissages.

Le Pic des étoiles

Quelques heures plus tard, Némo et Gaspard se trouvaient de nouveau au-dessus des nuages. Ils se tenaient tous les deux, sans dire un mot, au sommet d'une incroyable montagne, serrés l'un contre l'autre pour éviter d'être emportés par le vent violent. Cela ressemblait aussi à un rêve. Ils étaient perchés dans le ciel, sur la terrasse d'un gigantesque château de pierre, au milieu de champignons blancs démesurés : les coupoles de l'observatoire.

– 2 877 mètres d'altitude exactement, précisa Gaspard, en sortant sa caméra pour filmer le spectacle. L'un des plus hauts bâtiments de France.

Némo était fatigué, mais troublé par le paysage qu'il découvrait. Devant eux, des sommets de montagnes sortaient de la mer de nuages : la longue chaîne des Pyrénées, qu'il voyait d'en haut, comme un oiseau. Et le soleil qui déclinait doucement et rougissait, dans un ciel d'un bleu éblouissant… Il avait l'impression de se trouver dans un autre monde, bien loin de la Terre des humains. Il comprenait pourquoi le Petit Prince regardait toujours les couchers de soleil…

Il avait fallu des heures pour arriver là. Une voiture les avait d'abord emmenés, depuis l'aéroport, sur des routes de montagne qui n'arrêtaient pas de tourner et qui les avaient conduits jusqu'au col du Tourmalet. « Un col, c'est le lieu où la route arrive au plus haut de la montagne, avant de redescendre », avait expliqué Gaspard, qui ne ratait jamais une occasion de lui « redonner de la mémoire ». Némo, lui, était davantage préoccupé par son estomac qui avait tendance à faire des nœuds à chaque virage.

Ensuite, ils avaient emprunté une autre route, en terre celle-là, jusqu'au pied du pic du Midi, dont ils avaient aperçu la grande antenne. Et ce n'était pas tout ! Gaspard l'avait ensuite entraîné sur un petit sentier qui montait en lacets et qui n'en finissait pas.

Pendant le voyage, Némo avait senti ses oreilles claquer. Elles lui faisaient encore un peu mal. Gaspard le rassura :

– Normal, c'est la « pression atmosphérique ». La couche d'air autour de la Terre appuie sur nous. Plus on monte, moins l'air est dense, moins épais si tu préfères, et donc, il appuie moins sur notre tympan, cette petite membrane qui se trouve dans nos oreilles. En claquant, le tympan rétablit tout simplement l'équilibre entre l'air du dehors et l'air que nous avons dans notre corps.

Gaspard se tut. Némo n'entendait plus que le souffle du vent. La montagne, elle aussi, était silencieuse… Gaspard avait allumé le projecteur de sa caméra et filmait Némo sur fond d'étoiles. Cela ferait sans doute une image superbe. La nuit était presque tombée.

– Ici, dit-il, l'air n'est pas pollué, il est pur, très « transparent », et on peut voir les astres comme nulle part ailleurs. C'est pour cela que l'on a construit cet observatoire aussi haut.

Némo contemplait toutes ces étoiles qui peuplaient le ciel. Comment pouvait-on s'y retrouver dans une telle pagaille ?

– Les plus faciles à reconnaître, ce sont les sept étoiles qui forment la Grande Ourse, dit Gaspard en lui indiquant un groupe de points lumineux. Elles ont la forme d'une casserole.

Némo les repéra facilement. Elles étaient juste devant lui, près de l'horizon.

– On l'appelle aussi le chariot. Si tu pars en ligne droite en suivant le côté droit de la casserole, tu peux trouver une autre étoile : elle est située au bout d'une autre petite casserole, qui se tient dans l'autre sens.

Némo écarquilla les yeux, chercha un moment, puis cria, triomphant :

– Je crois que j'ai trouvé.

– Eh bien, c'est l'étoile Polaire. Elle indique toujours la direction du nord, ce qui est utile pour se diriger la nuit. Et la petite casserole a été baptisée « la Petite Ourse ». Ces constellations, c'est-à-dire ces dessins que semblent former les étoiles quand nous les regardons de la Terre, nous aident à nous repérer dans le ciel.

Gaspard indiqua successivement Arcturus, Véga, la Couronne, le Serpent, le Cygne, le Dragon, l'Aigle…

– Combien y a-t-il d'étoiles ? demanda-t-il à Gaspard.

– Ouh là là ! On ne sait pas. Des milliards de milliards de milliards peut-être…

– Cela fait combien ?

– C'est une histoire de zéros. Un milliard de milliards, c'est un 1 suivi de 18 zéros. Pour éviter d'écrire tous ces zéros, on inscrit le nombre des zéros en tout petit : 10^{18}. Et on dit : « 10 puissance 18 ». En fait, le nombre des étoiles est infini.

– Infini ?

– Cela signifie qu'il y en a toujours plus qu'on ne le croit. Il n'y a pas de limite.

– Alors, jusqu'où va le ciel ? demanda Némo.

– Ouh là là ! cria encore Gaspard comme si on lui avait marché sur le pied. Encore une grande question ! La Terre tourne autour d'une étoile : le Soleil, comme huit autres

*Où sommes-nous dans l'***univers** *?*

La Voie lactée

Nous sommes ici, près d'une étoile, notre **Soleil**

Notre galaxie, « **la Voie lactée** *», est un nuage en forme de galette, constitué de* **200 milliards d'étoiles**.
Nous, nous habitons sur le bord, dans le système solaire.

Le système solaire

Les **planètes rocheuses**, *les plus proches du Soleil :*
- **Mercure** : *c'est un gros rocher, troué de cratères comme la Lune, avec des falaises et des plaines. Mais elle n'a pas d'atmosphère.*
- **Vénus** : *la plus brillante des planètes, elle a la même taille que la Terre. Ses montagnes et ses plaines sont cachées par un voile de nuages jaunes d'acide sulfurique. En dessous, il fait très chaud : 480 degrés ! Invivable.*
- **La Terre** : *c'est nous ! La seule planète qui accueille la vie.*
- **Mars** : *pas très accueillante, non plus ! Des déserts rouges, des vents de poussière de fer, et une atmosphère de gaz carbonique. Et il fait - 14 degrés. Pourtant, les hommes rêvent d'y aller. Drôle d'idée.*

Les **planètes géantes** *:*
- **Jupiter** : *1 000 fois plus grosse que la Terre. On ne pourra jamais se poser sur celle-là : c'est une énorme boule de gaz, sans vraie surface. Plus de quinze lunes tournent autour d'elle.*
- **Saturne** : *la plus belle, avec ses anneaux de roche et de glace. Une boule de gaz, elle aussi. Très grosse, mais légère : si on la posait sur l'eau, elle flotterait ! Une de ses lunes, Titan, ressemble un peu à la Terre. Mais elle est trop loin du Soleil (1 milliard de km) pour que la vie s'y développe.*

Les planètes du système solaire

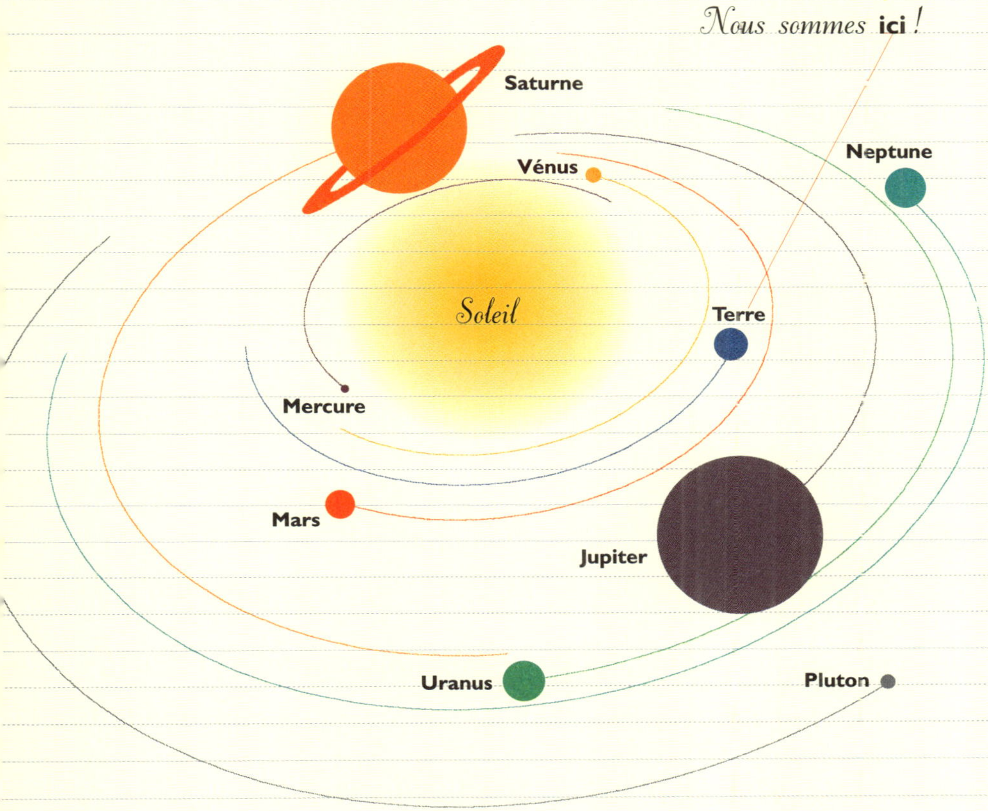

Les **petites planètes** *:*

– **Uranus** *: verte et glacée, elle possède un gros noyau de roches fondues, des océans d'ammoniac et d'eau et une atmosphère d'hélium et d'hydrogène. Elle est entourée d'anneaux très fins et de petites lunes.*

– **Neptune** *: à plus de 4 milliards de km de nous, elle ressemble un peu à Uranus. Verte, elle aussi, avec son atmosphère d'hydrogène, d'hélium et de méthane.*

– **Pluton** *: la plus lointaine avec Neptune et la plus mystérieuse. Elle est faite de gaz gelé (le méthane), ce qui la fait briller comme un miroir.*

On se demande aussi s'il n'y a pas une dixième planète, que l'on n'aurait pas encore découverte.

Némo

planètes : Mercure, Vénus, Mars, Jupiter, Saturne, Uranus, Neptune, Pluton… Mais le Soleil n'est qu'une toute petite étoile qui fait elle-même partie d'un groupe d'étoiles : c'est notre galaxie, « la Voie lactée ». Tu vois cette longue traînée qui raye le ciel ?

Némo la voyait en effet : une bande blanche un peu floue.

– Eh bien, c'est elle, la Voie lactée, un nuage constitué de deux cents milliards d'étoiles. Elle a la forme d'une galette, un peu plus épaisse au milieu. Nous, nous habitons sur le bord. C'est pourquoi, quand nous regardons vers le centre, nous ne voyons que cette bande… Comme si on tenait la galette, bien horizontale, devant les yeux.

– Qu'est-ce qu'il y a ensuite ?

– Oh ! ce n'est pas fini ! Notre galaxie est toute petite, perdue dans l'univers, comme des milliards d'autres qui sont elles aussi constituées par des milliards d'étoiles. De la Terre, ce ne sont que des points minuscules que seuls les puissants télescopes peuvent percevoir.

– Ben dis donc, fit Némo. Avec les télescopes, on peut voir jusqu'où ?

Gaspard resta silencieux un moment. Il s'allongea sur la terrasse et invita Némo à en faire autant, en se servant du sac à dos comme d'un oreiller.

– Bon, installe-toi confortablement. On va faire un voyage par la pensée. Imagine que l'on décolle du sol et que l'on s'éloigne de la Terre à toute allure. À 10 mètres, nous sommes au-dessus des coupoles de l'observatoire ; à 1 kilomètre, à l'altitude des petits avions ; à 10 kilomètres, c'est celle de notre avion de ce matin ; à 100 kilomètres, nous quittons la couche d'atmosphère. Allons plus loin : 380 000 kilomètres pour arriver à la Lune. Puis 150 millions de kilomètres pour parvenir au Soleil. 6 milliards de kilomètres pour rendre visite à Pluton, la plus lointaine des planètes de notre système…

Némo ferma les yeux. Il se voyait, fusant dans le noir de l'espace, comme dans *La Guerre des étoiles* à la télé.

– 300 millions de milliards de kilomètres à parcourir pour arriver à l'autre extrémité de notre galaxie, continuait Gaspard. Et ensuite, c'est un grand vide. Les autres galaxies sont très éloignées : à des milliards de milliards de kilomètres… En fait, il y a trop de zéros pour que l'on puisse comprendre toutes ces distances. Alors, on parle en années-lumière.

– En quoi ?

Némo était un peu saoulé par tous ces chiffres. Il avait l'impression que les bulles de champagne remontaient dans son cerveau.

– Années-lumière, répéta Gaspard. Il faut encore que je t'explique ! La lumière est faite de petits grains de particules qui voyagent extrêmement vite. Ils parcourent 300 000 kilomètres en une seconde.

– Ben dis donc !

– C'est très rapide pour nous, sur la Terre. Mais ce n'est plus la même chose dans l'univers, car les distances sont immenses. La lumière de la Lune met presque 1 seconde pour arriver jusqu'à nous. Celle du Soleil met 8 minutes. Celle de l'étoile la plus proche de nous, 4 ans. Et celle des galaxies lointaines met des milliards d'années pour voyager jusqu'à la Terre. Tu comprends ce que cela veut dire ?

– Ben, c'est long… fit Némo. On sera mort avant…

– Oui. Quand nous regardons Véga dans le ciel, nous voyons en fait une image qui a mis 8 ans pour nous parvenir. Et quand nous regardons, avec un gros télescope, une galaxie à 12 milliards d'années-lumière, eh bien nous la

Des mesures **astronomiques**

300 millions de milliards de kilomètres *pour arriver à l'autre extrémité de la galaxie ! Les chiffres tournent la tête autant que le champagne. Pour s'y retrouver, on a inventé des unités de mesure plus pratiques.*

Notre Soleil

La lumière du Soleil parcourt 150 millions de km avant de nous parvenir, à une vitesse de 300 000 km par seconde.

$$\text{vitesse} = \frac{\text{distance}}{\text{temps}} \qquad \underset{(en\ s)}{\text{temps}} = \frac{\text{distance}\ (en\ km)}{\text{vitesse}\ (en\ km/s)}$$

Elle met donc $t = \frac{150\,000\,000}{300\,000} = 500$ **secondes** *pour arriver jusqu'à la Terre.*

Il y a 60 s dans 1 min. Donc $\begin{array}{r|l} 500 & 60 \\ \hline 20 & 8 \end{array}$ **t = 8 minutes 20 secondes**

Le Soleil que nous voyons est en réalité plus vieux de 8 min 20 s. Heureusement, il ne change pas beaucoup !

L'année-lumière

En **1 s**, *la lumière parcourt 300 000 km*
En **1 min**, *elle parcourt 300 000 x 60*
En **1 h**, *elle parcourt 300 000 x 60 x 60*
En **1 jour**, *elle parcourt 300 000 x 60 x 60 x 24*
En **1 an**, *elle parcourt 300 000 x 60 x 60 x 24 x 365*
C'est-à-dire **9 460 milliards de km**. *On appelle cette distance « une année-lumière ».*

	milliard			*million*			*mille*	*cent (hecto)*	*dix (deca)*	**unité**	*dixième (deci)*	*centième (centi)*	*millième (milli)*	
nombres	1	0	0	0	0	0	0	0	0	0				**1 milliard = 10^9** *(neuf zéros)*
							1	0	0	0				**1 000 = 10^3** *(trois zéros)*
										0,	0	0	1	**0,001 = 10^{-3}**
distances *les mètres*							km	hm	dam	m	dm	cm	mm	
							1	0	0	0	0	0	0	**1 km = 1 000 m = 1 000 000 mm**
										0,	0	1	0	**1 cm = 10 mm = 0,01 m**
masses *les grammes*				tonne	quintal		kg	hg	dag	g	dg	cg	mg	
				1	0	0	0	0	0	0	0	0	0	**1 tonne = 1 000 kg = 1 000 000 g**
capacité *les litres*								hl	dal	l	dl	cl	ml	
								1	0	0	0	0	0	**1 hectolitre = 100 litres = 10 000 cl**

surface	km²		hm²		dam²		**m²**		dm²		cm²		mm²	
	1	0	0	0	0	0	0							**1 km² = 1 million de m²**
							0	0	0	0	1			**1 cm² = 0,0001 m²**

volume	m³			dm³			cm³			mm³	
				1 litre	dl	cl	ml				
				1	0	0	0				**1 000 cm³ = 1 dm³ = 1 litre**
	1	0	0	0	0	0	0	0	0	0	**1 m³ = 1 milliard de mm³**

Némo

voyons telle qu'elle était il y a 12 milliards d'années. Peut-être qu'elle n'existe plus aujourd'hui. Regarder loin, c'est voyager dans le temps !

– C'est quoi, le temps ?

– Némo !

Gaspard poussa un long soupir.

– Tu poses des questions difficiles, tu sais.

– Mais tu as une mémoire, toi !

– D'accord. Mais il y a énormément de choses que l'on ne sait pas, même pas les plus grands savants. Plus on comprend, plus on découvre d'autres énigmes à résoudre.

– Alors le temps ?

– Le temps, c'est quelque chose de très difficile à imaginer. On comprend à peu près ce qu'est une seconde. Je dis « un, deux »... Une seconde s'est déjà passée. Soixante secondes font une minute. Et soixante minutes font une heure. Jusque-là, ça va. Dans une journée, il y a 24 heures et dans une année, il y a 365 journées. Un an, c'est long, surtout quand on est un enfant.

– Pourquoi un enfant ?

– Parce que plus on vieillit, plus on a l'impression que le temps passe vite... Un siècle, c'est-à-dire cent ans, cela nous semble encore plus long. Mais en fait, ce n'est pas grand-chose. Il faut que tu comprennes ceci, Némo : il y a eu un temps avant ta naissance. Un temps avant la télévision, avant les avions. Un temps où les hommes dormaient dehors, autour d'un feu pour éloigner les animaux sauvages. Il y a eu aussi un temps où la Terre n'était peuplée que d'animaux, et même un temps où notre planète n'existait pas.

Après avoir écouté ce long discours, Némo resta muet. Il avait encore de nombreuses questions à poser. Mais pour le moment, il frissonnait sur son perchoir de pierre.

– Tu as froid, fit Gaspard, toujours soucieux de la santé de son compagnon. Viens, on rentre.

Sur les anneaux de Saturne

À l'intérieur des bâtiments, ils suivirent le dédale de couloirs qui conduisaient à des salles bourrées d'instruments. L'astronome, un grand monsieur aux yeux clairs qui les avait accueillis à leur arrivée, leur fit faire le tour de l'observatoire.

Gaspard était maintenant très agité. Dès qu'il apercevait un téléphone sur un bureau, il se ruait dessus. Il avait reçu un appel de Léa sur sa messagerie lui demandant de la rappeler à New York. Mais à cette altitude, son téléphone portable ne fonctionnait pas. Alors il décrochait le premier appareil venu, composait un numéro, attendait un long moment et raccrochait, déçu. Il essaya des dizaines de fois. Léa était injoignable. C'était l'après-midi aux États-Unis. Elle était déjà partie, ou pas encore rentrée…

Némo faisait des petits signes à l'astronome pour le rassurer. Mais non, Gaspard ne se comportait pas toujours comme ça !

Ils suivirent des couloirs qui conduisaient sous les fameuses coupoles blanches. Némo découvrit de grandes machines, les « lunettes » et les « télescopes ». Certains étaient d'une taille colossale.

– Ici, on étudie l'univers, expliqua l'astronome, d'un air content, comme s'il parlait de son petit jardin.

Némo eut le droit de regarder dans l'un des télescopes, celui qu'utilisent les astronomes amateurs. C'était génial ! Il était transporté instantanément à plus d'un milliard de kilomètres de la Terre et il vit Saturne, la plus belle des planètes, comme un bijou, avec ses anneaux. Il n'arrivait pas à en détacher ses yeux.

– C'est quoi, les anneaux ? demanda-t-il.

– De grands blocs de pierre et de glace qui tournent autour de la planète, répondit l'astronome.

– Comment on le sait ?

C'était sa question favorite.

– Il y a quelques années, on a envoyé des sondes spatiales, c'est-à-dire des petits robots, lancés par des fusées, qui sont partis vers Saturne, Jupiter, Uranus et nous ont envoyé de superbes photos.

– Ils sont revenus, ces robots ? demanda Némo.

– Oh non ! Certains d'entre eux sont déjà sortis du système solaire. Nous leur avions confié des messages, le dessin d'un homme et d'une femme, des morceaux de musique, au cas où ils rencontreraient des habitants d'une autre planète.

– Des extraterrestres ? s'extasia Némo. Comme le Petit Prince ? Comme E.T. ? Ça existe ?

– Peut-être, répondit l'astronome. Mais dans ce cas, ils sont très loin de nous et il faudrait des millions d'années pour aller à leur rencontre. Nous, nous ne serons plus là…

Ils arrivèrent sous une autre coupole, plus grande que les précédentes.

– Le plus grand des télescopes de France, expliqua l'astronome. Il mesure deux mètres de diamètre !

– Impressionnant… s'exclama Gaspard.

L'astronome montra à Némo des dizaines de photos prises grâce à l'appareil. On y voyait plein d'étoiles qui portaient des noms bizarres ou des numéros, des « étoiles doubles », des « galaxies spirales », des « naines blanches », des « quasars »… Quelle drôle de chose, l'univers… Pourquoi tout cela existait ? Et pourquoi, moi, Némo, j'existe ?

Quand Némo posa cette question, Gaspard se prit la tête à deux mains et partit d'un grand rire. Il attendit qu'ils soient tous les deux installés dans la petite chambre qu'on leur avait prêtée, pour répondre.

– C'est l'histoire du monde qu'il faut que je te raconte. Tout simplement !

– Eh ben raconte !

– Pas ce soir, Némo. Il faut que nous dormions un peu avant le jour.

– Juste un peu, insista Némo.

– Bon… Tout ce qui compose l'univers, les étoiles, les planètes, la Terre, les êtres vivants, ce lit, cette chaise, toi, moi… tout est construit avec des petits morceaux invisibles à l'œil nu : les atomes.

– Je croyais que j'étais fait avec des cellules !

Némo se souvenait parfaitement de la leçon de son père.

– Les cellules elles aussi sont faites d'atomes.

– Et alors ?

– Les premiers fragments d'atomes sont apparus il y a 12 milliards d'années. Ensuite, ils se sont associés les uns aux autres, pour former les étoiles et les planètes, puis, plus tard, sur la Terre, les êtres vivants. Ton corps est construit avec des morceaux d'univers. Tu es l'enfant des étoiles, Némo.

Némo, qui s'était couché et écoutait Gaspard les yeux fermés, ne dit rien pendant un long moment. Puis il se manifesta de nouveau :

– Qu'est-ce qui s'est passé, il y a 12 milliards d'années ?

– Ce qu'on appelle le big bang, le début de l'univers. Gaspard hésita… Du moins, ce que l'on croit être le début.

– Mais avant ton big bang, qu'est-ce qu'il y avait ?

Gaspard poussa un grognement :

– J'étais sûr que tu allais me poser cette question ! Il faut que l'on dorme, Némo !

Mais il ne résista pas à l'envie de lui répondre :

– Disons qu'il n'y a pas d'avant. Le big bang, c'est le début de l'espace. C'est aussi le début du temps.

Némo se redressa brusquement. Il était presque fâché.

– Je ne comprends rien ! Il y a toujours un « avant ». Tu m'as dit qu'avant ma naissance, avant moi, il y avait des gens.

– C'est vrai, reprit Gaspard en bâillant. Pourtant, il est difficile pour toi d'imaginer que tu n'étais rien, que tu n'existais pas avant ta naissance. Eh bien, il est aussi difficile d'imaginer qu'il n'y avait rien avant le big bang. En tout cas, on ne le sait pas. Ou alors, il faut croire en Dieu, c'est autre chose.

– En quoi ?

Némo commençait vraiment à s'irriter.

– Oh ! là là là là ! fit Gaspard. Tu n'en as pas assez pour la journée ? On parlera de Dieu une autre fois, si tu veux bien.

Némo se calma un peu. Puis demanda :

– Mais comment les morceaux d'univers ont pu me fabriquer ?

Gaspard soupira.

– Némo ! Tu ne renonces jamais, toi ! Cela a pris des milliards d'années. Après le big bang, les morceaux d'atomes se sont combinés, comme dans un jeu de construction, pour former des molécules, c'est-à-dire des assemblages d'atomes, qui elles-mêmes ont formé des gaz, qui eux-mêmes ont créé les premières galaxies.

– Et après ?

Némo n'avait toujours aucune envie de s'endormir.

– À l'intérieur des galaxies, la matière a fait des petites boules, comme des grumeaux dans une soupe : ce furent les étoiles. C'est ainsi que sur le bord d'une galaxie est né notre Soleil, il y a 5 milliards d'années. Puis, autour de lui, des poussières se sont assemblées en formant des boules de feu, les planètes, qui se sont refroidies lentement. Et parmi elles, la Terre.

Némo resta un moment silencieux. Puis il demanda :

– Et après, qu'est-ce qui s'est passé sur la Terre ?

– Demain, Némo, si tu veux bien. C'est promis. Mais cette fois, on dort, d'accord ?

Némo se glissa sous son drap à contrecœur. Pourtant, il s'endormit presque aussitôt. Cette nuit-là, il rêva de nouveau qu'il volait. Il avait été propulsé par un télescope au-dessus des nuages, bien loin de la Terre et il voyageait avec un âne dans un drôle de paysage d'étoiles. Sur le chemin, une jolie femme le poursuivit en le filmant avec une caméra, et elle lui offrit un immense verre de champagne. Soudain, il eut très chaud dans la tête. Il réalisa qu'il était attiré vers le Soleil. Une voix lui cria d'attacher sa ceinture. Mais il était déjà trop tard : il tombait dans le noir de l'espace…

Chapitre 6
Tu es né dans l'océan

Le bain de Gaspard

– C'est pour toi, fit Gaspard en tendant le téléphone portable à Némo.

Celui-ci s'était presque endormi sur le siège arrière. Habitué maintenant aux trajets en voiture, il ne surveillait plus la circulation mais somnolait, bercé comme un bébé, ce qui avait l'avantage de faire passer plus vite les longues heures de voyage. Ils avaient quitté le pic du Midi la veille et roulé presque toute la journée en direction de la Méditerranée. Gaspard voulait absolument lui montrer la mer. Le soir, ils s'étaient arrêtés dans un hôtel, une sorte d'hôpital avec des chambres colorées, où il suffisait de téléphoner pour que quelqu'un vous apporte à manger. Némo avait dormi longtemps mais c'était plus fort que lui : la voiture le replongeait quand même dans le sommeil.

– Allô ?

– C'est moi.

Némo reconnut la voix de Sunita, accompagnée de quelques grésillements.

– C'est terrible. Ils ont envoyé les billets d'avion. On doit partir en Inde dans deux semaines. Ma mère a déjà commencé à emballer nos affaires. Tu dois faire quelque chose !

– Qui ? Moi ? Faire quoi ?

– Tu es mon seul ami, Némo. Sans toi, je suis foutue.

– Mais pourquoi tu ne veux pas partir ?

– Je te l'ai déjà dit ! Ma mère ne peut pas épouser ce type ! Elle ne l'aime pas ! Un jour, ils voudront me marier aussi ! Je ne te reverrai plus. Némo, pourquoi tu ne comprends plus rien... Essaie de retrouver la mémoire, s'il te plaît... On avait tout préparé...

La voix de Sunita se perdit dans des sanglots. Toujours la même chose... Qu'est-ce qu'ils avaient préparé ?

– Tu as un problème ? interrompit Gaspard.

Némo lui tendit le téléphone. Mais Sunita avait raccroché. Gaspard semblait préoccupé. Il conduisit encore un moment sans dire un mot, puis il reprit :

– Écoute, Némo. Tu as perdu la mémoire des sentiments, mais il faut que tu fasses un effort pour comprendre. Sunita est ton amie. Elle t'aime.

– Je sais ! coupa Némo. Elle a de l'eau dans les yeux, c'est ça ?

– Pas seulement, heureusement ! Aimer, c'est éprouver quelque chose de très fort à l'intérieur de soi. C'est se sentir bien quand la personne que l'on aime est avec soi. C'est aussi ressentir un manque quand elle n'est pas là.

– Un peu comme la faim ?

Gaspard sourit.

– Si tu veux. Mais il y a plus... C'est s'apprivoiser, comme le Petit Prince et son renard, c'est créer des liens.

– J'en ai marre. Je n'y comprends rien à toutes ces histoires. Moi, je ne suis pas comme les autres, voilà !

Némo se sentait mal, ses joues cuisaient et son corps était parcouru de picotements très désagréables. Il n'y arriverait jamais. À quoi bon apprendre ? Il lui manquerait toujours quelque chose. Il se recroquevilla sur son siège et se tut.

– T'inquiète pas, reprit Gaspard. Moi, je t'aime comme tu es. Oh ! regarde !

La voiture venait de déboucher sur une petite baie cernée par de hautes falaises. Némo releva la tête. C'était stupéfiant. Devant eux, il n'y avait plus rien. Plus de maisons, plus d'arbres, plus de barrières. Rien qu'une immense étendue bleue. La mer !

– Arrête-toi, arrête-toi !

Dès que la voiture s'immobilisa, Némo ouvrit la portière et partit en courant vers la plage. Il respirait très fort. Ça sentait bon, le mouillé, le salé. Un goût délicieux imprégnait sa langue et ses yeux lui piquaient un peu. Il se sentait plus grand, plus fort et avait l'impression d'avoir déjà connu ça. Ses pieds s'enfonçaient dans la poussière jaune, et il dut ralentir car ses jambes lui semblaient de plus en plus lourdes. La mer, devant lui, roulait, gonflait, ondulait. Sans réfléchir, il enleva ses chaussures, son pantalon, sa chemise, et plongea.

– Némo ! Némo ! Attends-moi !

Gaspard accourait en faisant de grands gestes.

– Némo ! Tu vas te noyer !

Mais Némo n'entendait pas. Il avait disparu dans les vagues.

Gaspard, affolé, se mit à l'eau tout habillé et nagea aussi vite qu'il put. Plus de Némo. Avait-il coulé à pic ?

Soudain, à quelques mètres devant lui, il aperçut une petite tête brune à la surface. C'était Némo qui accomplissait de jolis mouvements de brasse, se mettait de temps en temps sur le dos et s'amusait à traverser les vagues. Némo, qui nageait… Comme autrefois…

Gaspard le rejoignit, essoufflé.

– Ça va ? Ça va ? demanda-t-il. Tu m'as fait une peur bleue.

Némo avait l'air parfaitement à l'aise. Gaspard eut quelques difficultés à le convaincre de revenir un moment sur la terre ferme. Quel spectacle ! Les personnes présentes sur la plage éclatèrent de rire en voyant apparaître Gaspard, l'air dépité, les habits dégoulinant. Némo prit la caméra dans le sac abandonné sur le sable et se mit à filmer son cousin malgré ses protestations.

– Tu aurais pu te noyer ! répétait Gaspard. Il était furieux.

– Je savais ce qu'il fallait faire, répondit Némo. Est-ce que je l'ai déjà fait, avant ?

– Mais oui. Tu savais bien nager avant ton accident. Et visiblement, tu n'as pas oublié !

Némo se sentait bien. La mer lui plaisait. Il avait l'impression de la connaître. Elle lui faisait chaud à l'intérieur de lui. Cela voulait peut-être dire qu'il l'aimait ?

– J'aime la mer, j'aime la mer, répéta Némo, en gambadant. J'aime la mer !

Il s'assit sur le sable pendant que Gaspard ôtait ses habits mouillés. Quel lieu étrange, la mer. On n'en voyait pas la fin.

– C'est là-bas, l'infini ?

– Non. Seulement l'horizon. La mer continue bien audelà, mais on ne peut plus l'apercevoir, à cause de la courbure de la Terre.

Gaspard s'allongea à côté de lui, pour se réchauffer.

– Beaucoup de gens aiment la mer, comme toi. Peut-être parce qu'on y retrouve de très vieux souvenirs… Nous y sommes nés, ou presque…

– Comment ça ? Dans l'eau ?

– Il faudrait que je continue l'histoire que j'ai commencée hier, répondit Gaspard.

– Vas-y, fit Némo.

Il s'assit et entoura ses genoux de ses bras, tout prêt à écouter un long récit.

– Où en étions-nous ? commença Gaspard.

– Il y a un peu plus de 4 milliards d'années. La Terre vient d'apparaître. C'est une boule de feu. Tu disais qu'elle se refroidissait lentement.

– Bon. Pendant les millions d'années suivants, elle se durcit et fabrique une écorce rocheuse autour de son noyau de lave bouillonnante. Une partie des gaz de son atmosphère se transforme en eau, les mers et les océans apparaissent. Au début, c'est un enfer : il y a des éclairs gigantesques, des cyclones, des orages… Tu te souviens comment, dans l'espace, les petits morceaux de matière s'étaient assemblés ?

– Ben oui.

– Eh bien, le jeu de construction se poursuit dans l'atmosphère terrestre. Les atomes forment des molécules de plus en plus compliquées qui tombent en pluie sur notre planète. Et le jeu continue encore dans les océans, pendant des millions d'années. Jusqu'au moment où certaines molécules peuvent faire quelque chose de très précieux : une copie d'elles-mêmes.

– Et alors ?

Némo ne voyait pas en quoi cela pouvait être intéressant.

– C'est le début de la vie, mon vieux !

– Je ne suis pas ton vieux !

– C'est juste une expression… Les premiers êtres vivants qui apparaissent sur le bord des océans, ce sont des cellules.

– Comme les cellules de notre corps, alors ?

– Un peu… Ensuite viennent les algues, il y a 2 milliards d'années. Et puis, toujours le jeu de construction. D'autres cellules se groupent en paquets pour former des êtres encore plus compliqués : des méduses, des vers, des coraux mous.

– C'est compliqué, un ver ?

– Oui. Il est déjà composé de plusieurs milliers de cellules. Le monde vivant s'est alors divisé en deux grandes familles. D'un côté, ceux qui absorbent la lumière et le gaz carbonique, en rejetant de l'oxygène (c'est ce qu'on appelle la photosynthèse) : les végétaux. Et de l'autre, ceux qui absorbent cet oxygène et rejettent du gaz carbonique par la respiration : les animaux. Tu le vois bien, les deux familles ont besoin l'une de l'autre. Tiens, regarde.

Gaspard montra à Némo un coquillage qu'il tripotait depuis un bout de temps. Un petit machin mou s'agitait à l'intérieur.

– C'est quoi ?

– Un mollusque. On l'appelle « chapeau chinois » ou « bernique » : il s'accroche aux rochers et glisse pour manger les algues. C'est un invertébré : un animal qui n'a pas de squelette. Certains d'entre eux ont quand même une coquille ou une carapace. Au commencement de la vie, la Terre n'était peuplée que d'invertébrés. Ils vivaient dans l'eau car dehors, la planète était invivable.

– Pourquoi ?

– L'atmosphère ne contenait pas encore assez d'oxygène, elle ne possédait pas non plus sa couche d'ozone qui arrête les rayons ultraviolets du soleil, dangereux pour la vie. Un être vivant n'aurait pas pu survivre hors de l'eau. Seuls quelques petits animaux à carapace pouvaient s'y risquer. La vie commence donc dans l'eau. Et il y a 500 millions d'années, les premiers vertébrés, les poissons, apparaissent.

– La nouveauté, ce sont les arêtes ?

Gaspard fit oui de la tête. Il avait retrouvé le sourire et parlait avec enthousiasme.

– Et puis, un jour, poursuivit-il, on ne sait pas pourquoi, la nature trouve quelque chose d'extraordinaire : la sexualité ! Maintenant, il y a des mâles et des femelles !

– Et alors ? demanda Némo, qui ne voyait pas en quoi la chose était si extraordinaire.

– Fini les cellules qui se copiaient à l'infini, toujours identiques ! Cette fois, quand une cellule du mâle se mélange avec une cellule de la femelle, cela donne une autre cellule, l'œuf, différente des deux premières. Tu te souviens des gènes ?

– Ce que contient chacune de nos cellules, le programme pour fabriquer un être vivant et le faire fonctionner, récita Némo.

– Exactement. Eh bien, avec l'apparition des deux sexes, la nature a trouvé un moyen de mélanger les gènes et de faire à chaque fois des individus uniques, différents de leurs parents.

– Mais je le sais déjà ! C'est comme pour les êtres humains avec les parents, les œufs, tout ça. Et après ?

– Après, tout change, la vie n'arrête pas de fabriquer des êtres nouveaux. En quelques centaines de millions d'années, elle se répand sur toute la planète. L'atmosphère a changé, on peut maintenant rester à l'air libre. Alors, sur la terre ferme, les premiers arbres se multiplient. Des animaux prennent l'habitude de vivre à la fois dans l'eau et sur la terre. Petit à petit, les espèces les plus variées peuplent la Terre : des animaux qui volent, qui rampent, qui nagent, qui courent… Et il y a 250 millions d'années, les dinosaures conquièrent le territoire.

Aux **origines** *du monde*

– 4,5 milliards d'années : *La Terre se forme autour d'une étoile, le Soleil.*
– 3,5 milliards d'années : *Les premières cellules apparaissent dans les eaux peu profondes.*
– 2 milliards d'années : *Les premières algues se multiplient dans les océans. L'atmosphère s'enrichit en oxygène.*

Ce qui s'est passé au cours du dernier milliard d'années :

– 800 millions d'années : *Voici les méduses, et puis aussi des vers, des coraux mous.*
– 500 millions d'années : *Et maintenant les premiers poissons. Les rivages se couvrent de mousse.*
– 410 millions d'années :
Les premières plantes terrestres se développent. L'atmosphère devient respirable.
– 390 millions d'années :
Quelques animaux malins sortent des eaux.
– 350 millions d'années :
Les forêts commencent à recouvrir la planète.
– 250 millions d'années :
Les dinosaures colonisent la Terre.
– 200 millions d'années : *Les premiers mammifères.*
– 150 millions d'années :
Les premiers oiseaux prennent leur envol.
– 65 millions d'années :
Adieu les dinosaures ! Les mammifères s'imposent.

à suivre...

Némo

– Des vrais dinosaures ? Pas seulement à la télé ?

Gaspard éclata de rire.

– Bien sûr ! Ils ont vraiment existé, tous les enfants savent ça ! Oh ! excuse-moi, Némo… Il y en avait de toutes sortes. Le brachiosaure, par exemple, atteignait douze mètres de haut, comme cette falaise ! Mais voilà, il y a 64 millions d'années, ces énormes lézards ont disparu.

– Pourquoi ? Ils avaient pourtant l'air solide !

– On ne sait pas ce qui est arrivé. Un astéroïde, un gros rocher, a peut-être heurté la Terre et provoqué un immense incendie, recouvrant la planète d'un nuage de poussières, et plus tard, engendrant un froid terrible. Dans ce cas, seuls les petits animaux auraient survécu.

– Dommage…

– Pas sûr. Cela a permis aux mammifères, qui produisent leur propre chaleur et supportent mieux le froid que les reptiles, de prendre leur place.

– Mammifère ? Ça me dit quelque chose.

– Ces animaux ne pondent pas des œufs comme les oiseaux et les poissons, mais portent leurs petits à l'intérieur de leur corps, avant la naissance, et ils les allaitent ensuite. De nouvelles espèces sont ainsi apparues : les félins, les mammouths, les singes et, un jour… les hommes…

– Quelle histoire ! fit Némo. On arrive au bout ?

– Pas encore. Tu peux en tout cas comprendre pourquoi nous sommes nés dans l'océan. Toute la vie sur la Terre, tous les êtres vivants, viennent des premières cellules. L'univers, la vie, les hommes, c'est la même histoire qui a continué pendant les milliards d'années suivants…

Avec le doigt, Némo traçait instinctivement des dessins sur le sable à côté de lui. Une sorte de dinosaure à long cou qui esquissait un immense sourire. Il demanda au bout d'un moment :

– Mais pourquoi, à chaque fois, de nouvelles espèces de plantes et d'animaux sont apparues ? D'où viennent-elles ?

– Les êtres vivants se sont transformés petit à petit pour s'adapter aux changements de la nature. Cela s'appelle « l'évolution ».

Némo avait pris son petit air qui signifiait : « Tu parles, tu parles, mais on n'y comprend rien. »

– Bon, reprit Gaspard. Imagine des oiseaux qui se nourrissent uniquement en attrapant des petits vers dans les trous d'arbres. Puis suppose que, dans une certaine région, le climat change et qu'il y ait de moins en moins de vers à la surface des arbres.

– Les oiseaux vont avoir des problèmes…

– Exactement. Mais certains d'entre eux ont un bec pointu, plus long que celui des autres. Ils trouvent donc plus facilement leur nourriture et ils survivent mieux que les autres. Au fil des années, alors que le nombre des oiseaux normaux diminue, celui des oiseaux à long bec augmente. Leurs enfants ont eux aussi un bec plus long. Et les enfants de leurs enfants de leurs enfants de…

– De leurs enfants de leurs enfants… poursuivit Némo.

– … auront aussi un long bec. Après plusieurs générations, il n'y aura plus, dans cette région, que des oiseaux à long bec qui ne feront plus d'œufs avec les oiseaux à bec court des régions voisines. Il y aura deux espèces différentes. L'espèce aura évolué. Mais attention ! Il faut bien comprendre que cela demande du temps, des milliers d'années, peut-être davantage.

– Ben dis donc, fit Némo, ça n'évolue pas vite !

– Il a fallu 2 milliards d'années après la première cellule

pour que l'homme apparaisse. Deux milliards, mon pauvre Némo ! La vie d'un être humain n'est qu'une petite étincelle si on la compare à l'aventure de la vie !

Némo resta encore un instant silencieux. Difficile de se représenter tout cela.

– Dis donc, ton histoire, reprit-il. Je veux bien la croire. Mais comment peut-on la connaître puisqu'à ce moment-là, il n'y avait aucun homme sur la Terre ? Personne pour la raconter ?

– On l'a découverte grâce aux fossiles. Ce sont des restes d'animaux ou de plantes qui ont été conservés dans le rocher et se sont durcis.

– Pendant des millions d'années ? Il en existe encore ?

– Oui. La terre les a recouverts, petit à petit. Regarde les grandes lignes derrière toi, sur la falaise…

Némo observa l'immense rocher qui s'élevait comme un mur autour de la plage. Il ressemblait au mille-feuille qu'il avait mangé la veille à l'hôtel.

– Avec le temps, expliqua Gaspard, les sédiments, c'est-à-dire les couches de terre, se sont accumulés. Évidemment, les plus profondes sont les plus anciennes. Si on trouve un fossile de coquillage dans l'une d'elles, on peut déterminer à peu près son âge.

– Mais comment connaît-on leur histoire ?

– Les fossiles de végétaux nous renseignent sur le climat. Les fossiles d'animaux nous indiquent quelles espèces vivaient autrefois sur la Terre. En comparant des fossiles de deux époques différentes, on peut deviner comment un animal a évolué… C'est un vrai travail de détective.

– Comme dans la série *Sherlock Holmes !*

– Si tu veux. Grâce aux fossiles d'animaux marins, on peut même savoir jusqu'où allaient les océans. On a ainsi découvert qu'autrefois, il y a 340 millions d'années, il n'y avait qu'un seul continent et une seule mer sur la planète.

– Un seul ?

– Eh ! oui. Puis, il y a environ 50 millions d'années, l'immense morceau de terre s'est fragmenté pour donner les cinq continents que l'on connaît aujourd'hui. La Terre a évolué, elle aussi. Aujourd'hui encore, son écorce est séparée en plusieurs plaques qui flottent sur le magma, cette partie de la planète qui est restée en fusion. Ces plaques bougent et se chevauchent. Aux endroits où elles se cognent, cela provoque parfois des secousses et des tremblements de terre…

Gaspard s'interrompit, car Némo semblait ailleurs, perdu dans la contemplation d'un surfeur qui tentait désespérément de se mettre debout sur sa planche à voile.

– Dis donc, j'ai l'impression que tu ne m'écoutes plus. D'ailleurs, il faut qu'on bouge, sinon nous allons être grillés comme des steaks.

Némo avait effectivement un peu trop chaud, et le soleil lui piquait la peau.

– Viens, fit Gaspard. Tu vas m'attendre dans un café, je dois organiser un rendez-vous.

– Un rendez-vous ?

– Oui. Avec la mer. C'est une surprise…

Némo sous les mers

Assis à califourchon sur la pointe du bateau, Némo regardait les vagues se briser sur la proue. Gaspard l'avait conduit vers le petit port voisin et ils avaient tous les deux embarqué à bord d'un bateau blanc sur lequel était écrit en grandes lettres bleues : « Club de plongée ». Ils allaient partir sous la mer !

– Si je veux faire ton éducation, avait dit Gaspard, je dois aussi te montrer ce qu'il y a là-dessous. Puisque tu sais nager…

Son cousin avait tout préparé. Normalement, un enfant n'a pas l'autorisation de plonger avec des bouteilles, à cause de la petite taille de ses poumons. Mais pour Némo, on allait faire une exception. Le docteur Benoît, contacté par téléphone, avait donné son accord, à condition de se montrer prudent. « L'avantage, avait ajouté le médecin, c'est que Némo semble ne pas connaître la peur. » Très important de ne pas avoir peur quand on fait de la plongée !

Gaspard étalait déjà le matériel sur le pont : le masque, bien sûr, le gilet, la grosse bouteille d'air comprimé qui lui permettrait de respirer sous l'eau, avec un cadran et une petite aiguille qui indiquait la quantité restant à l'intérieur. Et le détendeur qui changeait la pression de l'air selon la profondeur.

– Tu te souviens comment, au pic du Midi, tes oreilles ont senti le changement de pression atmosphérique, rappela Gaspard. Eh bien cette fois, c'est l'eau qui presse sur notre corps. Quand on descend à 10 mètres, l'eau appuie deux fois plus fort qu'à la surface. À 20 mètres de profondeur, c'est trois fois plus. On ne peut donc pas plonger longtemps, ni profond, car notre corps est de plus en plus comprimé, un peu comme si on nous serrait de tous côtés.

Le bateau s'immobilisa. On jeta l'ancre à proximité d'un petit îlot rocheux. De là, on ne voyait presque plus la côte. Le responsable du club aida Némo à s'équiper. Au bout de quelques minutes, Némo croulait sous le poids du matériel.

– Ne t'inquiète pas, lui dit Gaspard. Sous l'eau, tout

devient plus léger. Il faut même te mettre une ceinture de plomb pour que tu puisses descendre. Sinon, je te tirerai par un pied pour t'empêcher de remonter comme un ballon !

Gaspard ressemblait à un gros canard, avec ses immenses palmes et les deux yeux globuleux de son masque.

– Nous parlerons par signes, expliqua-t-il.

Il forma un rond avec le pouce et l'index de sa main droite, en laissant les trois autres doigts bien tendus vers le haut : ce signe-là veut dire « OK, tout va bien ! ». Il fit un autre geste de la main, en la gardant horizontale et en la remuant, doigts écartés, de droite à gauche ; cela signifie « Ça ne va pas trop ».

– Ce sont les deux mots essentiels. Les autres, tu les devineras facilement.

Gaspard l'aida à descendre les marches de la petite échelle et ils se retrouvèrent tous les deux dans l'eau.

Miracle ! Tout semblait vraiment plus léger. Némo suivit scrupuleusement les indications qu'on lui avait données. Il libéra un peu d'air de son gilet pour se maintenir en équilibre juste en dessous de la surface. Et sur le signal de Gaspard, il se retourna et partit d'un coup de palmes vers les profondeurs.

Il n'entendait plus que les glouglous de l'air qui s'échappaient de son appareil et le bruit de ses aspirations, il ne voyait plus que du bleu foncé. Sous lui apparaissaient des collines rocheuses, couvertes de longues plantes autour desquelles se bousculaient des poissons rayés. Némo avançait doucement vers eux, en faisant de lents mouvements de palmes. Il planait. Il volait. Exactement comme dans son rêve. Il survola la crête d'un rocher, tomba nez à nez avec un gros poisson aux lèvres bombées qui s'enfuit en zigzaguant, se posa un moment sur le bord d'une falaise sous-marine, piqua la tête la première vers une vallée d'herbes ondoyantes… Oui, Némo volait dans un monde étrange, peuplé d'êtres inconnus. Il ne pesait plus rien.

Devant lui, Gaspard palmait doucement, en s'arrêtant de temps en temps pour lui montrer une plante ou un animal. Il lui tint le bras un moment en lui indiquant un trou dans un rocher, mais en le maintenant à distance. Une tête dépassait, on la voyait difficilement car elle avait la même couleur que la roche. Némo distingua deux gros yeux et des dents pointues… Gaspard lui fit signe de s'écarter. Ils décollèrent vers une autre falaise…

Gaspard lui faisait régulièrement le fameux signe « OK ? ».

– OK, répondait Némo de la même manière.

Les rochers avaient des couleurs un peu sombres, bleu, vert, marron… Parfois, un gouffre noir s'ouvrait sous lui. Il aurait bien voulu y descendre. Mais Gaspard le tirait doucement par le bras. Il ne fallait pas s'aventurer trop profondément… Némo oubliait qu'il était dans l'eau. Il était devenu un oiseau.

Soudain, Gaspard s'approcha, saisit le petit cadran qui pendait de sa bouteille et le lui montra. Il avait déjà consommé plus de la moitié de son air. Gaspard indiqua la surface d'un signe de la main. Il fallait remonter. Déjà… Vue du dessous, la surface ressemblait à un gigantesque toit de lumière. À regret, Némo envoya un peu d'air dans son gilet pour le gonfler et s'éleva doucement…

Sur le bateau, à peine leur équipement enlevé, Némo et Gaspard ne cessèrent de se couper la parole pour raconter leur aventure.

– C'était génial, répétait sans cesse Némo. Tu as vu comme on volait ! J'avais l'impression de rêver !

– Le plus gros des poissons qu'on a croisés était un mérou, annonça Gaspard. On en fait des plats délicieux.

– Et la grosse tête de poisson pleine de dents qu'on voyait à peine ?

– Une murène, un animal qui se cache dans les trous et ressemble à un serpent. Il vaut mieux ne pas s'approcher trop, car si elle se sent menacée, elle attaque et mord.

Gaspard expliqua aussi qu'ils avaient vu des rougets, des girelles et des petites branches de corail, un drôle de truc qui n'est pas vraiment un animal et pas vraiment une plante. Entre les deux, quoi. Et au fond, les grandes herbes qui s'appellent des « posidonies ».

– Mais elles sont de moins en moins nombreuses, à cause des rejets de produits toxiques des usines et des villes. Cette pollution met en danger la survie de nombreuses espèces sous-marines qui n'ont plus d'endroits pour se nourrir et se reproduire.

– Combien y a-t-il d'espèces sous la mer ?

– Impossible de savoir ! Il en existe de minuscules, comme le plancton, et des énormes, comme les baleines. Toutes ces espèces ont besoin les unes des autres. Sous la mer, le plancton sert de nourriture à des petits poissons qui servent de nourriture à des gros poissons…

– … qui peuvent nous servir de nourriture, coupa Némo.

– Exactement. Et sur terre, les animaux carnivores mangent des animaux herbivores qui eux-mêmes se nourrissent de plantes qui elles-mêmes se nourrissent des animaux morts décomposés et renvoyés dans le sol par d'autres animaux. Ce sont les cycles de la nature. Une plante est mangée par un animal qui est lui-même mangé par un animal…

– … qui est lui-même mangé par… interrompit Némo. C'est pas drôle, la nature.

– On peut la trouver cruelle, mais il faut que les uns meurent pour que les autres vivent. Sans la mort, il n'y aurait pas de vie.

– Je le disais bien, c'est pas drôle, répéta Némo.

– Ce qui n'est pas drôle, c'est que nous, les hommes, nous bouleversons trop la nature, nous la détruisons, nous épuisons les océans. La mer Méditerranée ne regorge plus de poissons comme autrefois. Et près des côtes, elle est très polluée…

Le bateau était arrivé à quai. Némo se sentait épuisé. Maintenant, son corps lui paraissait lourd, lourd. Gaspard, qui avait sorti sa caméra, lui demanda de prendre la pose avec les marins. Quand il quitta enfin la passerelle, ils lui lancèrent tous : « Salut, capitaine Némo ! » Lui, il n'avait qu'une envie : fermer les yeux et glisser dans le sommeil.

– Tu as bien mérité un moment de repos, dit Gaspard. Ce soir, puisque tu aimes tant la mer, il y aura encore une surprise…

– Quoi ?

– Si je te le dis, ce n'est pas une surprise.

Les larmes de la Sirène

Ils faillirent arriver en retard, car Némo avait dormi jusqu'au soir. Habillés « en propre » avec un pantalon bien repassé, après avoir essayé plusieurs fois sans succès de joindre Léa aux États-Unis (« c'est terrible, ce décalage horaire ! », gémissait le malheureux Gaspard), les deux cousins s'étaient dirigés vers la grande salle des spectacles de la ville. Ils allaient assister à « une pièce de théâtre ». Némo ne savait pas bien de quoi il s'agissait. Il attendait, impatient, assis au deuxième rang à côté de Gaspard. La salle se remplissait rapidement, il y avait de nombreux enfants comme lui. Une question le tracassait.

– Dis donc, pourquoi ils m'ont appelé « capitaine » ?

– On ne t'en a pas parlé ? Le Capitaine Némo est le héros de *Vingt Mille Lieues sous les mers*, un livre célèbre de l'écrivain français Jules Verne. Le Capitaine Némo se méfie des hommes et s'est réfugié au fond des océans. Il voyage dans un sous-marin. Tes parents t'ont donné ce prénom en pensant à lui. Moi, je trouve ça joli.

– Il vit encore, le vrai Némo ?

– Mais non, c'est un personnage inventé. Jules Verne avait énormément d'imagination.

– C'est quoi, l'imagination ? Tu me demandes souvent d'« imaginer », mais je ne suis pas sûr de savoir.

Gaspard se frotta le crâne.

– L'imagination, commença-t-il, ce sont des images. Des images que l'on construit dans sa tête. Un peu comme un rêve, mais en restant éveillé et en dirigeant ses pensées. On invente des histoires et des personnages à qui on fait faire tout ce qui nous plaît. Avec l'imagination, on peut aller où on veut, vivre où on veut, faire ce qu'on veut.

– On peut voler, alors ?

– Oui. Comme Peter Pan : il s'envole de la fenêtre de sa chambre pour rechercher « l'île des enfants perdus ». Jonathan Livingston le goéland veut, lui, aller toujours plus vite, toujours plus haut.

– Ça a un nom, un goéland ?

– Dans les livres, tout est possible. On peut faire parler les animaux, traverser les miroirs, comme *Alice au pays des merveilles.* Découvrir des terres mystérieuses, comme Jim, dans *L'Ile au trésor*. Ou vivre sous les mers, comme *La Petite Sirène,* que nous allons voir maintenant.

– J'aimerais bien lire tout ça, dit Némo.

– Bien sûr. Comme tu as perdu la mémoire, tu peux redécouvrir tous les livres, veinard ! Si tu veux, j'écrirai dans ton carnet la liste des livres que j'ai aimés, et on y ira dans une librairie, d'accord ?... Attention, ça commence.

On tapa soudain une série de petits coups, suivis de trois grands coups, très, très fort. Quelqu'un devait être enfermé, songea Némo. Il faudrait lui ouvrir, ça va commencer. Effectivement, le grand rideau rouge se leva et découvrit un décor qui ressemblait au fond de la mer, comme Némo l'avait vu l'après-midi. De grandes algues en papier s'accrochaient à des rochers bleutés, des coquillages blancs se cachaient à demi dans une sorte de sable mousseux.

Une voix, qui semblait venir du plafond, se fit entendre :

« Bien loin, bien loin en plein océan, l'eau de la mer est bleue, bleue comme la corolle des plus frais bleuets et claire, claire comme le plus pur cristal. Et profonde, si profonde qu'aucune ancre ne peut en atteindre le fond. Il faudrait, pour arriver à la surface, entasser les clochers de bien des cathédrales. Tout en bas habite le peuple marin... »

La voix était douce, chaude. Et les phrases semblaient glisser doucement dans les airs. Némo se rappela ce qu'avait dit la prof de français.

– Ces mots font de la musique, chuchota-t-il. On entend la mer.

Gaspard lui jeta un regard étonné.

– Oui, c'est beau.

Il ne trouva rien d'autre à lui dire.

« Là poussent des plantes, des végétaux aux feuillages si souples qu'à la moindre agitation de l'eau, ils remuent et se meuvent comme s'ils étaient vivants. Les poissons, grands et petits, glissent ou se reposent entre ces rameaux, comme sur terre, les oiseaux parmi les arbres. »

La Petite Sirène arriva sur scène. On avait l'impression

Ma petite bibliothèque

Le Petit Prince - Antoine de Saint-Exupéry

20 000 lieues sous les mers - Jules Verne

Jonathan Livingston le goéland - Richard Bach

L'Ile au trésor - Robert-Louis Stevenson

La Petite Sirène - Hans Christian Andersen

Le Livre de la jungle - Rudyard Kipling

Charlie et la chocolaterie - Roald Dahl

Pinocchio - Carlo Collodi

Oliver Twist - Charles Dickens

Sans famille - Hector Malot

Les Aventures de Tom Sawyer - Mark Twain

Poil de carotte - Jules Renard

Les Quatre Filles du Docteur March - Louisa May Alcott

Les Malheurs de Sophie - la comtesse de Ségur

Mon bel oranger - José-Mauro de Vasconcelos

Contes du chat perché - Marcel Aymé

Les Trois Mousquetaires - Alexandre Dumas

Le Merveilleux Voyage de Nils Holgersson - Selma Lagerlöf

Alice au pays des merveilles - Lewis Caroll

Le Lion - Joseph Kessel

Peter Pan - James Barrie

Vendredi ou la vie sauvage - Michel Tournier

Journal - Anne Frank

Némo

qu'elle glissait. Elle peignait ses longs cheveux blonds, étirait sa queue de poisson. Une telle personne n'existe pas « en vrai », bien sûr. Mais ça ne faisait rien. Némo avait compris le monde des personnages imaginaires. Ils étaient plus drôles que les vrais.

La Petite Sirène habitait un palais en corail, décoré de fenêtres d'ambre et de toits de coquillages qui se fermaient et s'ouvraient avec le courant. Ça aurait dû lui faire plaisir. Mais elle voulait découvrir la Terre, le monde hors de l'eau. Bizarre, pensa Némo. Moi, je veux aller sous la mer et dans les airs. Et elle, elle veut aller sur la terre…

Drôle d'histoire… La Petite Sirène voulait absolument retrouver le prince qu'elle avait un jour sauvé du naufrage. Elle l'aimait. L'amour ! Décidément, on y revenait toujours.

Elle acceptait de perdre la voix pour avoir des jambes et vivre dans le monde des humains, même si elle devait en mourir… Quand une sirène mourait, son corps se transformait en écume et se dispersait dans l'océan. Les hommes, eux, avaient une âme, un truc qui ressemblait un peu à un ballon et qui, à leur mort, montait vers les étoiles. Comme cela, ils ne disparaissaient pas tout à fait.

« L'âme des hommes s'élève à travers les airs vers les étoiles brillantes, expliquait la grand-mère sirène. De même que nous, en sortant de l'eau, nous apercevons la Terre avec ses merveilles, de même leurs âmes montent vers des espaces aux splendeurs inconnues que nous ne verrons jamais. »

Pas de chance ! Le prince se mariait avec une autre, la fille d'un roi voisin qu'il ne connaissait pas. Comme la mère de Sunita si elle retourne en Inde, se dit Némo.

La Petite Sirène le prit très mal. Elle se jeta à l'eau, mais elle n'avait plus sa queue de poisson et, évidemment, elle se transforma en écume.

Raconter *une histoire*

Pour raconter une histoire, il est important de savoir dans quel ordre les choses se passent. Il faut donc utiliser le bon temps pour chaque verbe et les faire jouer tous ensemble en harmonie. C'est la concordance des temps. Il faut aussi utiliser le bon mode : l'indicatif est le plus fréquent, mais on a parfois besoin du subjonctif ou du conditionnel.
Le subjonctif s'emploie surtout après des verbes qui n'expriment pas nettement la réalité de ce qui va arriver (je regrette que, je crains que, je ne crois pas que, je souhaite que...). C'est difficile à " sentir ", on en prend l'habitude en lisant beaucoup.

Si on raconte l'histoire au présent :

Ce qui se passe en **même temps** doit être mis au **présent**.

Le Prince annonce *(présent)* qu'il se marie *(présent)*.

La Petite Sirène ne peut pas croire *(présent)* qu'il l'abandonne *(subjonctif présent)*.

Ce qui se passait **avant** doit être mis au **passé** : passé composé, imparfait, passé simple, ou subjonctif passé.

Le Prince annonce qu'il a pris *(passé composé)* sa décision.

Le Prince explique qu'il agissait *(imparfait)* souvent ainsi.

Le Prince déclare qu'à ce moment, il décida *(passé simple)* de ne plus la revoir.

La Petite Sirène ne croit pas encore qu'il l'ait abandonnée *(subjonctif passé)*.

Ce qui se passera **après** doit être mis au **futur simple**. Comme il n'y a pas de futur du subjonctif, on garde le présent. Dans ce cas, un complément peut indiquer le futur.

Le Prince affirme qu'il ne changera pas *(futur)* d'idée.

La grand-mère craint que la Petite Sirène meure *(subjonctif présent)* bientôt de chagrin. (bientôt *indique le futur*).

Si on raconte l'histoire au passé :

Ce qui se passait en **même temps** doit être mis à l'**imparfait**.

Le Prince annonça *(passé)* qu'il se mariait *(imparfait de l'indicatif)*.

La Petite Sirène ne crut *(passé)* d'abord pas qu'il pût *(imparfait du subjonctif)* la trahir.

Ce qui se passait **avant** doit être mis au **plus-que-parfait** :

Le Prince raconta qu'il l'avait déjà oubliée *(plus-que-parfait de l'indicatif)*.

La Petite Sirène refusa de croire qu'il se fût montré *(plus-que-parfait du subjonctif)* aussi cruel.

Ce qui se passera **après** doit être mis au **conditionnel présent**. Pour le subjonctif, on garde l'imparfait. Dans ce cas, un complément peut indiquer le futur.

Le Prince écrivit qu'il ne reviendrait plus *(conditionnel présent)*.

Il ne crut pas que la Petite Sirène voulût *(imparfait du subjonctif)* mourir le lendemain. (le lendemain *indique le futur*).

Némo

Pourtant, l'histoire finissait bien. Les bonnes filles de l'air rattrapèrent la Petite Sirène et la firent monter au ciel, parce qu'elle avait beaucoup souffert.

« Et la Petite Sirène en extase, levant le regard vers le ciel, sentit pour la première fois ses yeux se remplir de douces larmes », conclut la voix à la fin de la pièce. Et voilà encore l'eau dans les yeux, remarqua Némo.

Quand le rideau s'abaissa, tout le monde se mit à taper des mains l'une contre l'autre. Némo avait déjà vu ça à la télé. Il fit comme ses voisins, jusqu'à avoir mal aux doigts. Il s'agissait visiblement d'un signal pour faire revenir les personnages sur la scène. Mais ils ne jouaient plus et se contentaient de sourire.

– Tu as aimé ? lui demanda Gaspard en sortant du théâtre.

Némo lui lança un regard noir sans répondre.

– Disons-le plus simplement, insista Gaspard. Tu avais envie de rester ou de partir ?

Némo ne savait plus que penser. Il n'avait pas eu envie de partir, pas du tout. Si c'était ça « aimer », alors oui, il avait aimé. Sauf ce truc d'amour justement, d'âme et de larmes.

– Moi, j'ai trouvé ça beau, commenta Gaspard.

– Comment on sait si c'est beau ? demanda Némo.

Gaspard réfléchit un long moment.

– Pas facile ! En tout cas, il ne faut pas attendre qu'on te le dise. Souvent, les gens se contentent de faire comme les autres. Ils applaudissent parce que les autres applaudissent. Ils disent que cette peinture est belle parce qu'ils ont entendu les autres dire qu'elle était belle… En fait, il faut du courage pour réfléchir tout seul. Avoir soi-même une opinion, même si parfois tu es le seul à penser ainsi, cela s'apprend.

– Mais comment ?

– Il faut que tu écoutes très souvent de la musique, que tu

Des personnages **très actifs**

Dans les romans, les écrivains utilisent des verbes très variés pour décrire tout ce qui arrive aux personnages. Et pour bien conjuguer les verbes, il n'y pas de miracle : il faut apprendre les conjugaisons dans le fameux livre de M. Bescherelle. On y trouve tous les groupes, tous les modes, tous les temps. On applique toujours le même principe : prendre le radical du verbe (la partie qui ne change pas), et ajouter la bonne terminaison. Certains verbes – comme **aller** *– sont tellement irréguliers qu'on ne reconnaît même plus le radical. Heureusement, ils sont rares.*

Attention *: une même idée peut souvent être exprimée à la voix active ou à la voix passive.*
Et là, il ne faut pas se tromper de temps.

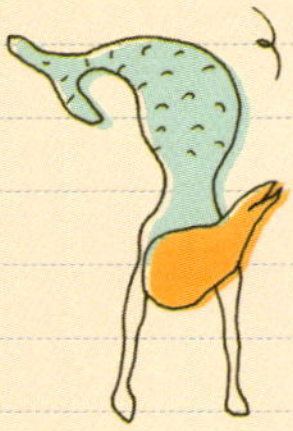

Un verbe est à la voix active quand le sujet fait l'action.
ex. : La Petite Sirène sauve le Prince.

Un verbe est à la voix passive quand le sujet subit l'action.
ex. : Le Prince est sauvé par la Petite Sirène.

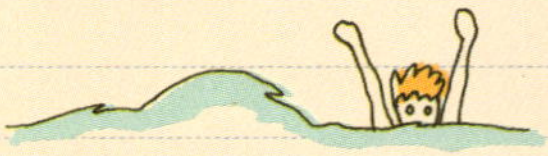

Pour passer de la voix active à la voix passive :
*Le c.o.d. (*le Prince*) devient sujet.*
*Le sujet (*la Petite Sirène*) devient complément d'agent.*
*Le verbe se transforme en verbe être + participe passé (*est sauvé*).*

Attention *: il faut conjuguer le verbe* **être** *au même temps que le verbe de la voix active.*

La Petite Sirène sauve le Prince. Le Prince **est** sauvé par la Petite Sirène.
(C'est toujours un présent.)
La Petite Sirène sauvait le Prince. Le Prince **était** sauvé par la Petite Sirène.
(C'est toujours un imparfait.)
La Petite Sirène sauva le Prince. Le Prince **fut** sauvé par la Petite Sirène.
(C'est toujours un passé simple.)
La Petite Sirène a sauvé le Prince. Le Prince **a été** sauvé par la Petite Sirène.
(C'est toujours un passé composé.)
La Petite Sirène avait sauvé le Prince. Le Prince **avait été** sauvé par la Petite Sirène.
(C'est toujours un plus-que-parfait.)
La Petite Sirène sauvera le Prince. Le Prince **sera** sauvé par la Petite Sirène.
(C'est toujours un futur.)

Némo

regardes de nombreux tableaux, que tu lises beaucoup de livres, et petit à petit, sans même que tu t'en aperçoives, tu commenceras à savoir ce que tu trouves beau ou non, ce que tu aimes et ce que tu n'aimes pas. En fait, le beau, on ne le « sait » pas. On le sent.

Némo réfléchit un moment. Intéressant, ce que disait Gaspard. Oui, mais voilà : comment fait-on pour « sentir » ?

– Aie confiance en toi. Sois attentif à ce qu'il y a au fond de toi. Quand tu as dit tout à l'heure que les mots faisaient de la musique, répondit Gaspard, cela voulait dire que tu les trouvais beaux. Les mots avaient déclenché quelque chose en toi, quelque chose d'agréable : une émotion.

– C'est ça, une émotion ? Le truc que j'ai oublié ? Entendre la musique des mots ?

– Oh ! pas seulement. Aujourd'hui, quand tu as crié : « J'aime la mer ! », c'était aussi une émotion : tu étais heureux. Et moi aussi, ça me rend heureux.

Gaspard avait raison. Némo se rappelait très bien comment il avait senti quelque chose de chaud à l'intérieur de lui quand il avait nagé. Il était donc en train de les retrouver, ces fameuses émotions…

– Et les larmes ?

– Là, l'émotion déborde, il y en a trop ! Parce qu'on est très triste ou au contraire très content. Par exemple, quand on aime très fort quelque chose ou quelqu'un.

Et voilà. Impossible d'y échapper, se dit Némo. Ce genre de discussions finissait toujours par l'amour. Aimer la mer, oui. Mais une personne ? Comment savoir ?

Devant eux, dans le petit port, les bateaux se balançaient doucement au bout de leurs amarres. En haut de chaque mât brillait une petite lumière qui se détachait dans la nuit comme une étoile supplémentaire. On ne percevait plus la différence entre le ciel et la terre. Némo et Gaspard se promenèrent un moment sur le quai avant de rentrer.

– L'amour, ça ne marche jamais ! Regarde la Petite Sirène ! affirma Némo, de retour à l'hôtel, alors que Gaspard, une fois de plus, essayait de joindre sa Léa aux États-Unis.

– Ne prends pas tout au pied de la lettre, répliqua son cousin en reposant le téléphone. La Petite Sirène n'existe pas. C'est une histoire, une légende.

– Et ta Léa, elle existe vraiment ?

Gaspard le regarda, l'air contrarié.

– Oh, mais tu es vraiment en train de redécouvrir des émotions. Tu commences même à être méchant ! Tiens, écoute.

Il recomposa un numéro sur le téléphone, attendit un moment, tapa un code et tendit l'appareil à Némo. Celui-ci entendit une voix de femme, enregistrée sur le répondeur de Gaspard à Paris. La voix était… sucrée, se dit Némo.

« Gasp, c'est moi. Où es-tu passé ? Je n'ai plus de nouvelles de toi et je n'arrive pas à te joindre. C'est un cauchemar. Je pars sur la côte Ouest. Appelle-moi, je t'en prie, tu me manques tellement. Je t'aime trop. »

– Pourquoi « trop » ? demanda Némo.

Gaspard était un peu gêné.

– C'est pour dire plus que « très ». Quelquefois, on n'arrive pas à trouver des mots assez forts. Alors, on invente des petites choses comme ça.

Gaspard s'était assis sur le lit. Il avait l'air épuisé. Triste, comprit Némo. Comme s'il avait mal.

– Excuse-moi, dit-il doucement en passant la main sur l'épaule de Gaspard, comme la grand-mère avec la Petite Sirène. Ça fait mal, une émotion ?

– L'amour est un plaisir. Et une souffrance. Tu comprendras ça plus tard.

– Pas moi, non, merci ! D'ailleurs, le docteur me l'a dit !

– Tu ne vas pas recommencer ! répliqua Gaspard. Bien sûr que si ! Tout le monde le peut. Tous les êtres humains ont besoin d'aimer. C'est même ce qui les distingue des animaux. Maintenant, il faut dormir, Némo. Demain, nous devons partir très tôt. Nous irons à la recherche des premiers hommes, justement, dans un endroit extraordinaire que très peu de gens peuvent visiter.

Némo se mit au lit sans se faire prier. Il avait la tête pleine d'images sous-marines. Il essaya de penser très fort à la Petite Sirène et à ses aventures de l'après-midi. Peut-être qu'en y pensant très fort, on pouvait commander ses rêves ?

Chapitre 7
Tu fais partie d'une espèce

Le trésor de Lascaux

C'était sans doute l'un des lieux les mieux gardés de la planète, avait dit Gaspard… L'entrée de la grotte était cachée au sommet de la montagne qui surplombait le petit village de Montignac. Il leur avait d'abord fallu pénétrer dans une enceinte grillagée, descendre un discret escalier de pierre qui s'enfonçait dans le rocher, franchir une première porte blindée, puis une deuxième…

Gaspard, pour une fois, se taisait. Ils allaient découvrir la grotte la plus célèbre du monde, la fameuse grotte de Lascaux : le chef-d'œuvre de la préhistoire. Les touristes, eux, ne pouvaient voir qu'un faux Lascaux, une reproduction installée à proximité. La vraie grotte était normalement interdite à tout le monde. Sauf, ce jour-là, à Némo, à Gaspard et à l'archéologue qui les guidait.

– Pourquoi est-elle interdite ? demanda Némo.

– Pour la protéger ! expliqua l'archéologue. Il parlait en roulant très fort les « r » et trottait à toute allure, en dépit de son ventre rebondi. En respirant, tu sais que nous rejetons du gaz carbonique ?

– Je sais ! répondit Némo. On absorbe de l'oxygène, on rejette du gaz carbonique. C'est l'inverse pour les plantes.

– Très bien, très bien… Donc, si un trop grand nombre de personnes pénètrent dans la grotte, leur gaz carbonique s'accumule et détruit les peintures, qui sont très vieilles et très fragiles. Tu te rends compte ? Nous avons ici les premières peintures faites par des hommes, il y a 17 000 ans. Un véritable trésor !

– Mais notre respiration à nous, alors ?

– Nous, nous avons une autorisation spéciale ! Nous ne sommes que trois et nous ne pourrons pas rester plus de vingt minutes à l'intérieur. Cela ne causera pas de dommages aux peintures. Et puis, il faut aussi désinfecter nos chaussures.

Il leur désigna un petit bac rempli de liquide.

– Trempez-y vos semelles. Cela évitera de polluer la grotte avec des microbes ou des pollens.

– Ben dis donc, soupira Némo, impressionné par toutes ces précautions.

Ils descendirent un tunnel abrupt, creusé dans la roche. On n'entendait plus que des clapotis d'eau sous la voûte. L'air sentait la vieille terre.

– L'odeur du passé, chuchota Gaspard. Il parlait bas, comme pour partager un secret.

Ils firent encore quelques pas dans l'obscurité. Leur guide avait éteint sa lampe torche, pour habituer leurs yeux à la pénombre et les préparer au choc qu'ils allaient recevoir. Il leur ordonna de s'arrêter.

– Regarde bien, Némo. Nous entrons dans la préhistoire.

La lampe s'alluma. Et Némo vit…

Autour de lui, au-dessus de lui, devant lui, se déployait un spectacle magique : d'énormes taureaux, des chevaux à la noire crinière, des vaches, des cerfs… Des animaux splendides peints et gravés sur la roche. Si beaux, si fins, qu'ils semblaient avoir été dessinés la veille… L'œuvre d'art de nos ancêtres, il y a 17 000 ans.

Ils restèrent longtemps sans dire un mot. Le premier, Némo osa rompre le silence.

– Mais pourquoi les hommes de la préhistoire ont-ils dessiné ces animaux dans des endroits aussi cachés ?

L'archéologue sourit. Son visage se plissa.

– Bonne question, bonne question, répéta-t-il. S'ils avaient voulu montrer leurs peintures, ils les auraient faites dans des lieux plus accessibles, moins secrets.

– Alors pourquoi ?

Némo voulait une réponse.

– Sans doute pour des cérémonies secrètes, pour communiquer avec leurs dieux.

– Qu'est-ce que c'est, un dieu ? demanda tranquillement Némo.

Leur guide leva haut ses sourcils en broussaille. Gaspard intervint :

– Une force supérieure invisible, toute-puissante, qui dirigerait la nature et le destin des hommes.

– Exactement ! Exactement ! confirma l'archéologue. En allant si profondément dans les grottes, les hommes de Lascaux croyaient peut-être entrer dans un autre monde, un monde magique. Mais on ne sait pas qui étaient leurs dieux, et on ne le saura sans doute jamais.

Ils avancèrent encore un moment dans les étroits tunnels recouverts de peintures. Puis leur guide tapota sa montre et leur dit à regret :

– Il faut remonter maintenant.

Némo et Gaspard regardèrent encore les fresques sur les murs, pour bien les inscrire dans leur mémoire.

– Ça, je n'oublierai pas, dit Némo à Gaspard. Qu'est-ce que tu as ?

– Rien, répondit Gaspard en l'entraînant dans l'escalier.

Mais Némo s'en était aperçu : Gaspard avait les yeux brillants. Ça recommençait ! Des larmes d'émotion… Némo ferma très fort les paupières. Rien à faire. Pas la moindre goutte d'eau. Mais comment faisait-on ?

Nous sommes tous des singes africains

Devant eux, la montagne s'étirait en une dentelle de rocaille escarpée. Assis sur un rocher en compagnie de Gaspard, au bord de la route qui redescendait à Montignac, Némo imaginait les premiers hommes, vêtus de peaux de bêtes, trébuchant dans les pierres. Il les voyait transpirant à grosses gouttes, en train d'escalader les parois… Quelle drôle de vie ils avaient dû avoir ! D'où venaient-ils ? Ils descendaient des singes, avait dit Gaspard. Mais comment ?

– Alors les premiers hommes ? demanda Némo. Comment sont-ils « descendus » des singes ?

– Ah, nous y voilà ! fit Gaspard.

Il réfléchit un moment, puis poursuivit :

– Les singes sont un peu nos cousins.

– C'est toi le singe, alors ! Avec tes longs bras, tu descends peut-être du singe, mais pas moi !

– Merci ! Quand on dit « l'homme descend du singe », cela ne veut pas dire que notre ancêtre était un chimpanzé. Cela veut dire que les êtres humains et les singes ont eu, il y a bien longtemps, un ancêtre commun. C'était il y a 7 millions d'années.

– Ouah ! s'écria Némo. Bien plus vieux que les peintres de Lascaux !

– Absolument. Il a fallu des millions d'années, et des générations et des générations pour que cet animal change.

– Évolue, interrompit Némo.

– Si tu veux… Nos lointains ancêtres étaient des animaux à quatre pattes, qui mangeaient des fruits et des racines, et qui vivaient en Afrique. On pense que, dans la région où ils vivaient, le climat est devenu plus sec. La forêt a laissé place à la savane, une sorte de désert avec quelques arbustes. Petit à petit, les animaux qui restaient dressés sur leurs deux pattes de derrière ont été avantagés. Ils pouvaient voir plus loin, surveiller les alentours, garder les mains libres pour se servir d'outils.

– Ils étaient encore singes ?

– Entre les deux. Pas encore vraiment des hommes, mais plus vraiment des singes. On les appelle des « australopithèques ».

– Mais comment on sait tout cela ?

Gaspard soupira. Toujours la même chose ! Avec Némo, il ne suffisait pas de lui dire ce qu'on savait. Il fallait aussi raconter comment on le savait. Il reprit patiemment :

– Les archéologues ont retrouvé des centaines de fossiles, des os, surtout des fragments de mâchoires ou des dents qui sont plus résistantes. Ils ont réussi à reconstituer les squelettes de nos ancêtres.

– Comme pour les fossiles de la mer ?

– Exactement. Avec des machines qui analysent les atomes, ils peuvent évaluer l'âge de ces ossements.

– D'accord, mais des petits bouts d'os ne peuvent pas nous dire comment ils vivaient, nos ancêtres !

– Si, justement ! En examinant une dent avec des microscopes puissants, on voit de minuscules rayures, invisibles à l'œil nu, qui nous indiquent ce que la personne mangeait, si elle était végétarienne ou non, par exemple. En étudiant un morceau de fémur, on peut savoir si son propriétaire marchait sur ses deux jambes, s'il grimpait aux arbres. Tu as entendu parler de Lucy ?

– C'est une fille ?

Gaspard éclata de rire.

– Si on veut. Une australopithèque fille en tout cas, qui vivait il y a 3,5 millions d'années. Son squelette est le plus complet qu'on ait jamais retrouvé. Grâce à elle, on a appris énormément de choses sur nos ancêtres. Lucy était petite, pas plus d'un mètre de haut, elle était végétarienne, elle gambadait en se tenant un peu voûtée, elle grimpait aux arbres, elle utilisait déjà des petites pierres pour éplucher les racines...

– Ben dis donc... Némo était épaté. Elle ne devait pas être terrible ! C'est elle, le premier homme... Euh, la première femme ?

– Les premiers hommes sont en fait les descendants d'australopithèques. Ils sont apparus il y a 3 millions d'années.

– Ils vivaient en Afrique, eux aussi ?

– Au début, oui. Il faut que tu comprennes bien ça, Némo : tous les hommes ont la même origine ! Rappelle-toi le début de notre histoire : le big bang, les morceaux d'atome qui s'assemblent, les galaxies et les étoiles qui se forment. Puis les planètes, et sur la Terre la vie qui se développe, les algues, les animaux et nous, les hommes. Nous sommes les descendants des galaxies, des bactéries et des singes. Et que nous soyons aujourd'hui blancs, noirs, asiatiques ou esquimaux, nous appartenons tous à la même espèce, nous sommes tous des descendants d'un ancêtre africain !

Le rocher du Causse

L'air sentait le thym et la roche chaude. Némo appuyait sa tête contre la portière, pour mieux laisser le vent lui caresser le visage. C'était l'odeur du Midi, quelque chose qui donnait envie de s'asseoir à l'ombre d'un arbre et de rêver. Mais inutile d'y penser, Gaspard était pressé d'arriver à sa prochaine étape. La voiture traversait des vallées sèches et des collines recouvertes de petits chênes verts. Les villages étaient rares. Le paysage ne devait pas avoir beaucoup changé depuis l'époque des premiers hommes… Némo réfléchissait toujours à ce que Gaspard lui avait expliqué. Tous des singes africains… Une seule espèce d'homme… « Les races n'existent pas, avait répété son cousin. Peu importe le pays d'où l'on vient, ou la couleur de notre peau ; nous appartenons tous à la même espèce humaine ».

– En vrai, on est des hommes ou des animaux ? demanda Némo au bout d'un moment.

Gaspard mit un certain temps avant de répondre.

– Nous sommes des animaux mammifères, vertébrés, primates. Mais nous sommes plus que des animaux. Depuis le début, les êtres humains ont fait ce qu'aucune autre espèce n'avait pu faire : ils ont commencé à maîtriser la nature et à sortir du monde animal.

– Mais comment ?

– Ils ont évolué pendant des centaines de milliers d'années et sont devenus de plus en plus intelligents, de plus en plus capables de comprendre le monde et de se comprendre eux-mêmes. Ce furent d'abord les *Homo habilis* (homme habile), puis les *Homo erectus* (homme debout), et enfin les *Homo sapiens* (homme savant), qui sont apparus il y a 500 000 ans. Nous, nous sommes des *Homo sapiens.*

– Mouais… Je ne suis pas si savant que ça.

– Tu es en tout cas intelligent. Les premiers *Homo* avaient déjà un cerveau plus gros que les australopithèques et ils savaient fabriquer des outils perfectionnés, des silex taillés. On appelle d'ailleurs cette époque le « Paléolithique » : l'époque de la « pierre ancienne ». Puis il y a 500 000 ans, leurs descendants ont découvert le feu.

– Ils l'ont trouvé où ?

Gaspard sourit.

– Chez le marchand d'allumettes ! Non, je rigole, le feu existait dans la nature, dans les forêts embrasées par la foudre, dans la lave des volcans… Imagine nos premiers hommes, fuyant devant la savane en flammes. Comme ils devaient avoir peur !

– Peur ? Ils croyaient qu'ils allaient avoir mal ?

– Peut-être… Imagine-les aussi, par une nuit sans lune, totalement plongés dans l'obscurité, exposés à tous les dangers des animaux sauvages… Alors, ils ont appris à conserver des braises pour faire un feu de bois, et un jour, ils ont su eux-mêmes créer des flammes en frottant un bâton contre des feuilles sèches, ou deux silex l'un contre l'autre. En apprivoisant le feu, ils ont pu se protéger contre les bêtes sauvages, cuire la viande, se chauffer…

– Ils vivaient toujours en Afrique ?

– Ils ont commencé à voyager, ils se sont installés de plus en plus loin, en Asie, en Europe. Là, une espèce un peu particulière, l'homme de Neandertal, a vécu longtemps, de – 250 000 à – 40 000 ans, puis a disparu.

– Pourquoi ?

Gaspard jeta un regard de côté à Némo.

– Écoute, toute cette histoire a été reconstituée grâce à des bouts d'os. On ne sait pas tout... Les neandertaliens ont vécu en même temps que nos ancêtres *Homo sapiens*, les hommes de Cro-Magnon. Peut-être se sont-ils battus entre eux, peut-être ont-ils été exterminés ? Tout ce que l'on sait, c'est que seuls les Cro-Magnon sont restés.

– Et après ?

– Ils ont fait des enfants, ils se sont multipliés et ils ont colonisé la planète ! Il y a 3 millions d'années, les hommes n'étaient que 150 000 sur la Terre. Ils étaient 20 millions il y a 10 000 ans.

– Et aujourd'hui, presque 6 milliards, se rappela Némo. Tu me l'as déjà dit.

– Regarde, interrompit Gaspard, en engageant la voiture sur une petite route sinueuse.

Par la fenêtre, Némo aperçut une montagne droite et escarpée qui se dressait comme une muraille rocheuse. Elle ressemblait à un château abandonné.

– Le rocher du Causse, annonça Gaspard. C'est là que nous allons.

La route était devenue un chemin de terre, qui grimpait entre les chênes. Après une longue ascension, ils arrivèrent devant une ferme isolée. Il fallait continuer à pied, sur un sentier de rocailles en pente raide. Les pierres roulaient sous leurs chaussures et les faisaient parfois trébucher.

– Nous allons changer d'époque, expliqua Gaspard d'une voix essoufflée. La préhistoire des hommes a été très longue. Pendant longtemps ils ont vécu de la même manière : ils vivaient de la chasse et de la cueillette et changeaient de territoire en permanence, ils étaient nomades.

– Comme nous ! fit Némo, qui montait vaillamment, les mains enfoncées dans ses poches.

– Nous, nous ne sommes nomades que le temps d'un voyage ! Eux, ils l'étaient toute leur vie. Et puis, il y a 10 000 ans, le climat se réchauffe, les forêts se développent, denses, sombres, encombrées d'arbres pourrissants et de buissons. Les hommes découvrent qu'ils peuvent cultiver des plantes et élever des animaux, sans être obligés de toujours aller à la cueillette ou à la chasse. Ils inventent l'agriculture et l'élevage. Un changement considérable !

– Pourquoi considérable ?

– Mais parce que les humains commencent à maîtriser la nature ! Ils deviennent sédentaires.

– C'est-dans-quoi ? demanda Némo.

– Sédentaires, répéta Gaspard en souriant. Tu fais des jeux de mots encore plus mauvais que les miens ! Cela veut dire que les hommes ne sont plus nomades. Cette époque s'appelle le « Néolithique », c'est-à-dire l'âge de la pierre taillée.

Gaspard s'interrompit un moment pour reprendre son souffle. Puis il poursuivit :

– Avec des haches faites d'un manche de bois et d'une lame de pierre polie, les humains dégagent des petites clairières dans la forêt pour y créer des villages et des champs : ce sont les premiers paysans.

Némo ne résista pas à l'envie de poser sa question favorite :

– Comment le sait-on ?

– Tu vas le voir… fit Gaspard, qui transpirait à grosses gouttes.

Quelques minutes plus tard, ils parvenaient enfin au sommet du rocher. Là, s'étendait justement une clairière qui dominait toute la vallée. On distinguait parfaitement les plaines en contrebas. Tout autour de Némo, ce n'était qu'un encombrement de vieilles pierres.

– Les ruines d'un village, expliqua Gaspard.

Un groupe de femmes et d'hommes, tous coiffés d'un chapeau à cause de la chaleur, grattait le sol avec des pinceaux et des pelles minuscules. L'un de ces bizarres ouvriers s'avança à la rencontre de Némo et Gaspard.

– C'est notre archéologue, chuchota Gaspard à l'attention de Némo.

– Bienvenue au Néolithique ! lança le chercheur, en guise de salut. Voilà donc notre jeune Némo ! Alors, qu'en dis-tu ? Ici, il y a 3 000 ans, se dressaient des maisons en pierre recouvertes d'un toit de chaume, tu vois ?

L'homme parlait avec l'accent chantant du Midi et finissait toutes ses phrases par « tu vois » en regardant Némo. Bien sûr qu'il voyait ! Il était amnésique mais pas aveugle, quand même…

Némo observait le village. Ou du moins ce qu'il en restait : des petits murs, des éclats de poteries… Il fallait faire un grand effort « d'imagination » pour essayer de reconstituer les maisons dans sa tête.

Des fils tendus au-dessus du sol délimitaient des petits carrés, comme le quadrillage d'un cahier d'écolier. Chaque parcelle avait un numéro et on notait soigneusement tout ce qu'on y trouvait. Il fallait être très patient et très méticuleux, car un simple morceau de poterie pouvait donner des renseignements sur la manière dont vivaient les anciens habitants. Parfois, par chance, on trouvait aussi des ossements.

Ça doit être pour cela qu'on les appelle des « chercheurs », se dit Némo, en regardant le travail des archéologues. Passer l'été à quatre pattes, à gratter la terre avec des espèces de brosses à dents, quel étrange travail !

– Ici, on a retrouvé les traces d'un foyer où on préparait la nourriture, tu vois ? poursuivait leur guide. En étudiant le bois calciné, on sait qu'il y avait des érables, des chênes, et on peut reconstituer la végétation de l'époque. On a aussi trouvé des graines qui indiquent qu'ils cultivaient de l'orge, du blé. Et des restes d'animaux qui nous prouvent qu'ils élevaient des moutons, des chèvres, des bœufs et chassaient encore le cerf, le chevreuil et les sangliers, tu vois ?

– C'est le premier village du monde ? demanda Némo.

– Non, l'un des plus anciens date de – 9000 ans et se trouve à Jéricho, en Palestine. C'est bien plus vieux, tu vois ?

Némo voyait surtout les énormes nuages noirs qui s'accumulaient rapidement au-dessus de leurs têtes. En quelques minutes, le vent se leva, le tonnerre se mit à gronder et une véritable douche s'abattit sur eux. Tout le monde se replia sous les toiles de tente disposées au-dessus des murets.

– Les orages arrivent toujours très vite dans cette région, commenta Gaspard, trempé. Ses cheveux, habituellement raides, commençaient à friser. L'archéologue, lui, continuait de raconter son histoire, comme si de rien n'était :

– Au Moyen-Orient, puis dans le midi de la France, les hommes ont appris à cuire l'argile pour fabriquer des poteries et conserver les aliments. Plus tard, ils ont fabriqué des métaux, surtout du bronze, en mélangeant de l'étain et du cuivre. Le Néolithique, ce fut une vraie révolution dans l'histoire du monde, tu vois ?

Némo fronça les sourcils.

– Une quoi ?

– Révolution. Cela veut dire que tout a changé pour les hommes à ce moment-là : leur manière de vivre et aussi la façon de se comporter les uns avec les autres, tu vois ? Ils se regroupent en villages, ils se répartissent les terrains à

Et voici **l'Homme** !

Les lointains ancêtres

– 35 millions d'années *Les grands singes peuplent l'Afrique*
– 7 millions *Certains grands singes font bande à part et vont évoluer à leur manière.*
– 3,5 millions *Pas encore hommes, plus vraiment singes, les australopithèques, comme Lucy, vivent souvent debout sur leurs deux pattes de derrière. Leur espèce disparaîtra vers – 1 million d'années.*
– 3 millions *Les premiers hommes (Homo habilis) vivent en Afrique. Ils savent fabriquer des outils en pierre et des objets très simples (jusqu'à – 1,5 million).*

L'époque du Paléolithique (de l'ancienne pierre)

– 1,7 million *Une autre espèce d'homme, plus évoluée, qui possède un cerveau plus gros, l'Homo erectus (homme debout), perfectionne les outils de pierre taillée (silex et quartz).*
– 1 million *Voici l'homme « savant », l'Homo sapiens.*
– 500 000 ans *L'homme maîtrise le feu.*
– 250 000 ans *Une espèce curieuse d'Homo sapiens, l'homme de Neandertal, apparaît. Il vivra jusqu'à – 35 000*
– 150 000 ans *C'est un autre Homo sapiens, l'homme de Cro-Magnon, qui se développe au Proche-Orient et va peupler l'Europe à partir de – 40 000. Il est notre ancêtre direct et nous ressemble : même physionomie, même intelligence. Les Cro-Magnon sont des nomades : ils se déplacent, chassent et pêchent pour se nourrir.*
– 45 000 ans *Les hommes arrivent en Amérique.*
– 17 000 ans *En France, des hommes de Cro-Magnon peignent la superbe grotte de Lascaux.*

L'époque du Néolithique (de la pierre nouvelle)

– 10 000 ans *C'est le grand changement. Au Proche-Orient, les hommes inventent l'agriculture, l'élevage, et créent les premiers villages. Ils deviennent sédentaires.*
– 6 000 ans *Ils fabriquent des poteries et fondent les premières villes en Mésopotamie.*
– 4 500 ans *Les hommes élèvent des dolmens et des menhirs et vont développer la métallurgie du cuivre.*

à suivre...

Némo

cultiver, ils se donnent des chefs. Petit à petit, certaines familles deviennent plus riches que les autres.

Némo posa sa question piège :

– Comment le sait-on ? Ça, on ne peut pas le voir dans le sol !

– Mais si ! Dans certaines tombes, on a retrouvé de nombreux objets qui indiquaient la richesse. C'était certainement les tombes de gens plus importants que les autres, tu vois ?

Gaspard soupira.

– Déjà ! Des pauvres, des riches et des « importants » !

– À cette même époque, ajouta l'archéologue, les hommes édifient des dolmens, qui sont de gigantesques tombes. Ils élèvent également des menhirs, de longues pierres dressées sans doute pour les aider à se repérer dans le ciel, ils fabriquent de superbes statuettes et de nombreux objets d'art, tu vois ?

– Tu vois, ajouta Gaspard, qui avait repris sans s'en apercevoir le tic de l'archéologue, les hommes sont devenus bien différents des animaux. Se libérer de la nature, en inventant l'élevage et l'agriculture, c'était bien. Mais cela va aussi leur causer des problèmes : des chefs vont prendre le pouvoir, les gens vont se quereller, les inégalités entre les riches et les pauvres vont augmenter…

L'orage s'était éloigné aussi rapidement qu'il était arrivé. Après avoir remercié les chercheurs et filmé longuement Némo au milieu du grand chantier de fouilles, Gaspard l'entraîna vers le chemin du retour.

– C'est donc ça, la différence entre l'homme et l'animal ? demanda Némo, au bout d'un moment. « Dominer » la nature ?

Gaspard le regarda, étonné.

– Bien vu ! Mais les hommes sont aussi devenus plus fragiles. Un bébé humain ne pourrait pas vivre s'il était abandonné seul, sans adultes pour lui apprendre à se débrouiller. L'homme n'est rien sans les autres, Némo. Nous avons tous besoin d'apprendre et de partager ce que nous savons.

– L'école ? fit Némo, avec une moue.

– Pas seulement. L'être humain est le seul à se poser des questions sur lui-même, le seul à penser au futur, le seul à savoir qu'il va mourir. Le seul aussi à connaître des émotions.

– C'est gai ! se dit Némo, impressionné par le discours un peu savant de Gaspard. Alors moi, je ne suis plus un être humain.

– Mais si ! s'indigna Gaspard. Tu es tout ce qu'il y a de plus humain. Tes émotions se sont perdues quelque part, mais tu les retrouveras. Et pour ce qui est de poser des questions, je ne m'inquiète pas…

Devant la ferme, ils retrouvèrent la voiture. Némo s'y engouffra et s'allongea immédiatement sur la banquette arrière. La journée avait été si longue…

– Ne pense plus à tout cela, ajouta Gaspard en démarrant. Repose-toi. Demain, nous reprenons un avion. Direction l'Égypte. Un autre pays. Une autre civilisation…

– Oui, répondit faiblement Némo.

L'idée de reprendre l'avion lui plaisait. Il adorait voir le monde de haut. Peut-être le laisserait-on encore s'asseoir dans le siège du pilote ?

Chapitre 8
Tu es civilisé

Némo au Caire

Une grappe d'enfants s'était formée autour de Némo et le pressait de tous côtés. Ils criaient des mots incompréhensibles en lui tendant des cartes postales. Gaspard le tira par la manche de son tee-shirt, en accélérant le pas pour essayer de se dégager. Le groupe les suivit en chahutant, puis disparut dans la cohue.

Les rues du Caire n'étaient qu'un gigantesque embouteillage. Des camions d'un autre âge bloquaient l'avenue, en se moquant des coups de sifflet d'un bonhomme en uniforme. Les automobiles, à moitié déglinguées, klaxonnaient sans discontinuer. Et des petits ânes, qui croulaient sous les fardeaux, trottinaient difficilement dans la poussière, au milieu d'une foule ininterrompue de piétons.

L'Égypte, quelle pagaille ! Pas étonnant, ils se trouvaient dans la plus grande ville d'Afrique : dix millions d'habitants ! Némo s'efforçait de se tenir le plus loin possible des voitures, mais en même temps il trouvait tout cela plutôt rigolo. Les gens se retournaient sur son passage ; quelqu'un vint même toucher les cheveux de Gaspard.

– Tu as des poux ou quoi ? demanda Némo qui se souvenait d'un horrible documentaire à la télévision.

On y voyait d'affreuses bêtes à pinces, qui couraient sur le crâne d'un enfant et lui suçaient le sang.

– Je ne pense pas, dit Gaspard en se grattant automatiquement la tête. Mais je suis blond. Ici, c'est rare…

La plupart des femmes qu'ils croisaient étaient vêtues de noir, et cachaient leur visage derrière un voile. On n'apercevait que leurs yeux. Les hommes, eux, étaient habillés de longues tuniques bleues ou blanches. Au milieu des voitures, un serveur, portant à bout de bras un large plateau de thé, tentait de se frayer un chemin en chantonnant. Némo regardait partout à la fois. Cela faisait à peine deux heures qu'il était arrivé, mais il se sentait déjà abruti par la chaleur et le vacarme.

Gaspard l'entraîna sous un porche blanc. Ils se retrouvèrent dans le petit jardin d'un café planté de palmiers, au milieu duquel jaillissait une fontaine. Il y régnait une délicieuse fraîcheur et des petits oiseaux impertinents sautillaient sur les tables. Là, les bruits de la ville n'étaient plus qu'une lointaine rumeur.

Gaspard commanda du thé à la menthe et des falafels, de drôles de petits gâteaux salés et croustillants que l'on trempait dans une sauce crémeuse.

– C'est bon, murmura Némo en se léchant le bout des doigts.

– Les Égyptiens en mangent tous les jours, répondit Gaspard. On les prépare avec des fèves, des sortes de pois écrasés en purée.

Près de leur table, des hommes, accroupis, bavardaient tout en suçant tranquillement le bout d'un long tuyau relié à un grand vase. Némo les regardait avec curiosité.

– Ils fument des narguilés, des pipes à eau si tu préfères, pour respirer les vapeurs de tabac, commenta Gaspard. Un peu comme des cigarettes.

– Pourquoi ils sont par terre ?

– C'est comme ça ici.

– Pourquoi ils portent des robes ? Ils ont moins chaud que moi avec mon jean ?

– Probablement.

– Pourquoi il n'y a que des hommes ?

– Les femmes n'ont pas le droit d'entrer dans les cafés.

– Pourquoi elles n'ont pas le droit ?

Gaspard éclata de rire…

– Pourquoi, pourquoi, pourquoi ? Tu n'en finis pas avec tes pourquoi ! Parce qu'ici, tout est différent, voilà ! C'est justement ce que je voulais que tu voies. Nous sommes dans une autre civilisation.

– Civiliquoi ?

Gaspard se pencha vers lui.

– Ci-vi-li-sa-tion, articula-t-il. C'est la manière de vivre et de penser de tout un peuple.

– Les Égyptiens pensent tous la même chose ?

Gaspard leva les yeux au ciel, d'un air que Némo commençait à connaître et qui signifiait « je ne vais pas m'en sortir avec cet animal-là ».

– Mais non. Chaque d'entre eux est différent des autres. Chaque individu est unique.

– J'ai déjà entendu ça quelque part, interrompit Némo avec un petit air narquois.

– Et pourtant, dans chaque région du monde, les gens ont un peu la même manière de parler, de bouger, de rire. Et aussi de comprendre le monde, d'expliquer la vie, la mort… C'est cela, une civilisation.

– Tout ça à la fois… Mais pourquoi il y a des civilisations ?

Gaspard fit un large sourire.

– C'est la suite de notre histoire… Au Néolithique, des groupes de gens ont commencé à vivre ensemble, dans les premiers villages, tu te souviens ?

– Dis donc, c'est toi qui perds la mémoire ou quoi ? Évidemment que je me souviens ! On y était hier, dans le Néolithique !

– Bon, bon, ça va. Les hommes qui vivaient dans une même région ont pris des habitudes. Ils ont partagé leurs découvertes. Ils ont parlé une langue à eux qui s'est petit à petit distinguée des autres.

Gaspard fouilla dans son sac à dos. Un serveur en profita pour leur servir à nouveau du thé. Il tenait la théière d'argent très haut au-dessus de la table, sans pour autant verser la moindre goutte à côté du verre. Némo ne le quittait pas des yeux.

– Tu vois l'Égypte, cette bande verte autour du long fleuve, le Nil, et cet immense désert ? poursuivit Gaspard, en étalant une carte devant lui. Regarde plus à l'est maintenant, et plus au nord… Entre ces deux autres fleuves, le Tigre et l'Euphrate, voilà une région qui, il y a très longtemps, s'appelait la Mésopotamie. Des paysans s'y sont installés parce que la terre était fertile, les plantes poussaient bien. Ils ont regroupé leurs villages et même construit des villes.

– Des villes, carrément ?

– Oui, de vraies villes, avec des rues, des palais, des temples… Ces anciens habitants de Mésopotamie, il y a plus de cinq mille ans, s'appelaient les Sumériens. C'est la toute première civilisation que nous connaissons. Ils ont même inventé la roue !

– C'est pas grand-chose…

– Au contraire, c'est extrêmement important, la roue ! Ils ont pu déplacer des charges plus lourdes, labourer la terre plus rapidement…

– Mais qu'est-ce qu'ils ont fait, à part ça, tes premiers civilisés ?

Gaspard réfléchit un court instant.

– Ils voyageaient, faisaient du commerce. Leur langue s'est d'ailleurs répandue dans les autres régions, en Europe et en Inde. Elle est sans doute à l'origine des langues que l'on parle aujourd'hui. Et surtout, ils ont inventé l'écriture! À partir de là, tout a changé.

Némo poussa un petit sifflement.

– L'écriture ! Ça, c'est une vraie invention ! Mais pourquoi « tout a changé » ?

– Réfléchis ! Grâce à l'écriture, on peut envoyer des messages, raconter un événement, ou simplement faire des comptes. Et à partir du moment où il existe des documents écrits, nous, les hommes d'aujourd'hui, nous pouvons savoir comment vivaient les civilisations anciennes.

Némo regardait la grande enseigne du café : des lignes, des points, des virgules et des signes incompréhensibles. Il demanda :

– À quoi ressemblaient-elles, ces premières écritures ?

– Au début, on faisait des petits dessins pour représenter chaque objet. Mais c'était long et compliqué. Alors, on a commencé à utiliser les dessins pour représenter des sons. De cette façon, avec un petit nombre de signes, on pouvait composer un nombre infini de mots. Puis, on a inventé l'alphabet, avec les lettres que tu connais.

– Je n'ai jamais vu personne écrire avec des dessins !

– En Chine, on le fait toujours. On se sert d'idéogrammes, des dessins qui représentent des objets et des sons. Regarde…

Les premiers **civilisés**

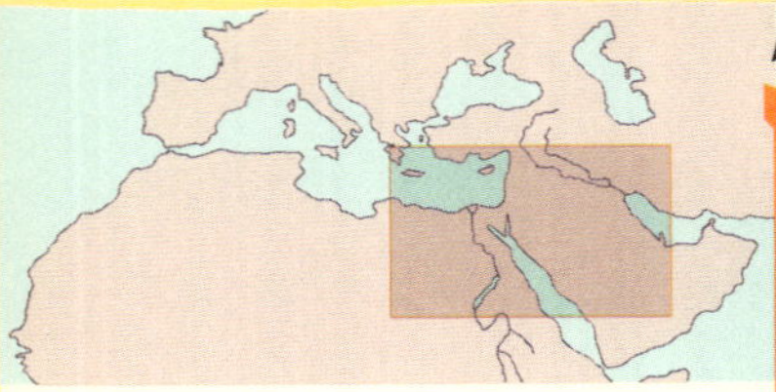

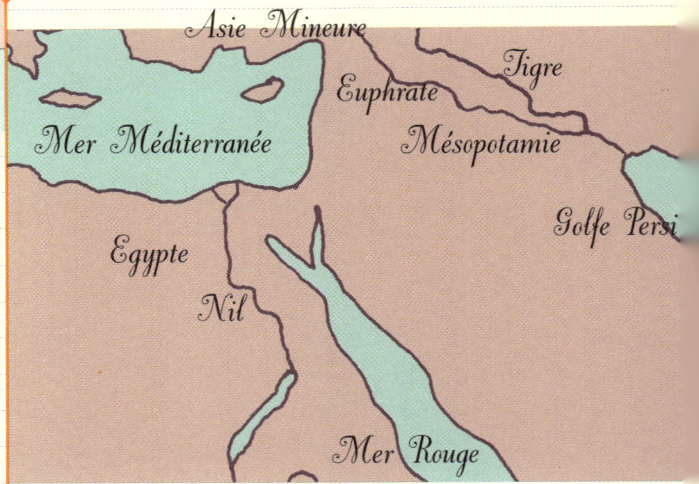

*Les traces des premières civilisations ont été retrouvées en Mésopotamie, entre le Tigre et l'Euphrate. Elles remontent sans doute à - 8000 ans ! Petit à petit, d'autres civilisations sont apparues en Europe, en Inde, au Japon et en Egypte, où les premiers agriculteurs se sont installés vers - 5000 ans sur les bords du Nil. Avec l'invention de l'écriture, on quitte la préhistoire pour entrer dans la première période de l'histoire : l'***Antiquité**.

Écriture sumérienne
cunéiforme

Écriture égyptienne
(hiéroglyphe)

Écriture chinoise
(idéogramme)

N

Notre écriture
(alphabet)

– 3500 ans *En Mésopotamie, les Sumériens inventent la roue et l'écriture. En Chine, on construit les premières villes.*
– 3100 ans *Le pharaon Ménès regroupe l'Egypte du Sud et celle du Nord. La civilisation pharaonique va durer 3 000 ans !*
– 1800 ans *Les Babyloniens s'installent dans l'ancien territoire sumérien. Ce sont d'excellents astronomes et mathématiciens.*
– 1500 ans *En Grèce naît une première civilisation.*
– 1100 ans *Les Assyriens fondent aussi un empire en Mésopotamie. Les Phéniciens, un peuple méditerranéen, inventent un alphabet.*
– 1000 ans *Les premières civilisations apparaissent en Amérique centrale (les Olmèques) et en Amérique du Sud.*
– 753 ans *C'est la fondation de la ville de Rome. Elle deviendra la capitale de l'immense Empire romain.*
– 500 ans *La civilisation grecque s'épanouit dans les grandes villes, notamment à Athènes.*
– 327 ans *Alexandre le Grand, roi de Macédoine, apporte la civilisation grecque jusqu'en Inde.*
– 146 ans *La Grèce et son voisin du nord, la Macédoine, deviennent des provinces romaines.*

à suivre…

Némo

Gaspard farfouilla dans son sac, en sortit un morceau de papier blanc et dessina un petit signe en forme de tente.

– Ça signifie « homme ». Parce qu'il a deux jambes.

– Malin, fit Némo.

Gaspard ajouta un deuxième signe semblable au premier.

– Et ça ?

– Deux hommes ? avança Némo.

– Non, cela veut dire « poursuivre ». Pas mal, n'est-ce pas ?

– Pas mal…

Némo jeta vers Gaspard un regard « en dessous ».

– Ne fais pas cette tête ! sourit Gaspard. Je ne connais pas le chinois, juste quelques petits trucs pour t'impressionner… En tout cas, grâce à l'écriture, nous savons qu'après les Sumériens, il y a eu d'autres grandes civilisations. Toujours en Mésopotamie : les Babyloniens et les Assyriens. Et puis ensuite, en Inde, en Chine, en Amérique… Et plus près de nous, sur les bords de la Méditerranée : les Grecs et les Romains.

– Oui, oui, les Romains, je connais un peu… Mais les autres, ceux qui n'écrivaient pas, ce n'étaient pas des civilisés ?

– On ne peut pas dire ça. Il y a eu des civilisations sans écriture, que nous connaissons forcément très mal. Aujourd'hui encore, certains peuples, comme les Touareg du Sahel, les Bushmen dans le sud de l'Afrique, n'écrivent pas mais se transmettent leurs connaissances en racontant. Les gens âgés et les adultes enseignent aux plus jeunes.

– Sans livres ?

– Ils font ce que nous faisons tous les deux : ils parlent, ils racontent. L'essentiel pour eux, c'est le lien entre l'enfant et la personne qui l'instruit. Ils le jugent plus important qu'un livre. Qu'en penses-tu ?

– Moi, j'aime bien apprendre avec toi, ça va plus vite. Mais en même temps, quand je lis mon carnet, j'ai l'impression que les choses deviennent plus claires dans mon cerveau. Au moins je suis sûr de ne plus oublier !

– Tu as raison. Les hommes n'écrivent pas seulement pour envoyer des messages, mais aussi pour ne pas oublier, pour que leurs enfants se souviennent. Pour avoir une mémoire…

– Au cas où on aurait un accident, fit Némo.

Il réclama de nouveau des falafels. Il adorait ça. Un serveur en turban lui en apporta une assiette pleine. Mais il dut les avaler à toute allure, car Gaspard le pressait. Ils avaient encore de la route à faire ! Épuisant, ce voyage !

Le message de la pyramide

Le chauffeur égyptien conduisait lentement. À l'arrière de la voiture pourtant confortable, Némo et Gaspard étaient bringuebalés sur la caillasse de la route qui longeait le Nil. Ils avaient laissé derrière eux le vacarme du Caire, mais la foule était toujours là : les femmes surchargées de paquets, les ânes tirant d'énormes charrettes et même des vélos qui se faufilaient entre les camions. Gaspard fermait les yeux : il était terrifié. Il avait horreur de ne pas conduire lui-même. À chaque instant, la voiture manquait de percuter un piéton ou un animal. C'était bien pire qu'à Paris.

Au bord du fleuve s'alignaient des maisonnettes de terre, qui semblaient trop petites pour abriter tous les enfants qui jouaient alentour.

– L'Égypte d'aujourd'hui est pauvre, reconnut Gaspard, essayant d'oublier un instant son inquiétude. Des millions d'habitants sont rassemblés sur les bords du Nil, et trouvent difficilement de quoi vivre. Mais autrefois, au début de la civilisation, le pays était très riche.

– Ils étaient déjà là, les Égyptiens, au début de la civilisation ?

– Oui, la civilisation égyptienne est l'une des plus anciennes du monde. Elle est apparue quelques centaines d'années après les Sumériens. Le Nil était déjà une sorte de longue oasis dans le désert, qui offrait de l'eau et de la fraîcheur. Depuis très longtemps, il avait attiré les nomades. Ils s'étaient installés sur les bords du fleuve, pour devenir agriculteurs.

Némo regardait le large fleuve qu'ils longeaient depuis Le Caire. Il était sombre, d'un vert très foncé.

– Autrefois, reprit Gaspard, le Nil était en crue chaque été. Il débordait et inondait la vallée. Puis il reprenait sa place jusqu'à l'été suivant. Cela enrichissait le sol et permettait de meilleures cultures. Vers 3100 avant J.-C., un malin a réuni tous ces peuples du bord du Nil : ce fut le premier pharaon, le premier roi d'Égypte. Et le début d'une formidable histoire.

– Raconte.

– Ce serait trop long ! La civilisation égyptienne a duré trois mille ans, elle a connu des dizaines de pharaons, des guerres, des crises… Oh là là !

Le chauffeur avait donné un brusque coup de volant. On venait d'éviter de justesse un âne qui trottait en plein milieu de la route. Le visage de Gaspard était devenu blanc. Il reprit d'une voix hésitante :

– Dans l'Égypte ancienne – on dit aussi « antique » parce que cette période, au début de la civilisation, s'appelle l'Antiquité –, le pharaon qui dirigeait le pays vivait entouré de nobles très riches. Et puis de médecins, de marchands, d'artisans qui fabriquaient de merveilleux bijoux, de scribes qui savaient lire et écrire, de prêtres… Les anciens Égyptiens ont construit des temples et des monuments énormes, dont les fameuses pyramides, pour enterrer leurs pharaons…

Gaspard se tut. Il surveillait la circulation, pianotant nerveusement sur le dossier du siège avant.

Au bout d'une heure de route, la voiture tourna vers la droite et commença à grimper une piste poussiéreuse. Le paysage changea brusquement : on quittait les palmeraies pour pénétrer dans le désert. Du haut de la colline de sable, en regardant en arrière, on découvrait la vallée du Nil. La petite bande verte que Némo avait vue d'avion, là où se tassaient les millions d'Égyptiens. Ce n'était pas bien large, l'Égypte.

– Regarde, regarde !

Au détour du chemin, sur la hauteur, venait de surgir une immense construction de pierre, une sorte de gigantesque escalier vers le ciel : la pyramide.

– La plus ancienne de toutes, l'une des premières grandes constructions en pierre de l'humanité, murmura Gaspard, avec un drôle de petit gargouillis dans la gorge.

Némo la regarda : est-ce que c'était beau ?

Ils descendirent de voiture et Gaspard sortit la caméra. Quel silence ! On n'entendait que le souffle du vent. Au loin, un petit enfant passa, juché sur le dos d'un chameau. La pyramide se détachait dans le ciel bleu pur. Némo la contempla longuement. Elle était vieille, bien sûr. Il réfléchit. Oui, on pouvait dire qu'elle était belle.

Tout autour de la pyramide se dressaient de grands murs de pierre, les restes du temple. Némo et Gaspard avancèrent entre deux rangées de hautes colonnes. Après avoir tourné et tourné dans ce labyrinthe, Gaspard aperçut enfin celui qu'il cherchait : un petit homme qui inspectait un mur, en compagnie de deux Égyptiens en turbans. Il était vêtu d'un costume blanc et coiffé d'un chapeau. Il portait même une cravate. Étrange, par cette chaleur…

– Voici le professeur, chuchota Gaspard à Némo. L'un des plus grands égyptologues. Depuis soixante-dix ans, il répare – on dit « restaure » – cette pyramide ! Il habite juste à côté, dans une petite maison au bord du désert. Et il est resté aussi agile que dans sa jeunesse !

Le professeur reconnut Gaspard. Les deux hommes s'étaient déjà rencontrés, et visiblement ils s'aimaient bien. D'ailleurs, Némo le comprit tout de suite : le professeur était un homme extraordinaire. Et il savait tout sur sa pyramide.

– Elle été construite il y a quatre mille six cents ans par le grand architecte Imhotep pour son roi, le pharaon Djoser, expliqua-t-il en les entraînant vers le monument.

– Mais qu'est-ce qu'ils voulaient en faire ? s'exclama Némo. Ils ne comptaient tout de même pas l'habiter aussi longtemps !

– La pyramide n'est pas une maison, mais un tombeau ! Les anciens Égyptiens pensaient que l'âme des morts ne mourait jamais, mais qu'elle revenait se promener, comme une ombre, autour des pyramides.

L'âme… Némo se rappela l'histoire de la Petite Sirène. Il n'osa pourtant pas interrompre le vieil homme.

– Tu vois, poursuivait-il, grâce aux gradins – les marches qui composent la pyramide – Djoser croyait que son âme pourrait monter jusqu'au Soleil.

Némo imagina aussitôt une sorte de personnage invisible en train d'entreprendre l'escalade de la pyramide. Imaginer, cela lui semblait maintenant très facile…

– Et les autres rois, demanda-t-il, avaient-ils le droit d'envoyer leur âme faire de l'escalade avec celle de Djoser ?

– Non, répondit le professeur en arrivant au pied de l'édifice. Chaque pharaon préparait son propre tombeau.

Les secrets des **triangles**

Dans l'Antiquité, les Egyptiens utilisaient déjà la **géométrie** *(qui veut dire « la mesure de la Terre ») pour construire leurs pyramides ou pour dessiner les limites de leurs champs sur les bords du Nil. Ce sont les Grecs qui ont le plus joué avec les figures géométriques. Ils ont établi des formules et des règles (ce que l'écrivain François Rabelais appellera au* **XVI**ᵉ *siècle des « théorèmes »). Quand on s'amuse avec le* **triangle***, la figure la plus simple, qui comporte trois côtés, on découvre qu'il cache de nombreux secrets.*

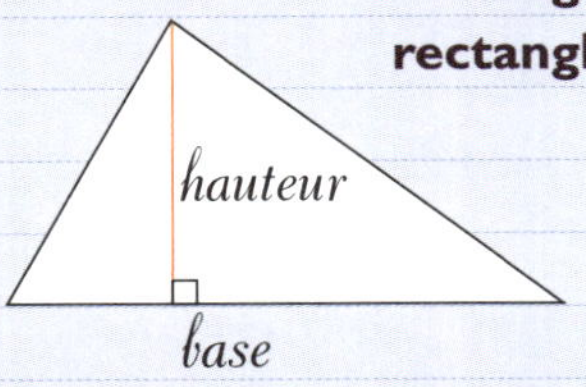

Triangle rectangle

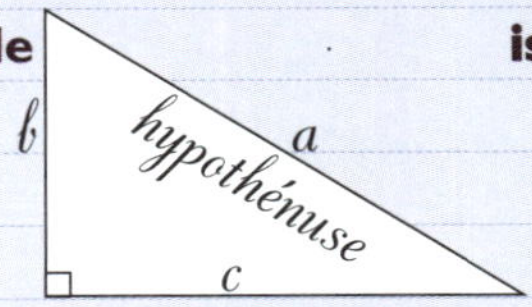

un angle droit
$a^2 = b^2 + c^2$
(Théorème de Pythagore)

Triangle isocèle

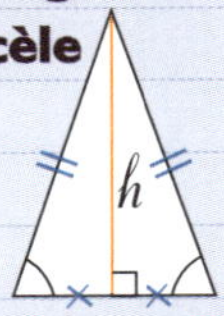

2 angles égaux
2 côtés égaux
1 axe de symétrie : h

Triangle équilatéral

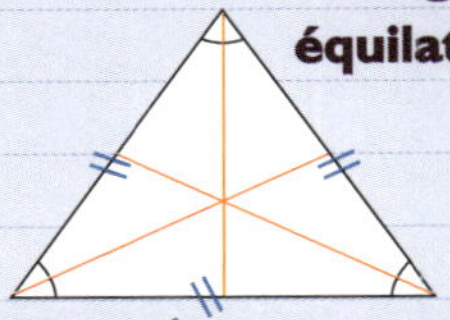

3 angles égaux = 60°
3 côtés égaux
3 axes de symétrie : les bissectrices

Angles *: la somme des angles d'un triangle est égale à 180°*
Périmètre *: la somme des 3 côtés*
Aire *: (base × hauteur) divisé par 2*

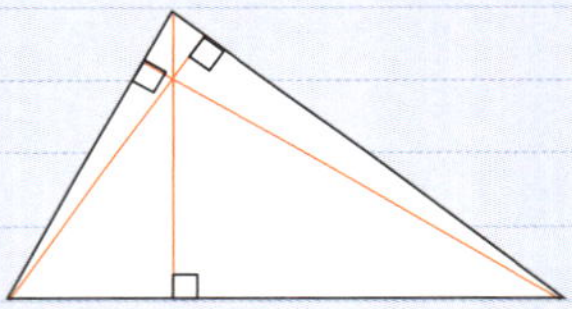

Hauteurs
Ce sont les perpendiculaires abaissées depuis un sommet sur le côté opposé. Elles se coupent en un même point.

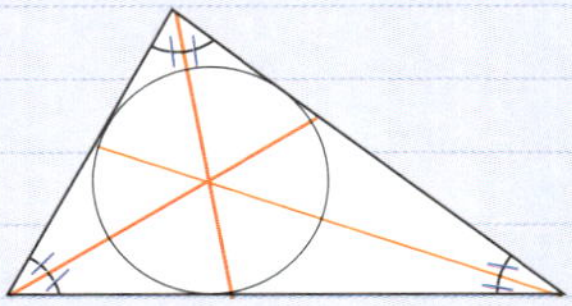

Bissectrices
Elles partagent chaque sommet en 2 angles égaux. Elles se coupent en un même point qui est le centre du cercle inscrit.

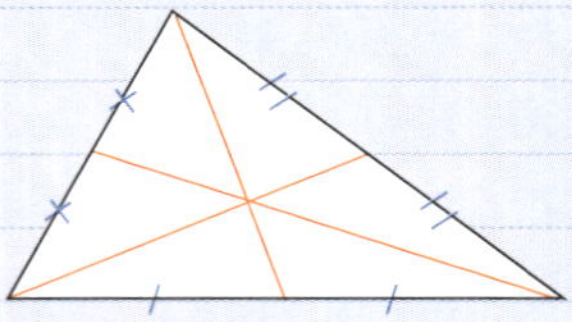

Médianes
Elles relient chaque sommet au milieu du côté opposé. Elles se coupent en un même point : le centre de gravité, situé aux 2/3 de leur longueur.

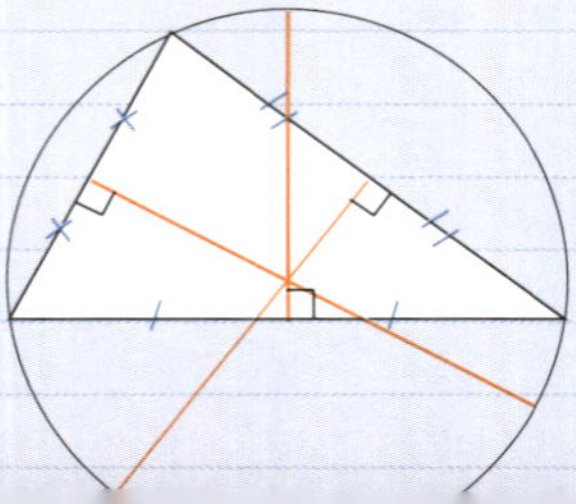

Médiatrices
Elles sont perpendiculaires aux côtés en leur milieu. Elles se coupent en un même point qui est le centre du cercle circonscrit (il contient les 3 sommets).

Némo

– Ils voulaient tous une pyramide ?

– Beaucoup ont fait construire des pyramides. Par la suite, ils ont plutôt fait creuser leurs tombes dans la montagne. De toutes les pyramides qui restent aujourd'hui, seule celle de Djoser possède des gradins. Les autres sont formées de quatre grands triangles lisses.

Némo se tourna vers Gaspard.

– C'est quoi, un triangle ?

– Oh là là !... Je me croyais presque en vacances.

Il rappela au professeur l'histoire de Némo, l'accident, la mémoire perdue, la télé, le voyage.

– Et en plus, j'ai promis à ses parents de lui réapprendre les maths et le français, vous voyez le travail !

Le professeur éclata d'un joli rire.

– Qui es-tu vraiment, Némo ? Un explorateur du temps passé ou un pauvre écolier qui n'a pas fini ses devoirs ?

– Je ne sais pas très bien qui je suis...

De nouveau, le professeur se mit à rire.

– Si vous voulez travailler un peu, allez-y. Je vous retrouve tout à l'heure. Moi aussi, j'ai des calculs à faire : nous reconstituons une colonne du temple. La géométrie, ici, nous en faisons tous les jours !

Et il partit en trottinant rapidement pour rejoindre ses ouvriers...

Les quelques personnes qui passèrent à côté de la pyramide ce matin-là virent un spectacle étrange. Assis en tailleur à l'ombre d'un pylône, face à la pyramide, un petit garçon brun et un grand jeune homme blond exécutaient des moulinets avec leurs bras, traçaient de curieux dessins dans la poussière et discutaient très vivement : Némo et Gaspard faisaient des maths !

L'âme du grand architecte Imhotep devait sans doute

Pour faire bonne **figure**

Le carré

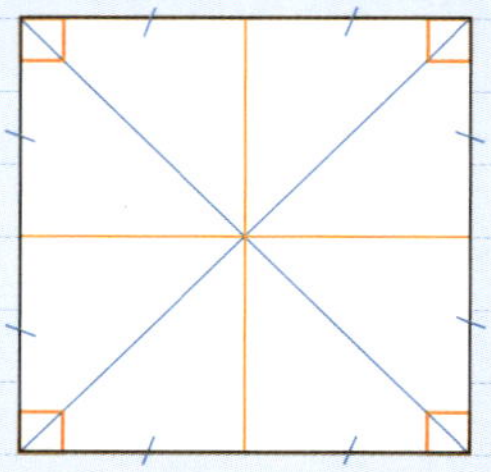

Côtés : 4 côtés égaux et parallèles 2 à 2
Angles : 4 angles droits
Périmètre : côté **x** *4*
Aire : côté **x** *côté*
Diagonales : elles se coupent en leur milieu. Elles ont la même longueur.
Médianes : elles se coupent en leur milieu à angle droit.
4 axes de symétrie : les 2 diagonales et les 2 médianes

Le rectangle

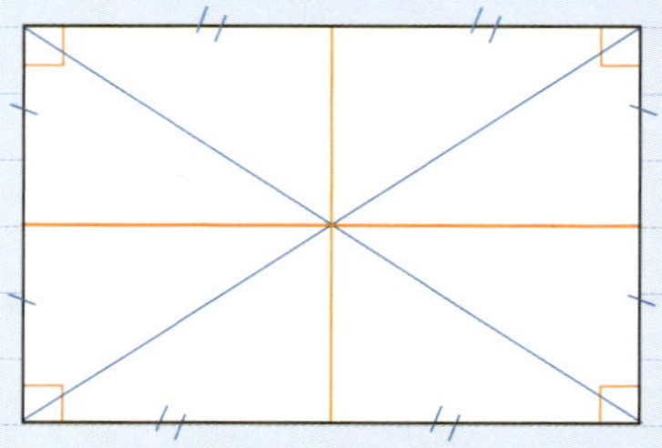

Côtés : égaux 2 à 2 et parallèles 2 à 2
Angles : 4 angles droits
Périmètre : (longueur **+** *largeur)* **x** *2*
Aire : longueur **x** *largeur*
Diagonales : elles se coupent en leur milieu. Elles ont la même longueur.
Médianes : elles se coupent en leur milieu à angle droit.
2 axes de symétrie : les 2 médianes

Le losange

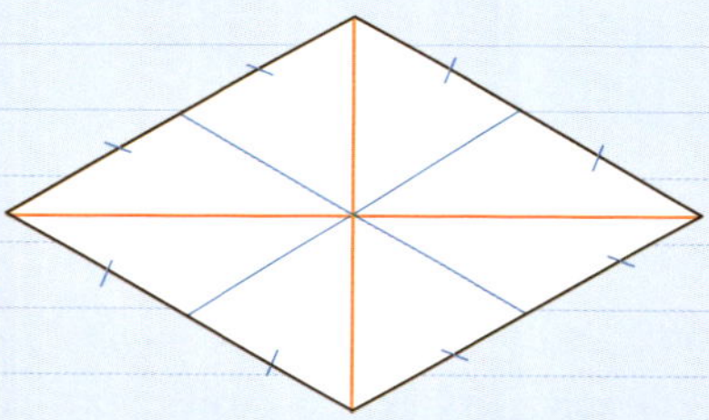

Côtés : 4 côtés égaux et parallèles 2 à 2
Angles : égaux 2 à 2
Périmètre : côté **x** *4*
Aire : (diagonale **x** *diagonale) divisé par 2*
Diagonales : elles se coupent en leur milieu.
Médianes : elles se coupent en leur milieu.
2 axes de symétrie : les 2 diagonales

Le parallélogramme quelconque

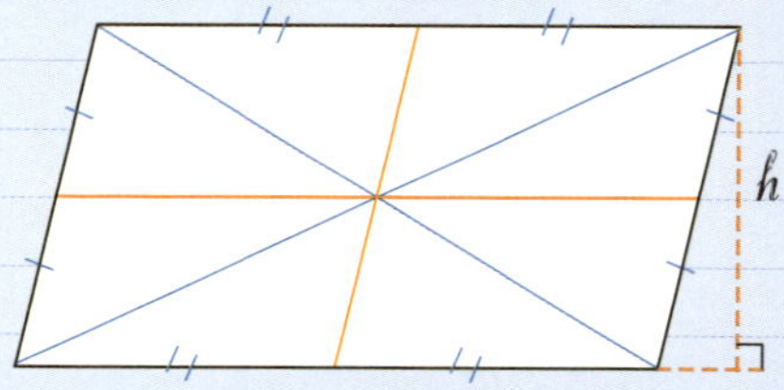

Côtés : égaux 2 à 2 et parallèles 2 à 2
Angles : égaux 2 à 2
Périmètre : (longueur **+** *largeur)* **x** *2*
Aire : longueur **x** *hauteur*
Diagonales : elles se coupent en leur milieu.
Médianes : elles se coupent en leur milieu.
Pas d'axes de symétrie

Le trapèze

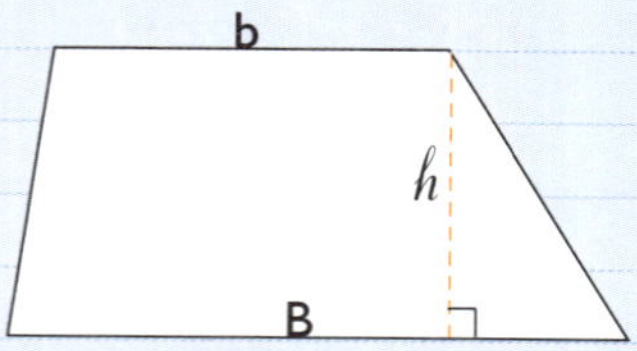

2 côtés parallèles

Aire : $\dfrac{(b + B)}{2} \times$ *hauteur*

Le cercle

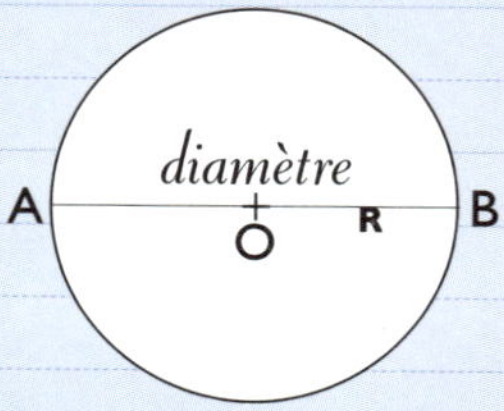

AB = *diamètre*
OA = OB = R *(rayon)*
Périmètre = $2\pi R$
Aire = πR^2
π = *3,14…*

Némo

veiller sur eux car, ce jour-là, des petits bouts de mémoire surgirent par magie dans la tête de Némo.

– Pi égale 3,14…, récitait-il. Tout le monde sait ça ! Pour avoir le périmètre d'un cercle, on multiplie Pi par deux fois le rayon : 2 Pi R.

– Deux pierres, disait Gaspard en soulevant deux gros cailloux. Comme je n'arrivais jamais à m'en souvenir, mon père m'avait envoyé chercher deux pierres dans le jardin. Je ne l'ai jamais oublié !

– Et la surface, poursuivait Némo, enthousiaste, c'est Pi multiplié par le rayon au carré.

Triangle rectangle, isocèle, équilatéral… Losange, carré, trapèze… et puis la règle de trois, les fractions… Les formules apprises par cœur revenaient spontanément à l'esprit de Némo. Et il les alignait sur son carnet sans la moindre erreur.

– Dis donc, tu es drôlement inspiré ! fit Gaspard au bout d'un moment. Je ne sais pas si l'âme de Djoser monte jusqu'au soleil, mais moi, je commence déjà à avoir drôlement mal à la tête.

Il porta la main à son front.

– C'est moi, qui ai eu un accident, fit Némo d'un air moqueur, ou c'est toi ?

Ils retrouvèrent le professeur qui les conduisit à l'intérieur d'une des petites pyramides – car il y en avait plusieurs à côté de la grande. Il fallait descendre un long tunnel étroit, le dos courbé pour ne pas se cogner la tête, avant d'arriver dans différentes salles souterraines. Dans la plus vaste se trouvait un grand cercueil de pierre : le sarcophage où reposait autrefois la momie du pharaon.

Le professeur expliqua comment les anciens Égyptiens enterraient leurs rois : ils « vidaient » le corps du pharaon,

La belle **inconnue**

*Faire de l'***algèbre***, c'est souvent découvrir une énigme : il faut démasquer* **« l'inconnue »** *(qu'on appelle* x *en langage des maths). Pour résoudre un problème, on raisonne donc comme un détective, qui mène l'enquête :*
- On détermine ce que l'on cherche (la belle inconnue qui a fait le crime).
- On détermine ce que l'on connaît (les données du problème).
- On traduit le problème dans le langage des maths (on dit le mettre **« en équation »***).*
- On résout l'équation. On fait du rangement en mettant les x *d'un même côté du signe =.*

Attention *: si, en français, on fait une faute d'orthographe, on comprend quand même le texte. Pas en maths : une seule faute, et tout le reste devient faux ! Il faut donc être très vigilant.*

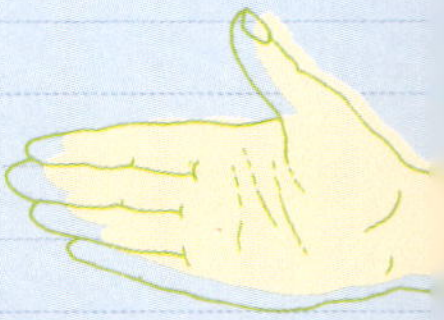

Ex. : Quel est le prix de **175 g** *de chocolat à* **120 F le kilo** *?*
Ce que l'on cherche : x*, le prix de* **175 g** *de chocolat.*
Ce que l'on connaît : **un kilo** *de chocolat coûte* **120 F.**
Traduction en langage de maths : **1000 g** —*coûte*— **120 F**
175 g —*coûte*— x

$$\frac{1000}{175} \times \frac{120}{x}$$

C'est **une règle de trois** *qui peut s'écrire :* $1000 \times x = 175 \times 120$
On résout l'équation

$$x = \frac{175 \times 120}{1000} = \frac{21000}{1000} = 21\ \text{F}$$

Ex. : J'ai **15 F***. Quelle quantité de chocolat à* **120 F le kilo** *puis-je acheter ?*
Ce que l'on cherche : x*, la quantité de chocolat que je peux acheter.*
Ce que l'on sait : un kilo de chocolat coûte **120 F.**
Traduction en langage de maths : **1000 g** —*coûte*— **120 F**
x —*coûte*— **15 F**

$$\frac{1000}{x} \times \frac{120}{15}$$

La règle de trois s'écrit cette fois : $1000 \times 15 = 120 \times x$
On résout l'équation :

$$x = \frac{1000 \times 15}{120} = 125\ \text{g}$$

Les équations les plus simples n'ont qu'une inconnue.
Ex. : $2x + 4 = 8 \longrightarrow 2x = 8 - 4 \longrightarrow 2x = 4 \longrightarrow x = \frac{4}{2} \longrightarrow x = 2$

Mais, en progressant en maths au collège et au lycée, on résout des équations plus compliquées. Par exemple : $3x^2 + 2x + 3 = 0$ *(équation du second degré, parce que l'inconnue est à la puissance 2). Ou des systèmes d'équations avec deux inconnues,* x *et* y *. Mais la méthode reste la même.*

Némo

le remplissaient d'herbes soigneusement choisies, le parfumaient, l'enveloppaient de bandelettes et le déposaient dans ces grands sarcophages de pierre au centre de la pyramide, avec des meubles et des bijoux précieux. Ils voulaient le conserver ainsi pour l'éternité. Mais au cours des siècles précédents, la plupart des tombeaux avaient été retrouvés et pillés.

Vers le soir, Némo et Gaspard quittèrent le professeur à regret. À plusieurs reprises, Némo se retourna en s'éloignant de la pyramide. Le vieil homme le suivait du regard. D'une certaine manière, il continuait le travail d'Imhotep. Il essayait de restaurer ces merveilleuses pyramides pour qu'elles durent encore pendant des siècles. Comme un message laissé par la civilisation du passé aux civilisations de demain…

Dans la tombe de Ramsès

Le lendemain, Némo et Gaspard prirent l'avion pour se rendre plus au sud, sur les bords du Nil, à Louxor. Autrefois la ville s'appelait Thèbes : la capitale des pharaons. Némo découvrit les jardins plantés de palmiers, les larges colonnes des temples, les hôtels ornés de balcons en pierre. Des petites barques à la voile triangulaire sillonnaient le fleuve. La plupart des habitations étaient construites sur la même rive. De l'autre côté, on ne voyait que des montagnes ocre et désertes.

– Nous sommes dans le domaine des vivants, expliqua Gaspard. De l'autre côté, c'est le domaine des morts. Là-bas, dans le désert, au fond des vallées, se trouvent les tombes des rois et des reines.

Le passage du **signe**

Calculer, c'est trier.
Il faut souvent regrouper les nombres d'un même côté du signe **=**.
Et pour cela, il faut simplement connaître les règles de passage.

Enlever les parenthèses (a, b *et* c *sont des nombres*)

$a + b = b + a$ *ex. :* $5 + 3 = 3 + 5 = 8$ *On peut changer l'ordre.*
$a \times b = b \times a$ *ex. :* $5 \times 3 = 3 \times 5 = 15$ *On peut changer l'ordre.*
$a + (b + c) = a + b + c$ *ex. :* $5 + (3 + 2) = 5 + 3 + 2 = 10$
(S'il y a un signe + avant la parenthèse, on ne change pas les signes.)
$a - (b + c) = a - b - c$ *ex. :* $5 - (3 + 2) = 5 - 3 - 2 = 0$
(S'il y a un signe – avant la parenthèse, on change les signes.)
$a \times (b \times c) = a \times b \times c$ *On peut enlever les parenthèses.*
$k \times (a + b) = ka + kb$
$k \times (a - b) = ka - kb$

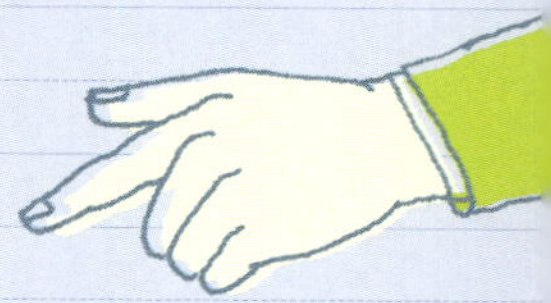

Passer au-dessus du signe =

Quand on fait passer un nombre au-dessus du signe **=**, *un* **+** *devient un* **–**, *et un* **–** *devient un* **+**.

$a + b = c \longrightarrow a = c - b$ *ex :* $5 + 3 = 8 \longrightarrow 5 = 8 - 3$
$x + b = c \longrightarrow x = c - b$ *ex :* $x + 2 = 5 \longrightarrow x = 5 - 2 = 3$
$a - b = c \longrightarrow a = c + b$ *ex :* $7 - 2 = 5 \longrightarrow 7 = 5 + 2$
$x - b = c \longrightarrow x = c + b$ *ex :* $x - 3 = 2 \longrightarrow x = 2 + 3 = 5$

Un signe **×** *devient un signe* **:** *et un signe* **:** *devient un signe* **×**.

$a \times b = c \longrightarrow a = \frac{c}{b}$ $(b \neq 0)$ *ex :* $5 \times 3 = 15 \longrightarrow 5 = \frac{15}{3}$

ex : $3x = 2 \longrightarrow x = \frac{2}{3}$

$\frac{a}{b} = c \longrightarrow a = c \times b$ *ex :* $\frac{15}{3} = 5 \longrightarrow 15 = 5 \times 3$

ex : $\frac{x}{2} = 3 \longrightarrow x = 3 \times 2 = 6$

$\frac{a}{b} = \frac{c}{d}$ (*si* b *et* $d \neq 0$) *c'est aussi* $a = \frac{c}{d} \times b$ *ou* $c = \frac{a}{b} \times d$

ou encore $\frac{a}{b} = \frac{c}{d} \longrightarrow a \times d = c \times b$ (*produit en croix*) (b *et* $d \neq 0$)

Némo

Pour y aller, Némo et Gaspard montèrent sur un drôle de bateau qui faisait la navette entre les deux rives. C'était une simple plate-forme où s'entassaient des dizaines de personnes, des femmes voilées, des hommes au visage tanné et des enfants qui se rendaient à l'école, un simple cahier sous le bras. Gaspard jetait des coups d'œil rapides autour de lui, comme pour surveiller.

– Qu'est-ce que tu as ? demanda Némo. On est en retard ?

– Non, mais j'ai hâte que l'on parte. En Égypte, il y a des gens qui n'aiment pas beaucoup les touristes. On les appelle des musulmans « fondamentalistes ». Ils veulent imposer leurs croyances, leurs façons de vivre à tout le monde, même aux étrangers. Regarde les femmes : elles sont obligées de porter ces voiles noirs pour couvrir leurs cheveux et même leurs visages.

– Elles se cachent ?

– Oui. Avec les fondamentalistes, elles n'ont plus aucun droit. Elles doivent obéir aux hommes. Dans beaucoup de pays, tu sais, les femmes sont maltraitées.

Gaspard se tut ; le bateau s'écartait du quai, mais la foule continuait à y grimper. Certains lançaient même leurs vélos devant eux, au-dessus de l'eau, avant de sauter à bord. Némo empoigna l'un des garçons qui manquait de perdre l'équilibre et le tira sur la plate-forme.

– *Choukran, choukran,* répétait le rescapé. *Btitkallam englizi ?*

Némo secoua la tête sans comprendre. Le garçon changea de tactique.

– *English, english ?* continua-t-il.

– Français, *french,* répondit Némo.

– Français ! Ah ! Parisiennes, tour Eiffel, champagne !

– Tu connais le champagne?

Une histoire de **gâteaux**

*Fractionner, cela veut dire « **couper en morceaux** ». Une fraction est un « nombre rompu », comme on disait au Moyen Age, que l'on écrit sous la forme :*

$\frac{a}{b}$ — a → *numérateur* ; b → *dénominateur*

Pour mieux comprendre, on peut le traduire en fractions de gâteau.
Par exemple :

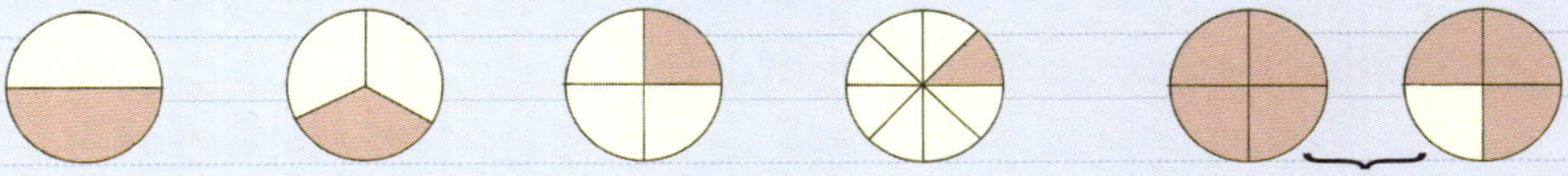

$\frac{1}{2}$ *un demi* — $\frac{1}{3}$ *un tiers* — $\frac{1}{4}$ *un quart* — $\frac{1}{8}$ *un huitième* — $\frac{7}{4}$ *sept quarts*

Une fraction, c'est une division dont on n'écrit pas le résultat. Si on effectue la division, on transforme la fraction en **nombre décimal**.

$\frac{1}{2} = 0{,}5$ $\quad \frac{1}{3} = 0{,}333333\ldots$ $\quad \frac{1}{4} = 0{,}25$ $\quad \frac{7}{4} = 1{,}75$

Simplifier une fraction

On la rend plus simple en divisant si possible en haut et en bas par le même nombre (on essaie de diviser par 2, puis par 3, etc.)

ex. : $\frac{15}{25} = \frac{5 \times 3}{5 \times 5} = \frac{\cancel{5} \times 3}{\cancel{5} \times 5} = \frac{3}{5}$ *ex. :* $\frac{5}{11}$ *on ne peut pas simplifier.*

Trouver la partie entière

ex. : $\frac{9}{4}$ *Combien de fois 4 dans 9 ?*
Réponse : 2 fois. Il reste 1 quart

$\frac{9}{4}$ *peut s'écrire :* $2 + \frac{1}{4}$

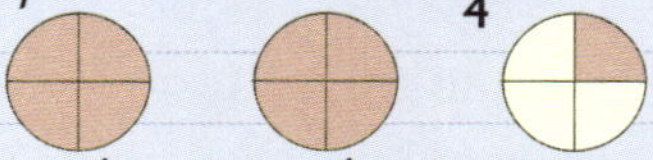

1 entier — *1 entier* — *1 quart*

Additionner ou soustraire deux fractions

$\frac{a}{d} + \frac{b}{d} = \frac{a+b}{d}$ $(d \neq 0)$ $\qquad \frac{a}{d} - \frac{b}{d} = \frac{a-b}{d}$

Si elles ont le même dénominateur : $\frac{2}{5} + \frac{1}{5} = \frac{2+1}{5} = \frac{3}{5}$ | $\frac{3}{8} + \frac{4}{8} = \frac{7}{8}$

Si elles n'ont pas le même dénominateur, il faut leur trouver un dénominateur commun

ex. : $\frac{3}{4} - \frac{1}{2} = \frac{3}{4} - \frac{1 \times 2}{2 \times 2} = \frac{3}{4} - \frac{2}{4} = \frac{3-2}{4} = \frac{1}{4}$

Multiplier deux fractions

$\frac{a}{b} \times \frac{c}{d} = \frac{a \times c}{b \times d}$ $(b \text{ et } d \neq 0)$

On multiplie numérateur et dénominateur entre eux.

ex. : $\frac{5}{2} \times \frac{1}{3} = \frac{5 \times 1}{2 \times 3} = \frac{5}{6}$

Diviser par une fraction

On multiplie par son inverse. ex. : $\frac{2}{\frac{1}{3}} = 2 \times \frac{3}{1} = 6$ | $\frac{\frac{5}{2}}{\frac{1}{3}} = \frac{5}{2} \times \frac{3}{1} = \frac{15}{2}$

Pourcentage

$x\,\% = \frac{x}{100}$ $\qquad$ *ex. :* $12\,\%$ *de* $150 = 150 \times \frac{12}{100} = \frac{1800}{100} = 18$

Némo

Le petit Égyptien était hilare. Il fit un geste à ses copains qui entourèrent aussitôt Némo. Comment se comprirent-ils ? Némo n'aurait pas pu le dire. Mais tout au long de la traversée, ils discutèrent en faisant de grands gestes, partagèrent des dattes, se montrèrent leurs cahiers. Le carnet de Némo passa de main en main. Gaspard filmait la scène, ravi. Cela ferait de belles images pour la télé.

Une voiture les attendait à l'arrivée et Némo dut se séparer de ses nouveaux copains.

À quelques minutes de là, ils se retrouvèrent à l'entrée de la fameuse Vallée des Rois. Un désert de rochers jaunes, écrasé par le soleil. Au bout de la route, des cars déversaient des touristes en shorts, qui portaient tous un appareil photo sur le ventre et transpiraient à grosses gouttes. Des policiers en armes les accompagnaient. Gaspard entraîna Némo à l'écart de la foule et descendit un petit escalier barré par une porte de fer où on lisait : « Interdit au public ». Gaspard, sans hésiter, frappa trois grands coups.

– Encore un endroit secret ? demanda Némo. Tu connais tout le monde, toi ?

– J'ai mis du temps à préparer notre voyage, tu sais. Et toutes les portes s'ouvrent pour la télé.

Il avait raison. Celle-ci s'entrouvrit sur une jeune fille brune, vêtue d'une salopette blanche. Elle les attendait.

– Vous devez être Némo, dit-elle en lui tendant la main. Je m'appelle Joséphine. Bienvenue chez Ramsès II.

Ils allaient pénétrer dans la tombe interdite du plus grand des pharaons.

C'était comme à Lascaux. Un long couloir, éclairé par de faibles ampoules électriques, descendait en pente raide dans la montagne. Quel spectacle ! Les murs étaient entièrement peints et gravés. On y voyait de nombreux personnages, certains avec une tête d'animal, qui marchaient les uns derrière les autres. Et puis des barques, des oiseaux, des serpents... Des colonnes et des colonnes de petits dessins.

– Les hiéroglyphes, souffla Gaspard, qui s'était mis à parler à voix basse. L'écriture de l'Égypte antique.

– Ici, nous trouvons un passage du *Livre des morts*, expliqua Joséphine. Des textes et des formules magiques qui devaient aider les âmes à survivre dans l'autre monde.

– Quel autre monde ? dit Némo.

– Celui d'après la mort, le royaume du dieu Osiris. Les Égyptiens croyaient qu'on y accédait en traversant un lac sur une barque sacrée. Mais d'abord, le mort devait subir des épreuves. Il devait expliquer ce qu'il avait fait pendant sa vie.

L'escalier débouchait sur plusieurs salles. Certaines étaient obstruées par de grands blocs de pierre. On n'avait pas encore fini de dégager la tombe du grand Ramsès. Le sarcophage était brisé en mille morceaux, et la momie était depuis bien longtemps exposée dans un musée.

— Le pharaon était considéré comme un dieu, poursuivait la jeune fille. On pensait qu'il était le fils du Soleil.

Du Soleil ! Némo n'en revenait pas. Les Égyptiens savaient que tous les hommes étaient les enfants des étoiles ? Ils connaissaient le big bang ?

Gaspard partit d'un énorme éclat de rire.

— Bien sûr que non ! C'était une croyance. Comme tous les hommes, ils essayaient d'expliquer l'univers. Pour eux, le Soleil était un dieu qui recréait le monde chaque matin. Les Égyptiens imaginaient toutes sortes de dieux. Il y avait Osiris, le dieu des morts ; la déesse Isis ; leur fils, Horus...

– Il y avait aussi des dieux pour l'écriture et la sagesse, ajouta Joséphine, pour la fertilité, pour la vérité et la justice, pour l'amour.

– Pour l'amour, interrompit Némo. Je parie que c'était une fille.

Gaspard le regarda, amusé.

– Pas mal ! Elle s'appelait Hathor, également déesse de la Musique et de la Danse. Elle protégeait aussi les morts et les aidait dans leur voyage.

– Regarde, dit la jeune fille en guidant Némo vers une paroi éclairée, elle veille sur Ramsès. Tu vois comme elle est jolie ?

La déesse était là, peinte sur un mur : une jeune femme longue et fine, vêtue d'une tunique ornée de dessins, étroite, presque transparente. Son épaisse chevelure noire recouvrait ses épaules. Sous la faible lumière des ampoules, elle paraissait presque vivante.

– Elle est belle, osa dire Némo.

Il avait senti un peu de chaleur à l'intérieur de lui. Ça marchait, il commençait vraiment à savoir ce qui était beau !

– Oh ! oui, approuva la jeune fille. Les Égyptiens de l'Antiquité étaient des artistes extraordinaires. On n'arrivera jamais à faire aussi bien qu'eux.

Joséphine était restauratrice. Chaque jour, depuis des mois, elle descendait dans la tombe pour réparer les peintures les plus abîmées par le temps. Elle expliqua comment elle essayait de retrouver les secrets des peintres antiques, en utilisant les plantes et les pierres de la montagne pour fabriquer la bonne couleur.

Némo et Gaspard s'installèrent sur une énorme pierre pour la regarder travailler. Gaspard n'arrêtait pas de la filmer.

– Dis donc, elle te plaît, la petite minette ! chuchota Némo. Il avait entendu cette phrase à la télé.

Son cousin le regarda en fronçant les sourcils.

– Chut ! Toi, tu commences à comprendre trop de choses !

Mais Némo suivait déjà une autre idée.

– Les dieux, ils sont vrais ou imaginaires ?

– Tout dépend si tu y crois ou pas, répondit Gaspard. Si tu as une religion on non.

– C'est quoi, une religion ?

Gaspard lui fit un petit clin d'œil, l'air de dire : « J'étais sûr que tu poserais cette question ! »

– C'est une foi, commença-t-il, une croyance dans une explication du monde. La religion des Égyptiens, comme toutes les religions, essayait de répondre aux grandes questions. Que se passe-t-il après la mort ? Comment le monde a-t-il commencé ?

– Ça, tu me l'as déjà dit : à cause du big bang !

– Le big bang, c'est la réponse de la science aujourd'hui. Mais pourquoi y a-t-il eu le big bang, pourquoi y a-t-il un univers ? Est-ce que quelqu'un ou quelque chose, un dieu ou des dieux, a tout organisé ? On ne le sait pas.

– On ne le sait pas ? Tu me promènes dans le monde pour m'expliquer d'où je viens, quelles sont mes origines comme tu dis. Et maintenant, au fond d'une tombe, tu me dis qu'on ne connaît pas la réponse !

La jolie peintre avait arrêté son travail et les regardait d'un œil étonné.

– C'est toujours comme ça ! lui dit Gaspard. Vous avez la solution, vous ?

– Non, désolée, répondit-elle, en se tournant vers Némo.

– Croire ou ne pas croire en Dieu, reprit Gaspard, c'est un problème qui s'est toujours posé. Dans l'Antiquité, chaque grande civilisation avait ses dieux. Les Grecs, par exemple, de l'autre côté de la Méditerranée, croyaient en d'autres divinités : Zeus, le super-dieu ; Poséidon, dieu de la Mer ;

Athéna, déesse de l'Intelligence ; Aphrodite, déesse de l'Amour.

– Encore une fille, bien sûr, fit Némo.

Joséphine éclata de rire.

– Vous êtes drôles, tous les deux !

– Plus tard, reprit Gaspard, un peu déconcentré, les Romains ont repris les mêmes dieux, mais en changeant les noms : Jupiter, Neptune, Minerve, Vénus…

– Ils n'avaient plus de dieu Soleil comme les Égyptiens ?

– Si justement. Ils le nommaient Apollon. On disait que tous les matins, Apollon conduisait le char du Soleil, attelé de quatre chevaux, et parcourait le ciel jusqu'au soir.

– Quand il se couchait, c'était la nuit ?

– Oui. De nombreuses histoires comme celles-ci expliquaient les phénomènes de la nature par les aventures des dieux. On les appelle des « mythes ».

La « jolie minette » posa son pinceau. Il était temps de remonter.

À la surface, Némo dut fermer les yeux, ébloui par la lumière blanche de la vallée. Il n'arrêtait pas d'y penser : partout, sous ses pieds, dans la montagne devant lui, il y avait des tombes immenses, creusées dans le rocher, avec des représentations de dieux et de déesses chargés de protéger les morts. Mais personne ne savait s'ils existaient vraiment. Quel lieu étrange… Gaspard l'emmena dans une tombe voisine, elle aussi interdite aux touristes : celle des enfants de Ramsès, que l'on venait de découvrir. L'entrée était cachée là, juste à côté du parking des autocars. Un chercheur américain les entraîna dans un labyrinthe de petites salles obscures qu'il était en train de dégager. Au bout d'un couloir, Némo tomba nez à nez avec une statue d'Osiris, dieu des Morts, gardien du tombeau.

Sur le bateau du retour, Némo regarda longuement la Vallée des Rois qui s'éloignait. Il avait des images plein la tête et une mémoire tout en couleurs.

Mais Gaspard n'avait pas terminé son programme ! Après une petite halte à l'hôtel, un superbe palace de Louxor, il voulut encore l'emmener au temple de Karnak. Ils étaient fous, ces Égyptiens ! Une fois encore, c'était une construction énorme. La plus grande salle était plantée d'une véritable forêt de colonnes monumentales. Némo n'écoutait plus aucune explication, mais il redécouvrit très vite le principe de cache-cache ! Il s'amusa à se dissimuler derrière chaque pilier, en évitant Gaspard qui courait derrière lui, caméra à la main.

– Némo ! Attends-moi !

Gaspard hésitait entre les piliers, revenait en arrière, reprenait une autre allée. Un vrai labyrinthe.

– Némo ? Né-mo ?

Il pressa le pas, fit le tour de plusieurs colonnes, appela. Pas de réponse. Impossible de retrouver Némo…

Une heure plus tard, la nuit était tombée. Gaspard avait parcouru les ruines en tous sens, interrogé les gardiens et les touristes, crié mille fois « Némo ». Aucun doute, Némo s'était perdu.

Il chercha partout, revint encore sur ses pas, se mit à errer dans les rues de la ville, refit le parcours entre le temple et le bord du Nil. Il s'arrêta dans chaque boutique, entra dans les cafés, retourna vers l'hôtel. Il était terrifié. Comment avait-il pu perdre Némo ? Que lui était-il arrivé ?

Dans sa chambre, il se résignait à appeler la police quand le téléphone sonna.

– Monsieur, où faut-il apporter les falafels ?

– Les quoi ?

– Les falafels, monsieur. On nous les a commandés pour le jardin. Mais où ?

Gaspard dévala le grand escalier de l'hôtel, et courut dans l'immense parc, entre les pelouses et les palmiers. Au bout d'un moment, il entendit, derrière une haie épaisse, des voix d'enfants. Il trouva Némo, tranquille, souriant, au milieu d'un groupe qui discutait avec animation.

– Ben quoi ? dit-il en voyant la tête défaite de Gaspard. T'étais passé où ?

Némo ne comprenait pas pourquoi son cousin avait l'air aussi affolé. Il lui expliqua comment, ne le trouvant plus, il était sorti du temple et avait par hasard rencontré les copains du bateau. Ils s'étaient baladés en calèche : l'un des enfants promenait ainsi les touristes. Puis, il avait fait ce que Gaspard lui avait toujours recommandé : remercier ses amis. Il les avait tous invités à dîner à l'hôtel. Voilà pourquoi il avait commandé vingt-cinq assiettes de falafels. C'était génial, l'hôtel. Il suffisait de demander. Il y avait un problème ?

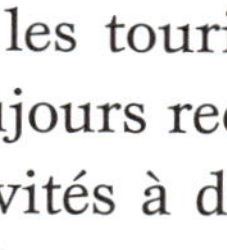

Chapitre 9
Tu es français

Une nuit sous un pont

« Némo ! Réveille-toi ! » Gaspard lui secouait doucement le bras. La voiture s'était arrêtée, il faisait nuit noire.

– Où on est ? demanda Némo, d'une toute petite voix.

– Au pont du Gard ! Allez, réveille-toi ! Nous avons encore un petit bout de chemin à pied.

Némo s'étira, essayant de remettre de l'ordre dans ses idées. Il s'était passé tant de choses depuis hier… Le matin même, ils étaient encore à l'aéroport du Caire. Les douaniers avaient fait toute une histoire en découvrant la caméra, le portable et le sac bourré de cassettes. Gaspard avait parlementé dans des langues que Némo ne comprenait pas, mais rien à faire ! Les douaniers voulaient visionner le film ! Le temps passait, Gaspard s'énervait, le policier de service examinait son passeport d'un air de plus en plus sévère. Soudain, il avait aperçu Némo caché derrière le comptoir, et tout avait changé ! Il avait sorti de sa poche des sucreries qui collaient terriblement aux dents et, tandis que Némo mâchouillait, il avait fait de grands gestes à ses collègues pour qu'ils libèrent Gaspard et son matériel. Trop tard ! L'avion était déjà parti ! Les palabres avaient recommencé, cette fois avec une hôtesse, chargée de trouver de la place dans un autre avion. Ils s'étaient finalement envolés pour Rome ! Et là, ils avaient encore attendu une correspondance pour Marseille pendant trois heures. Gaspard avait tenté de filmer Némo, mais il n'en avait tiré que ces quelques mots : « J'en ai marre des reportages ! » Gaspard s'était placé devant la caméra, et, l'air très détendu, avait annoncé :

« Nous voici donc à Rome ! Il était naturel que, dans son voyage à travers le temps, Némo salue cette ville qui a tellement compté dans l'histoire. En quittant Rome, Némo rejoindra Marseille, puis remontera doucement vers le nord, en s'arrêtant dans des lieux chargés de la mémoire des hommes. Quand Némo retrouvera sa maison, il aura rejoint le XXe siècle. »

Gaspard est un sacré menteur, s'était dit Némo, ils n'avaient jamais prévu de passer par Rome ! Mais tant mieux pour le film ! Ils étaient finalement arrivés à Marseille à la tombée de la nuit et, sans s'attarder, avaient pris la route du pont du Gard.

– Tu me suis ? chuchotait Gaspard dans l'obscurité.

– Tu peux parler normalement, je suis réveillé !

Némo marchait derrière son cousin, en essayant d'éviter les arbres et les buissons qui bordaient le lit de la rivière. Il ne voyait pas où il posait les pieds. Il entendait des glouglous mystérieux. Risquait-il de tomber dans l'eau d'une seconde à l'autre ? Il avait l'impression d'avancer à travers un nuage noir, et il respirait difficilement. Le ciel brillait d'une étrange couleur jaune.

– Les projecteurs, expliqua Gaspard. Ils vont nous indiquer le chemin.

Le pont du Gard, l'immense pont à trois niveaux, apparut soudain, dans son halo de lumière : des arcades monumentales formaient le premier et le deuxième étage et, tout en haut, une suite serrée de petites arches couronnait l'ensemble. Némo renversa la tête pour mieux voir les brassées d'étoiles qui semblaient s'engouffrer par les larges ouvertures.

Ils s'assirent tous les deux en silence, à quelques mètres des gigantesques piliers. Dans le lointain, ils entendaient des voix, des rires, des accords de guitare.

Némo enfila le pull bleu qu'il avait jeté sur ses épaules. La nuit lui paraissait plus fraîche qu'en Égypte.

– Pourquoi il est tellement grand, ce pont ? dit-il enfin. La rivière est toute petite !

– Autrefois, il faisait partie d'un très long « aqueduc », répondit Gaspard, un canal de pierre qui amenait l'eau d'une source jusqu'à la ville de Nîmes, en passant par ces petites arches, tout là-haut. Mais il y a bien longtemps qu'on ne s'en sert plus. L'aqueduc a presque deux mille ans ! Il date du premier siècle de notre ère.

– Notre ère ? Je n'y comprends rien, à toutes ces dates !

– C'est vrai, je ne t'ai pas encore expliqué ça, soupira Gaspard... Notre ère, c'est toute la période qui suit la naissance de Jésus-Christ jusqu'à aujourd'hui. Dans certains pays, on compte les dates différemment, à partir d'autres événements. Mais nous, nous disons, par exemple, « la ville de Rome a été fondée en 753 avant Jésus-Christ ». Ou « l'Empire romain s'est effondré en 476 », c'est-à-dire 476 ans après la naissance de Jésus.

– Jésus, reprit Némo en lançant des petits cailloux devant lui, c'était quelqu'un d'important ?

Gaspard s'allongea dans l'herbe, les mains nouées derrière la nuque.

– Je sens que je vais passer une soirée facile… maugréa-t-il.

– T'es pas obligé de m'expliquer, fit Némo, vexé.

– Ne te fâche pas… Je suis juste un peu fatigué ! Et tout ça n'est pas simple… Tu te souviens des religions antiques ?

– Oui, oui. Les Égyptiens, les Grecs, les Romains… Ils croyaient en plusieurs dieux.

– Exactement. Eh bien, il y a environ quatre mille ans en Mésopotamie, un homme nommé Abraham a annoncé qu'il n'existait qu'un seul Dieu. Un seul créateur de l'univers.

– Un Dieu unique… répéta Némo. Comment il le savait, Abraham ?

– Il affirmait que Dieu lui parlait directement. Cela s'appelle une « révélation ».

– Alors, c'était vrai ?

Némo voulait des certitudes. Mais Gaspard regardait les étoiles, très loin au-dessus de lui.

– Toujours une question de foi, de croyance si tu veux… répondit-il. Si on a la foi, on croit sans preuve, avec son cœur, ses émotions.

– Sans preuve… répéta Némo, découragé.

– Ne t'inquiète pas ! Beaucoup de gens ne sont pas très sûrs. Et certains ne croient pas du tout.

Gaspard lui secouait gentiment l'épaule, pour le réconforter, puis il continua :

– Ceux qui croient au Dieu d'Abraham s'appellent les juifs. Ils sont partis de Mésopotamie et sont arrivés en Palestine, le pays qui s'appelle aujourd'hui Israël. Par la suite, ils se sont installés en Asie, en Amérique et en Europe. Mais ils ont bien failli disparaître…

– Pourquoi ?

Les **dieux**, *aujourd'hui*

Les **religions orientales** *(ou « d'Asie ») sont enseignées par des sages, qui partagent leur savoir et leurs expériences.*

*L'***hindouisme** *: à partir de 2500 av. J.-C., en Inde. Les hindouistes croient en de nombreux dieux (Brahma, Vishnou, Shiva...). Ils pensent qu'après sa mort, l'être humain se « réincarne ».*

Le **bouddhisme** *: En Asie, les bouddhistes suivent les enseignements de Bouddha (le « Bienheureux », ou « l'Eveillé ») un sage qui vivait en Inde au* **VI**[e] *siècle avant Jésus-Christ. Ils pratiquent la compassion (comprendre les souffrances des autres), la non-violence, la tolérance.*

Le **shintoïsme** *: à partir de 700 av. J.-C., au Japon. Les shintoïstes souhaitent une union avec la nature, ils respectent les grands héros japonais et les ancêtres.*

Les **religions monothéistes** *(avec un seul Dieu) ont toutes un ancêtre commun, Abraham, qui vivait en Mésopotamie vers 1850 av. J.-C. Abraham a affirmé que Dieu, seul créateur de l'univers, lui avait parlé directement. C'est une « révélation ».*

Le **judaïsme** *: les juifs suivent l'enseignement de la « Torah » (la Loi), qui raconte la création du monde, l'histoire d'Abraham et de ses enfants. Ils obéissent aux « dix commandements » qui donnent des grands principes de vie (ne pas tuer, ne pas voler, ne pas mentir...) et attendent toujours le Messie, l'envoyé de Dieu.*

Le **christianisme** *: les chrétiens croient que Jésus, un Juif qui vivait en Palestine (aujourd'hui Israël) au début de notre ère, est le Messie. Il enseignait un message d'amour et de paix. Après sa mort sur la croix, il serait ressuscité (revenu à la vie). Les chrétiens étudient la Bible, constituée de « l'Ancien Testament » (le même texte que la Torah juive) et du « Nouveau Testament », qui raconte la vie de Jésus. Il existe de nombreuses Eglises chrétiennes : catholique, orthodoxe, protestante...*

*L'***islam** *: Mahomet, qui vécut en Arabie de 570 à 632, affirma que Dieu lui avait dicté un livre : « le Coran ». Le Coran organise la vie de chaque musulman, de la famille et de la société. Les musulmans sont très nombreux en Afrique et en Asie.*

Némo

– Le peuple juif a vécu une histoire très tragique. Nous en reparlerons, mais pas ce soir.

– Et Jésus ? Tu n'as pas répondu à ma question.

Gaspard se mit à rire.

– Tu n'oublies jamais rien, toi ! Et tu aimes te coucher de plus en plus tard ! Jésus, donc… Il est né il y a presque deux mille ans, en Palestine justement.

– C'est où ?

– Au bord de la Méditerranée. Jésus était juif, lui aussi. Il parlait au nom de Dieu. Il disait que les hommes devaient vivre ensemble en s'aidant, en s'aimant. Il parlait beaucoup d'amour…

– Encore !

– Eh oui ! On en revient toujours là ! En tout cas, cela ne plaisait pas à tout le monde et Jésus a été condamné à mort. C'est à ce moment que sa célébrité a vraiment commencé.

– Comment ça, s'il n'était plus là ?

– Ses amis ont dit qu'il était « ressuscité », c'est-à-dire revenu à la vie, et qu'il était le fils de Dieu.

– Eh ben dis donc… Le fils de Dieu, c'est aussi un dieu ? Mais là non plus, on n'a pas de preuve ? Il faut la foi, c'est ça ?

– Oui, tu as compris ! Ceux qui croient en Jésus s'appellent les chrétiens. Les juifs, eux, ne croient pas qu'il était le fils de Dieu. Ils attendent donc toujours l'envoyé de Dieu, le « Messie ».

Ça fait longtemps qu'ils attendent… pensa Némo. Dans le ciel, on apercevait parfaitement la Grande Ourse, avec sa queue de casserole. Il chercha la Petite Ourse du regard et trouva facilement l'étoile Polaire. Le nord était donc devant lui.

– En fait, les juifs et les chrétiens ont le même Dieu,

reprit-il au bout d'un moment. Mais les chrétiens ont Jésus en plus, c'est ça ?

Gaspard releva la tête.

– À peu près. Il existe encore une autre religion avec le même Dieu : l'islam, la religion des musulmans.

– Quelle différence avec les juifs et les chrétiens ?

– L'islam a commencé en Arabie, environ six cents ans après la naissance de Jésus, avec une autre révélation. Dieu – que les musulmans appellent Allah – aurait parlé au prophète Mahomet et lui aurait dicté un livre sacré, le Coran.

– C'est quoi, un prophète ?

– Un messager de Dieu.

– En Égypte, tu m'as déjà parlé des musulmans. Ils obligent les femmes à porter le voile.

– Je t'ai parlé de certains musulmans, les fondamentalistes, qui vont jusqu'à tuer ceux qui ne pensent pas comme eux.

– Mais c'est terrible !

– Absolument. Ceux qui croient connaître toute la vérité sont très dangereux. Heureusement, tous les musulmans ne se conduisent pas comme ça !

Némo revoyait les femmes voilées d'Égypte, groupées en petits troupeaux tristes. Elles n'avaient pas l'air de s'amuser. Elles ne ressemblaient pas aux belles femmes peintes dans les tombeaux. Peut-être que parfois, la vie était mieux « avant » ? Dans le passé ?

– Retiens bien cela, ajouta Gaspard. Il existe beaucoup d'autres religions dans le monde. Et chacun doit pouvoir choisir librement ce qu'il croit.

– Moi, je veux être bouddhiste tibétain ! intervint Némo. Gaspard le regarda, surpris.

– Eh ben oui, quoi ! J'ai vu un reportage à la télé : ils ont l'air sympa et ils rigolent tout le temps. Et puis, on les a tués, ou chassés de leur pays, il faut les défendre…

Némo regarda longuement le gigantesque aqueduc qui attendait là depuis deux mille ans. Est-ce qu'aujourd'hui, les hommes construisaient des ponts aussi beaux ? Il se pencha vers Gaspard, mais il vit que son cousin respirait lentement. Il s'était assoupi !

– Gasp… Gaspard !

Némo essaya de le secouer.

– Hein ? Quoi ? Némo ?

Gaspard clignait des yeux.

– Tu dors ? Je voulais juste te demander : qui a construit le pont du Gard ?

Gaspard se frotta le visage à deux mains.

– Le quoi ? Le pont du Gard ? répéta-t-il.

– Oui ! lui souffla Némo à l'oreille. Qui l'a construit ?

– Les Romains ! répondit Gaspard, d'une voix faible.

– Qu'est-ce qu'ils faisaient en France, les Romains ?

– Némo… protesta Gaspard. C'est encore une autre histoire…

Il roula de l'autre côté et replongea dans le sommeil. Comprenant que Gaspard ne se réveillerait pas de sitôt, Némo prit doucement les clefs de la voiture dans le sac à dos, alla chercher d'autres pulls dans les valises pour en faire des couvertures et revint s'étendre à côté de son cousin. Il contempla encore longtemps l'immense ciel d'été et s'endormit sous les étoiles.

Dans la maison d'Apollon

– Oh ! que j'ai mal au dos !

Gaspard n'arrêtait pas de se plaindre. Il avait sans doute dormi sur un caillou ! Némo, lui, se sentait en pleine forme. Ils étaient partis tôt du pont du Gard et après avoir traversé le Rhône et suivi la rivière Ouvèze, ils avaient rejoint Vaison-la-Romaine. Les Romains s'étaient installés dans cette région un peu plus de cent ans avant notre ère, et aujourd'hui il ne restait plus que des ruines : petits murs de pierres irrégulières, bassins asséchés, colonnes qui semblaient prêtes à s'effondrer.

Les mains dans les poches de son jean, Gaspard prenait la pose.

– Arrête de faire ton numéro, fit Némo d'un air moqueur, sans cesser de regarder dans l'oculaire de la caméra. Je ne l'ai pas encore mise en marche.

– C'est malin ! Allez, on recommence !

– Ça tourne ! cria Némo.

Et Gaspard répéta exactement sa présentation de Vaison-la-Romaine, très naturellement, comme s'il venait juste d'y penser.

– Parfait ! T'es un vrai « pro ! », lui lança Némo. Il avait appris que « pro » était un compliment. Il rangea la caméra et jeta un coup d'œil sur les environs.

– Dis donc, c'est drôlement écroulé par ici !

– Arrête de faire cette tête… continua Gaspard. Souviens-toi du village néolithique. Il faut faire un effort d'imagination pour reconstituer les lieux. Ici, par exemple, tu te trouves dans une grande villa romaine. Une maison très confortable, avec de nombreuses pièces : cuisine, salle à manger, bibliothèque, salons, chambres, et plusieurs salles de bains.

– Comment tu vois tout ça ? fit Némo, méfiant.

– Je me suis fait aider, avoua Gaspard en clignant de l'œil, par un copain archéologue. Et puis j'ai lu des livres… Regarde, ici, nous sommes dans la cuisine.

Il entraîna Némo vers une grande table en pierre grise, creusée de deux cavités ovales.

– C'est un évier ?

– Non, ce sont les fours. L'évier se trouvait ici, dans ce grand bassin. Derrière, un petit caniveau emportait les eaux sales.

– Bien organisé… marmonna Némo, tout en suivant Gaspard, qui continuait la visite.

Ils s'arrêtèrent devant une sculpture représentant une tête de femme, couronnée de cheveux épais.

– La statue d'Apollon, commenta Gaspard. Enfin, une copie… L'original se trouve au musée de Vaison.

– On dirait une fille ! Ils avaient de drôles de goûts, les Romains… D'ailleurs que faisaient-ils là, en France ? Hier soir, tu ne m'as pas répondu !

– Je me demande pourquoi… rigola Gaspard.

Il s'assit dans l'ombre maigre d'un cyprès, sortit de son sac une plaque de chocolat à peine ramolli et un paquet de biscuits, et les tendit à Némo. Il reprit son histoire :

– À partir de la ville de Rome, en Italie, les Romains ont conquis un immense empire, autour de la Méditerranée.

– Vaison, c'était dans l'empire ?

– Oui, pendant la période qui a précédé la naissance du Christ, les Romains se sont installés dans tout le territoire de la France. À cette époque, on l'appelait la Gaule, peuplée évidemment de Gaulois.

– Comme Astérix ?

– Exactement.

– Alors les Gaulois, ils se battaient tout le temps avec les Romains ?

– Tant que les Romains étaient peu nombreux, ça se passait plutôt bien. Mais quand Jules César a voulu conquérir tout le pays, les Gaulois se sont révoltés ! Finalement, les armées gauloises, dirigées par Vercingétorix, ont été vaincues en 52 avant J.-C. Et petit à petit, les Gaulois ont accepté la manière de vivre des Romains, leurs coutumes, leurs dieux, à tel point qu'on les a appelés des Gallo-Romains. Ce sont nos lointains ancêtres.

– Mais moi, je ne suis pas un Gallo-Romain, rétorqua Némo en croquant un biscuit.

– Non. Tu es français.

– Parce que je parle français ?

Gaspard ramassa l'enveloppe vide du chocolat et des biscuits, chercha en vain une poubelle du regard et, résigné, remit le tout dans son sac.

– Tu parles français, répéta-t-il. Tu as grandi en France, tu as reçu une culture française, même si tu ne t'en souviens pas. C'est tout cela, être français.

– Une culture ? C'est quoi ? Encore l'école ?

– Pas seulement ! Bien sûr, il y a les livres des écrivains français, la géographie, l'histoire de la France. Mais aussi les traditions, comme la cuisine, les fêtes…

– Un peu comme la civilisation ?

– Oui, et ce n'est pas tout. Les Français ont le droit d'habiter en France et ils doivent obéir aux lois de leur pays. Pour posséder un passeport français, c'est-à-dire la « nationalité » française, il faut en général avoir des parents français. Les enfants qui sont nés et habitent en France, mais qui ont des parents étrangers, peuvent devenir français.

– C'est compliqué.

– Oui. Il y a aussi des gens qui n'ont pas de passeport français, mais qui veulent vivre en France. Je crois qu'ils se sentent un peu français.

– Se « sentir » quelque chose… Ce n'est pas très facile pour moi, soupira Némo.

Il contemplait la longue allée pavée, bordée de colonnes de hauteur inégale, qui se perdait dans un jardin très vert. Derrière les arbres, il apercevait les maisons de pierre de Vaison, avec leurs toits presque roses.

– Alors, reprit-il au bout d'un moment, tes Gallo-Romains, quand est-ce qu'ils sont devenus des Français ?

– Oh là là ! fit Gaspard, ça ne s'est pas fait en un jour ! Plusieurs siècles après la conquête de la Gaule, l'Empire romain était devenu trop grand et trop difficile à gouverner. Il a été attaqué de tous les côtés.

– Par qui ?

– À partir du IVᵉ siècle de notre ère, les Huns, un peuple d'Asie, sont partis vers l'ouest à la recherche de nourriture, de bétail. Ils se sont battus avec les tribus germaniques qui se trouvaient sur leur chemin et ils les ont, elles aussi, chassées vers l'ouest. Peu à peu, ce beau monde a envahi la Gaule, et tout l'Empire romain.

– Ils étaient si terribles que ça, les Huns ?

– Les guerriers, tu sais, on ne les trouve jamais très sympathiques.

– Et les autres, les « tribus » ?

– Les tribus germaniques. On les appelait les « Barbares », parce qu'on ne comprenait rien à ce qu'ils disaient. Les Grecs avaient autrefois donné ce nom à tous ceux qui parlaient mal le grec. Il y avait les Francs, les Burgondes, les Wisigoths, les Ostrogoths, les Vandales, et j'en oublie !

– Qu'est-ce qu'ils ont fait alors, les Gallo-Romains ?

– Il y a eu de terribles batailles. En 476, l'Empire romain d'Occident s'est effondré ; il a été divisé en plusieurs royaumes. La Gaule est devenue un royaume franc. Clovis, le roi des Francs, a adopté la religion chrétienne, et a appris le latin.

– Mais « franc », c'est « français ». Il ne parlait pas français ?

– Non, le français n'existait pas !

– Tu te moques de moi ! Qui l'a inventé alors ?

– Personne. Une langue ne « s'invente » pas. Elle se construit, petit à petit. Les Gaulois parlaient des langues celtes. Puis ils ont appris le latin. Mais le latin que l'on parlait en Gaule n'était déjà plus le même que celui des Romains. Les Gaulois avaient déformé la prononciation, ajouté des mots à eux. Les Francs ont fait la même chose. Petit à petit est apparue une nouvelle langue : le français.

– Et les gens ? Ils sont aussi devenus des Français petit à petit ?

– Un peuple se construit comme une langue. Il faut du temps.

– Elle s'est terminée quand, la construction du peuple français ?

– Elle n'est pas finie ! Elle se poursuit encore aujourd'hui. À toutes les époques, des étrangers sont arrivés, apportant eux aussi de nouvelles manières de vivre et, bien sûr, de parler. Nos ancêtres, ce ne sont pas seulement les Gaulois, mais tous les immigrés qui sont venus habiter la France, lors des invasions mais aussi pour travailler ou pour fuir une guerre dans leur pays… Ou même parce qu'ils étaient amoureux d'une Française ou d'un Français, ajouta Gaspard, les yeux dans le vague.

Némo l'observa d'un air soupçonneux, sachant que ses pensées s'étaient envolées vers Léa.

– Les Français sont une sorte de mélange, alors ? dit-il pour ramener son cousin à la réalité.

– Hein ? fit Gaspard, comme s'il se réveillait brusquement. Un mélange ? Mais oui, comme tous les peuples. Bien sûr, c'est essentiel de savoir que tu es français. Mais cela ne te rend pas meilleur ou plus important que les autres, puisque tout le monde est mélangé.

Il regarda sa montre.

– Il faut partir, Némo, si nous voulons arriver avant la nuit.

– Arriver où ? Tu ne veux pas dire qu'on va passer la journée en voiture ?

– Euh… si, avoua Gaspard. Tu connais la règle du jeu, on n'est pas en vacances : nous tournons un film et il nous faut des images !

Des champs si tranquilles

« Ici fut livrée le 25 juin 841 la bataille de Fontenoy entre les enfants de Louis le Débonnaire. La victoire de Charles le Chauve sépara la France de l'Empire d'Occident et fonda l'indépendance de la nation française. »

C'était presque le soir d'une journée très longue et très fatigante. Némo se retourna vers la caméra. Il venait de déchiffrer l'inscription gravée sur une pierre haute et étroite, plantée comme un obélisque, mais cela n'avait pas amélioré son humeur.

– Dis donc, s'exclama-t-il, on a fait des heures de voiture, juste pour se retrouver au milieu des champs et lire ce machin que je ne comprends pas !

L'obélisque se dressait en effet sur un monticule, en pleine campagne de Bourgogne. Devant eux, Némo et Gaspard ne voyaient que des épis de blé et des tournesols, ces grandes fleurs jaunes qui penchaient la tête pour les regarder. Au loin, ils apercevaient le petit village de Fontenoy, serré autour du clocher de l'église. Tout était calme.

Gaspard n'était pas impressionné par le mécontentement de Némo. Ce qui agaça encore plus ce dernier.

– Mais pourquoi des gens se seraient battus ici ? C'est le lieu le plus tranquille du monde ! On n'entend pas un bruit, on ne voit personne !

Gaspard aida Némo à grimper sur le rebord de l'obélisque, d'où ils dominaient toute la vallée.

– Ça paraît absurde, n'est-ce pas ? Pour bien comprendre, il va falloir que tu notes quelques dates dans ton carnet : en 476, après la division de l'Empire romain d'Occident, commence en Europe une très longue période, qui durera un peu plus de mille ans, et que les historiens appellent le « Moyen Âge ».

– Pourquoi « moyen » ? grommela Némo, les genoux ramenés sous le menton.

– Cela signifie entre deux époques. Entre l'Antiquité, quand commence l'histoire écrite des hommes, et les « Temps modernes », la période la plus proche de nous, où tout change très vite.

– Il a dû s'en passer, des choses, en plus de mille ans !

– Il faudra que tu regardes dans un livre d'histoire… Tu te souviens de Clovis, le roi des Francs ? Après lui, de nombreux rois se sont succédé jusqu'à un empereur nommé Charlemagne. Son domaine était beaucoup plus grand que la France d'aujourd'hui. Tu as lu l'inscription ? Louis le Débonnaire, c'est un fils de Charlemagne. À la mort de ce dernier, les enfants de Louis, c'est-à-dire les petits-fils de Charlemagne, n'ont pas pu s'entendre. Chacun voulait être roi. Ils se sont battus ici, à Fontenoy. En 843, ils ont signé le traité de Verdun et ont partagé l'empire en trois. L'une des parties est devenue la France.

– Et ça s'est passé ici ?

– Oui, dans ces champs si tranquilles, il y a eu une vraie bataille. Imagine : des hommes armés avec des lances, des piques, des couteaux… Et puis des chevaux, des cris de peur, des blessés, des morts… D'une certaine manière, la France est née ici.

Némo redressa la tête. Il avait du mal à y croire.

– Et ensuite ? Il y a eu d'autres rois ?

– Oui. Et aussi de nombreux seigneurs, qui étaient parfois plus puissants qu'eux. Mais le roi avait un avantage : il se faisait sacrer par le pape, le chef de l'Église catholique.

– Qu'est-ce que c'était, « sacrer » ?

Gaspard se mit à rire.

– Le pape, qui représentait l'autorité de Dieu pour les chrétiens, lui mettait une couronne sur la tête. Comme si Dieu avait choisi lui-même le roi. Désobéir au roi, c'était donc désobéir à Dieu ! Cette idée faisait peur à tout le monde, ou presque !

– Mais pourquoi ? s'étonna Némo.

– L'Église promettait aux mauvais chrétiens qu'ils iraient en enfer après leur mort.

– En enfer ?

– Oui, un lieu horrible, où l'on souffrait éternellement.

– Eh ben dis donc… fit Némo, quand même impressionné. Et les gens le croyaient ?

– Oui, l'Église était toute-puissante, elle dirigeait entièrement la vie des gens. Chaque village était construit autour de son église, comme ici, à Fontenoy. Et l'Église rythmait aussi le temps.

Nos ancêtres, les **immigrés**

Dans l'Antiquité, la France s'appelle **la Gaule**. *Des populations d'origines très diverses s'y installent et se mélangent. C'est ainsi que, petit à petit, naîtra* **le peuple français**.

Jules César

59 à 49 avant J.-C. *Le général romain Jules César conquiert la Gaule.*

Jésus-Christ

An I *Jésus-Christ est né. Nous entrons dans l'ère chrétienne. Bientôt le monde chrétien comptera tous les événements à partir de cette date : « avant Jésus-Christ » ou « après Jésus-Christ ».*

370-375 après J.-C. *Les Huns arrivent jusqu'en Gaule.*

391 *Le christianisme devient la religion officielle de l'Empire romain.*

395 *L'Empire romain se divise en deux : l'empire d'Orient et l'empire d'Occident.*

406-409 *Les Vandales envahissent la Gaule et l'Espagne.*

476 *Les Barbares prennent Rome. C'est la fin de l'Empire romain qui sera divisé en de multiples royaumes. Cela marque la fin de l'Antiquité et le début du Moyen Age.*

Charlemagne

486 *Clovis fonde le royaume franc.*

800 *Charlemagne est couronné empereur. Son empire recouvre une large partie de l'Europe.*

841 *C'est la bataille de Fontenoy !*

843 *Avec le traité de Verdun, l'Empire de Charlemagne est partagé entre ses petits-fils. La « Francie occidentale » deviendra la France. Mais elle n'a pas encore la forme d'un hexagone. Au cours des siècles suivants, les guerres modifieront souvent les frontières.*

à suivre…

La Francie occidentale après le traité de Verdun

Némo

– Qu'est-ce que ça veut dire ? Elle donnait l'heure ?

– Plus que ça ! La cloche sonnait très tôt le matin. Et le soir, elle annonçait la fin de la journée de travail. C'était « l'angélus ». Tout le monde faisait une pause pour prier. Elle sonnait aussi pour les fêtes, les baptêmes, les mariages et les enterrements. Une sonnerie particulière, le tocsin, appelait les villageois en cas d'incendie, de guerre ou d'émeute…

– Le pape qui décide, comme ça, que le roi est choisi par Dieu… reprit Némo comme s'il se parlait à lui-même. Comment il peut en être sûr ? Dieu n'a pas parlé, personne ne l'a entendu !

– Je crois que le pape et le roi voulaient surtout faire obéir les autres.

Au loin, le clocher de Fontenoy sonna six coups.

– J'entends un clocher pour la première fois… murmura Némo. C'est presque… beau.

Il sauta de son perchoir, appuya son dos contre le pied de l'obélisque et se tourna vers Gaspard.

– Parfois, je « sens » si quelque chose est beau. Mais c'est tout. Je ne « sens » pas d'autres choses. Peut-être que je ne serai jamais comme les autres…

Il hésita un peu.

– Toi, comment tu as « senti » que tu aimais Léa ?

Gaspard ferma un instant les yeux, comme pour mieux se plonger dans ses pensées.

– Je crois que je l'ai su tout de suite, dès que je l'ai vue. Elle venait parler de son spectacle à la télévision. Nous avons discuté, j'avais l'impression de la connaître depuis toujours. Elle était si belle…

Gaspard souriait dans le vide, mais Némo n'avait pas envie de se moquer de lui.

– Pour Sunita, dit-il, je ne « sens » pas. Je l'ai rencontrée à l'hôpital, je ne me souviens de rien d'autre. Comment on peut savoir si on aime vraiment ?

– Là, mon vieux Némo, je peux te parler d'homme à homme. Si tu te demandes « Je l'aime ou je ne l'aime pas ? », si tu ne sais pas vraiment, eh bien c'est que tu ne l'aimes pas ! Pour Léa, je ne me suis jamais posé la question, je savais !

– Tu ne trouves pas ça bizarre, que Sunita ne téléphone plus ?

– Si, cela m'inquiète. En Égypte, elle ne pouvait pas nous joindre, mais maintenant…

Le soleil commençait à décliner derrière la colline. Gaspard sortit la caméra et se mit à filmer en tournant autour de l'obélisque.

– Nous sommes ici à l'endroit où est née la France ! proclama Némo en étirant solennellement les bras devant l'objectif.

– Parfait ! approuva Gaspard. Ça fera un très bon plan ! Allez, en route !

– En route ?

– Oui, vers Vézelay !

– Ah ! non ! fit Némo, les poings sur les hanches. J'en ai marre ! Je ne veux plus de voiture ! Je veux dormir ! Nager dans une piscine, lire mes nouveaux livres, manger des crêpes, boire du champagne ! Si tu ne me donnes pas deux jours de vacances, je ne fais plus de télé !

Chapitre 10
Tu es l'héritier du progrès

Les voix mystérieuses

– Eh ! s'écria Némo, tiens ton volant quand même ! Je l'ai vu ! On dirait... on dirait un grand navire, perché sur une montagne !

– La basilique de la Madeleine, à Vézelay ! annonça Gaspard.

Au sortir de la forêt, la route grimpait à flanc de colline. La voiture gravit plusieurs ruelles escarpées et déboucha sur une place, devant l'immense édifice. Némo avait eu le temps d'apercevoir des tours, des toits pointus, des fenêtres innombrables percées dans d'énormes murailles aux couleurs très douces : gris clair, beige rosé.

Ce matin, il n'avait pas du tout envie de somnoler, il venait de passer deux jours de vacances ! Deux jours entiers à explorer le grand parc régional de Bourgogne, à flâner dans les sentiers forestiers, à suivre de mystérieux ruisseaux qui s'enfonçaient dans le sous-bois. Pendant des

Roman **ou** gothique?

Les artistes du Moyen Age s'inspirent de leur foi en Dieu, ils construisent et décorent des églises. Les vitraux (fenêtres colorées), les peintures et les sculptures rappellent aux chrétiens — qui à cette époque ne savent pas toujours lire — les scènes importantes de la Bible.

L'art roman

L'art roman, c'est rond. *Au* **XI**ᵉ *et* **XII**ᵉ *siècles, les architectes utilisent la forme du cercle, qui représente la perfection. Ils construisent donc des voûtes (des grands plafonds) rondes. Très lourdes, elles s'appuient sur des murs épais et, au milieu, sur la clef de voûte. On fait peu de fenêtres, les églises sont sombres.*

L'art gothique

L'art gothique, c'est pointu. *A partir du* **XII**ᵉ *siècle, on imagine les églises comme des flammes très hautes qui s'élanceraient vers le ciel. C'est le début de l'art gothique. On construit d'abord les piliers, et on les relie par des arcs pointus qui se croisent : les ogives gothiques. Les grandes fenêtres laissent entrer la lumière.*

A Vézelay, la basilique est romane, elle a été terminée au **XI**ᵉ *siècle. Mais à la fin du* **XII**ᵉ *siècle, le chœur a été reconstruit en style gothique : il est très haut et les fenêtres sont pointues.*

Némo

L'intérieur de la basilique de la Madeleine à Vézelay

heures, à l'abri d'une petite maison perchée en haut d'un arbre, Némo avait observé les biches et les sangliers. Maintenant, il était prêt à reprendre son voyage.

Aux côtés de Gaspard, il monta les larges marches de pierre et franchit le premier portail arrondi, très élevé, pour accéder à une grande salle qui ouvrait elle-même sur un autre portail, surmonté de sculptures monumentales.

Un groupe d'enfants les dépassa, guidé par leur instituteur. Gaspard entraîna Némo sous le second portail. Toute la basilique se déployait devant eux. Une suite infinie de colonnes soutenait des voûtes arrondies, et, tout au bout, très loin, très haut, le soleil matinal illuminait des fenêtres étroites et transparentes qui s'élançaient vers le ciel.

Némo et Gaspard avançaient lentement. Une mélodie étrange, assourdie, semblait sortir de terre. Némo regarda à ses pieds, il ne vit que les larges dalles grises.

– Tu crois qu'on entend des âmes ? chuchota-t-il.

– Mais non, répondit Gaspard, tout à sa contemplation.

Planté au milieu de l'allée centrale, il faisait de grands gestes, comme un policier au milieu d'un carrefour.

– Nous sommes dans la « nef », expliqua-t-il. Tu vois ces voûtes arrondies et ces lignes très simples ? Il s'agit d'une architecture de « style roman », qui date presque du début du Moyen Âge. Elles forment la partie la plus ancienne de la basilique.

Le bras de Gaspard amorça un large moulinet. Némo leva les yeux.

– Dans le « roman », dit-il, les plafonds sont arrondis ?

Gaspard l'approuva d'un hochement de tête.

– Exactement. Le « chœur », la partie élargie, tout au bout de la nef, est ici en style « gothique » : on le reconnaît à ses voûtes pointues qui ont été construites plus tard.

– Alors il a fallu très longtemps pour construire la basilique ?

– Presque cent ans ! Tout le village y travaillait.

– Tous ? Mais pourquoi ils acceptaient de faire ce travail ?

– Au Moyen Âge, les chrétiens s'efforçaient de plaire à Dieu, et voulaient éviter d'aller plus tard en enfer. Parfois, ils se révoltaient : ici, à Vézelay, l'abbé qui dirigeait la construction a pris tellement d'argent aux paysans qu'ils l'ont assassiné !

– Gaspard... Tu entends ?

Les voix semblaient plus proches, plaintives.

– T'es vraiment bien sûr que ça n'existe pas, l'enfer ?

Gaspard fit signe à Némo de se taire. Ils avaient rejoint le groupe d'enfants en visite.

– Quelqu'un peut expliquer ce qu'est une croisade ? demandait le professeur.

– Quelque chose de barbant ! répondit un petit en gonflant les joues.

– Très drôle ! Une croisade, c'était une guerre pour aller délivrer le tombeau du Christ à Jérusalem, une guerre contre les infidèles !

– Les infidèles, ils ont plusieurs femmes ! s'exclama un autre gamin.

Tous les enfants se mirent à pouffer.

– Silence ! fit le maître qui commençait à s'énerver. On appelait « infidèles » les musulmans qui occupaient la Palestine. Pour les seigneurs du Moyen Âge, ils devaient devenir chrétiens ou mourir ! La première croisade est partie en 1096. Et ici même, à Vézelay, Bernard de Clairvaux a lancé la deuxième croisade, en 1146, en criant : « Dieu le veut ! »

– Comment il pouvait le savoir ? fit la voix claire de Némo.

Tout le groupe se retourna vers lui. On l'examina avec curiosité, certains se poussèrent du coude, on entendit : « C'est qui, celui-là ? » Et puis soudain : « Némo ! Le mec de la télé ! »

– On t'a vu à la télé ! Mais qu'est-ce que tu fais là ? Tu as retrouvé ta mémoire ? Quand est-ce que tu repasses à la télé ?

Némo essaya un sourire « de pro » comme il l'avait fait pendant « son émission ». On le poussait, on le tirait, une fille sortit son appareil photo et lui envoya un éclair de flash dans les yeux, une autre lui demanda « un orthographe ».

– De l'orthographe ? répéta Némo, ahuri.

– Un autographe, lui souffla Gaspard. Elle veut que tu signes ton nom, dans son cahier, en souvenir.

Némo écrivit son nom, en gros. Mais tous les enfants voulurent faire la même chose. C'en était trop ! Némo se débattit pour repousser les cahiers tendus vers lui. En essayant de reculer, il tamponna une pile de chaises qui s'effondrèrent avec fracas. Un monsieur accourut pour identifier la cause du vacarme ; le maître s'égosilla en promettant des punitions.

Gaspard s'empara de la main de Némo, l'entraîna rapidement et le poussa dans un petit escalier que personne n'avait remarqué et qui s'enfonçait sous la terre. Némo se retrouva dans le noir et entendit un grand « Merde ! » suivi d'une dégringolade. Gaspard s'était cogné contre le plafond bas et venait d'atterrir brutalement en bas des marches.

Alors, Némo eut l'impression que son cœur quittait sa poitrine pour remonter dans sa gorge. Les voix mystérieuses ! De longs chants qui semblaient répéter les mêmes mots, les mêmes soupirs. Némo ne voyait rien encore. Instinctivement, il recula, mais le sol était inégal, il se tordit le pied. Son dos heurta une grille de fer. Il frissonna, comme s'il faisait très froid. Gaspard se pencha vers lui, attentif.

– Qu'est-ce qui t'arrive, Némo ? Tu as peur ?

– Ne m'embête pas...

Leurs yeux s'habituaient à l'obscurité. Némo distinguait vaguement un groupe de personnes à genoux, et une petite lumière rouge qui vacillait au pied d'une grande croix.

– Où on est ? chuchota-t-il.

– Dans la crypte, une salle souterraine qui se trouve juste en dessous du chœur de l'église, répondit Gaspard à voix basse.

– Dis, c'est pas des âmes ?

– Mais non ! Je crois que nous sommes tombés au milieu d'une réunion de prières.

Némo « les » voyait mieux maintenant. Penchés en avant, les yeux fermés, les mains jointes.

– Pourquoi ils se cachent ?

– Peut-être pour chercher une atmosphère de mystère ?

– C'était comme ça, au Moyen Âge ?

– La foi ressemblait peut-être à de la magie, car on vivait dans la peur de choses terribles qu'on ne comprenait pas : comme la peste, la famine, et puis les guerres, toujours les guerres. On attendait de Dieu des miracles, et on recherchait la protection de l'Église.

– Quel genre de protection ?

– L'Église aidait les pauvres, elle instruisait les enfants, et elle pouvait offrir l'asile, c'est-à-dire un abri sûr, à toutes les personnes poursuivies. Mais en même temps, elle faisait payer de lourds impôts, elle menaçait les gens de l'enfer et surveillait leurs pensées.

– Les pensées ? On ne peut pas surveiller les pensées !

Némo avait élevé la voix. Plusieurs personnes se retournèrent. On entendit des « chut ! » réprobateurs. Gaspard posa un doigt sur ses lèvres.

– L'Église fixait ce qu'il « fallait croire », expliqua-t-il d'une voix à peine audible. Ceux qui n'étaient pas d'accord étaient souvent brûlés sur des bûchers. Tu te souviens des juifs ?

– Bien sûr. La religion d'Abraham...

– Au Moyen Âge, beaucoup de juifs ont été chassés des pays d'Europe. Parfois l'Église les obligeait à devenir chrétiens ou les enfermait dans des quartiers réservés, des « ghettos », séparés du reste de la ville.

– Chut ! chut ! chut !

Tout le monde se retournait vers eux, l'air mécontent. Némo et Gaspard battirent en retraite. En haut de l'escalier, ils aspirèrent une bouffée d'air qui leur parut tiède, après le froid humide de la crypte. Le soleil illuminait la blancheur du chœur, tout était calme. Heureusement, le groupe des enfants terribles avait disparu. Némo suivait Gaspard, les sourcils froncés. Dès qu'ils se trouvèrent à l'extérieur, il demanda :

– C'est mal, d'être croyant ?

– Pas du tout ! répondit Gaspard. Ce qui est mal, c'est d'être fanatique : on est si sûr de connaître la vérité qu'on veut obliger les autres à y croire aussi.

– Comme les fondamentalistes ?

– Exactement. Au Moyen Âge, la plupart des gens devaient toujours obéir. À l'Église, au roi, au seigneur...

– Ça ne m'aurait pas plu ! fit Némo qui avait là-dessus une opinion très nette. Il s'était arrêté, les mains sur les hanches.

– Viens, dit Gaspard en se dirigeant vers la voiture. Je voudrais écouter mes messages, j'avais débranché le portable pendant notre visite.

– Heureusement, sinon on t'aurait envoyé au bûcher !

Le temps des **croyants**

La Gaule est devenue **la France**. *Elle est déjà menacée par de nouveaux envahisseurs : les Vikings, venus du Nord. Pour se défendre, les nobles construisent des châteaux forts et demandent la protection des seigneurs plus puissants : ainsi s'organise la société* **féodale**.

La foi chrétienne est au centre de tout. On construit des églises et des cathédrales. Et on envoie des armées en croisades.

987 *Hugues Capet est élu roi de France par les seigneurs. Il fonde la monarchie héréditaire : à la mort du roi, c'est son fils aîné qui lui succède. Pourtant, le roi ne contrôle encore qu'un petit domaine.*

1095 *Pour « libérer » le tombeau du Christ à Jérusalem, le pape Urbain* **II** *appelle les croyants à partir en croisade. Entre 1095 et 1270, il y aura sept croisades.*

Vers 1100 La Chanson de Roland, *le premier poème en langue française, raconte l'histoire de Charlemagne.*

Philippe Auguste

1180-1223 *Le roi de France, Philippe Auguste, se bat contre l'Angleterre et ses alliés, et agrandit le territoire royal.*

1209 *Le pape Innocent* **III** *lance une nouvelle croisade contre les Albigeois, des « hérétiques » du sud de la France.*

Saint Louis

1270 *Le roi Saint Louis meurt en croisade. Il avait consacré sa vie à établir la justice en France, mais aussi à combattre les hérétiques.*

1337-1453 *Le roi de France et le roi d'Angleterre se disputent la France : c'est la « guerre de Cent Ans ».*

1347-1353 *Une terrible maladie, la peste noire, ravage l'Europe. Un quart de la population en meurt !*

1358-1359 *Les paysans, qui crèvent de faim, se révoltent contre les nobles, c'est la grande « Jacquerie ».*

Louis XI

1483 *À la mort du roi Louis* **XI**, *le domaine royal s'étend à presque toute la France.*

1492 *Le roi catholique Ferdinand d'Espagne et la reine Isabelle chassent les Juifs et les Arabes de leur pays.*

à suivre...

Némo

– Les temps ont changé, marmonna Gaspard tout en pianotant sur les touches du téléphone. Il écoutait, l'air absent.

– Tu me le passes ? demanda Némo.

Il reprit le dernier message. C'était Léa, bien sûr. « Gaspard, c'est moi. J'en ai vraiment assez, je me suis levée au milieu de la nuit pour t'appeler le matin en France, et tu as débranché ton téléphone. Je ne sais plus quoi faire. Nous quittons Santa Fe dans quelques heures, et nous avons un spectacle ce soir. »

Gaspard sortit encore une fois le plan de la tournée de Léa. La feuille était maintenant couverte de ratures, de flèches et de corrections. Il trouva enfin le numéro de l'hôtel de Santa Fe.

– *Hello? Hello? I am trying to reach a group of French dancers... Oh, they left already... Did they leave a message... Thank you, good-bye.*

– Et alors ? dit Némo. Tu peux m'expliquer ?

– Il est temps que tu apprennes l'anglais, toi. La prochaine fois qu'on fera un voyage, ce sera en Amérique... Léa est déjà partie et elle n'a pas laissé d'autre message à l'hôtel.

– T'inquiète pas, tu la retrouveras. Tu n'avais rien d'autre ?

– Si, ta maman, elle demandait qu'on la rappelle très vite, elle avait une voix un peu bizarre, inquiète.

Némo composa le numéro. La sonnerie retentit dix fois, mais il n'obtint pas de réponse.

– Décidément... se plaignit Gaspard. Elle a dû sortir, nous essaierons plus tard. En attendant, il nous faut tourner quelques images de la basilique.

– Et déjeuner, ajouta Némo. J'ai repéré une crêperie dans le coin !

La disparition

Quelques heures plus tard, Némo et Gaspard avaient rejoint les bords de la Loire et le joli château du Clos-Lucé, celui où avait habité le peintre et inventeur Léonard de Vinci, jusqu'à sa mort en 1519. Némo ne pouvait détacher ses yeux d'une sorte de grand oiseau de toile suspendu dans l'une des salles.

– Je peux l'essayer ? demanda-t-il.

– Oh ! certainement pas ! répondit Gaspard. C'est la première machine volante. Mais je crois que Léonard de Vinci lui-même n'a pas réussi à la faire fonctionner.

– Pas une seule petite fois ? soupira Némo, déçu.

Au début de la visite, il s'était montré ravi. Le petit château aux toits pointus lui plaisait, avec ses jardins, sa gigantesque cuisine où, malheureusement, on ne trouvait rien à manger, et surtout son mystérieux souterrain, celui qu'utilisaient le roi François Ier et Léonard de Vinci pour se rendre visite. Némo s'était précipité en bas des marches pour vérifier si le tunnel parvenait bien au château du roi, mais le guide l'avait rappelé à grands cris. Pas question ! Le chemin était muré, interdit ! Et voilà que maintenant la machine volante ne volait pas ! Némo désigna d'un grand geste les mystérieux engins exposés dans l'immense sous-sol du Clos-Lucé et demanda à Gaspard :

– Et tous ceux-là, c'est pareil ?

– Oui, ce sont surtout des projets, confirma Gaspard, qui nous montrent le génie de Léonard. Il y a quatre siècles et demi, il a imaginé un parachute, un hélicoptère, un char d'assaut et même une espèce d'automobile !

– Mais tu m'avais dit que Léonard de Vinci était un grand artiste, celui qui a peint *La Joconde*.

– Oui, mais il s'intéressait à tout, il voulait tout comprendre. C'était vraiment un génie de la Renaissance.

– La quoi ? fit Némo avec des yeux ronds.

– La Renaissance, répéta Gaspard. Une autre naissance… À la fin du Moyen Âge, on retrouve la passion d'apprendre, de découvrir le monde. On explore, on prend l'air !

– On ne va plus à l'école ?

Gaspard se pencha vers lui, avec un petit clin d'œil.

– Ça va te plaire... À cette époque-là, il y avait encore très peu d'écoles. Et même très peu de livres. Tous les livres étaient recopiés à la main.

– C'est pas possible !

Némo pensait à son petit carnet, qui se remplissait lentement. Comment imaginer de copier un livre entier ?

– Eh ! oui, reprit Gaspard. Le monde change vraiment, vers 1450, quand un moine, Gutenberg, invente l'imprimerie. Brusquement, toutes les connaissances peuvent se diffuser dans le monde, et de plus en plus de gens lisent.

Le portable sonna. Livres ou pas, pensa Némo, les nouvelles circulaient beaucoup plus vite aujourd'hui que pendant la Renaissance.

– Allô ? disait Gaspard. Oui, nous avons essayé de rappeler ce matin... Quoi ? C'est impossible !.. Mais non, nous ne savons rien non plus ! Attends, je te passe Némo.

– Némo ? Tu es là ? Tu vas bien ?

C'était sa maman. Elle criait presque, ses mots se bousculaient.

– Némo, je ne sais pas comment t'annoncer ça. Hier soir... Hier soir... Sunita... a disparu.

– Disparu ?

– Elle n'est pas rentrée chez elle après la classe. Sa mère l'a cherchée partout, elle l'a attendue toute la nuit. Nous avons interrogé les commerçants, téléphoné à tous les enfants, rien ! Sunita semblait si étrange, ces derniers temps. Elle parlait à peine, elle ne voulait plus voir personne. Elle a peut-être eu un accident. Ou alors elle s'est sauvée...

– Mais... pourquoi ?

– Tu sais bien qu'elle ne voulait pas partir en Inde. Elle ne t'a rien dit ?

– À moi ? Mais non ! Pourquoi ?

– Némo, rappelle-toi... Autrefois, vous étiez très amis. La maman de Sunita est sûre que tu sais quelque chose. Elle pense qu'avant... avant... ton accident, Sunita t'aurait dit quelque chose. Némo, je t'en prie, fais un effort. Il faut que tu te souviennes !

– Je ne fais pas exprès de ne pas me souvenir ! Sunita, je ne la connais pas vraiment, je ne comprends même pas pourquoi elle m'a téléphoné !

Némo était rouge, les yeux couleur d'orage. Il rendit le téléphone à Gaspard.

– Oui, reprit ce dernier. Bien sûr… Il faut faire attention... Pas de choc supplémentaire... D'accord. Je te rappelle très vite. Tiens-moi au courant. À bientôt.

Némo fixait le sol, il refusait de regarder son cousin.

– J'ai besoin d'air, lui dit Gaspard. Suis-moi.

À peine arrivé dehors, Némo explosa :

– Pourquoi elle m'embête ? Pourquoi elle fait comme si je n'étais pas normal ? On dirait que je suis de nouveau à l'hôpital, toujours avec leur « ça va revenir » !

– Chut !... Calme-toi, Némo. Je sais bien. Mais un enfant qui disparaît, c'est terrible, c'est ce qu'il y a de pire. Tu comprendras... plus tard.

– Quand j'aurai retrouvé la mémoire ? Quand je serai comme les autres, c'est ça ?

– Non. Quand tu seras... un père, toi aussi.

– Dis donc, fit Némo, soupçonneux. Tu n'as même pas d'enfant, toi !

– C'est vrai. Mais... je peux imaginer. Et je suis plus vieux que toi ! Je pourrais avoir un enfant bientôt !

– Avec Léa ? Tu vas lui faire un œuf ? Tu vas...

– Némo ! coupa Gaspard. Tu me fatigues !

Némo se tut. Il voulait reprendre son voyage avec Gaspard comme avant, quand ils rigolaient ensemble de la mémoire perdue de Némo, et que Gaspard lui disait parfois : « On s'en fiche. Comme ça, je peux y mettre ce que je veux, dans ta p'tite tête ! » Mais pour la première fois depuis leur départ, son amnésie était devenue un problème.

Némo découvre l'esprit critique

Assis dans le jardin du Clos-Lucé, Gaspard arrachait nerveusement des petits brins d'herbe et restait silencieux. Il se leva soudain et tendit la main à Némo.

– Écoute, dit-il. Nous ne pouvons rien faire pour Sunita. Alors moi, quand j'ai des soucis, j'essaie de travailler. Tu vas m'aider.

Il sortit sa caméra. Némo se plaça devant l'objectif, hésita, puis commença à battre des bras, comme un oiseau.

– Le Clos-Lucé ! annonça-t-il. La machine volante de Léonard de Vinci !

Il tourna sur lui-même, imita successivement une voiture, un hélicoptère, un parachutiste emmêlé dans sa toile, et revint se poser près de Gaspard.

– Dis, qu'est-ce qu'ils ont découvert, les gens de la Renaissance ?

Gaspard referma le petit écran de contrôle, et se pinça les doigts dans la fermeture de son sac.

– Tu veux vraiment qu'on en parle maintenant ? Bon. Au Moyen Âge, tu t'en souviens, on pense surtout à la mort, à l'enfer, au paradis. Pendant la Renaissance, on veut comprendre les hommes, la planète Terre, le monde, quoi.

– On ne croit plus en Dieu ?

– Si, mais on découvre aussi « l'esprit critique ».

– « Critique » ? s'étonna Némo. Comme les gens jamais d'accord ?

Gaspard esquissa un petit sourire.

– Oui ! Les savants de la Renaissance ne sont pas « d'accord ». Ils ne se contentent pas des « c'est comme ça ! ». Ils veulent des preuves.

– Je suis un savant de la Renaissance, alors ?

– Presque. C'est parfois un peu… pénible. Mais sans tous ces « pourquoi ? » et tous ces « comment ? », il n'y a pas de progrès possible.

Némo fronça les sourcils… Pénible ? Ce n'était quand même pas lui qui avait imaginé ce voyage !

– Le progrès, demanda-t-il d'un air peu aimable, c'est ce qui n'existait pas avant ?

– Oui. C'est un changement, en mieux. Les savants et les artistes de la Renaissance ont accompli des progrès essentiels. Les sculpteurs et les peintres, comme Léonard, ont par exemple représenté le corps humain et ses mouvements d'une manière plus exacte.

– Et puis ?

– On a découvert le monde, Némo ! Maintenant, il faut que je te raconte le voyage de Christophe Colomb… Mais pour ça, j'ai besoin…

Gaspard fouilla dans son sac, et en sortit une carte du monde, un peu froissée.

– Christophe Colomb était un navigateur de la Renaissance, reprit-il. Dans l'Antiquité, les savants grecs avaient compris que la Terre était ronde. Mais au Moyen Âge, on croyait en général qu'elle était plate, comme une crêpe. Colomb, lui, pensait bien qu'elle était ronde, et il a décidé de le prouver.

Gaspard pointa le doigt sur un point de son planisphère.

– Imagine... 1492 : Christophe Colomb est en Espagne, il part vers l'ouest, le plus loin possible, avec ses trois bateaux.

Le doigt glissa sur une grande tache bleue.

– Il est sur l'océan, il ne voit que de l'eau ; ses marins ont peur d'arriver au bout du monde et de tomber dans un gouffre, si jamais la Terre n'est pas ronde. Christophe Colomb, lui, en est sûr : en continuant droit devant, il va se retrouver en Asie.

– Et l'Amérique ?

– Justement ! À cette époque, personne en Europe ne sait que l'Amérique existe ! Les Vikings – un peuple venu du Nord – connaissaient le Groenland ; quelques pêcheurs avaient poussé jusqu'à Terre-Neuve. Mais ils n'avaient pas réalisé qu'ils s'approchaient d'un immense continent.

– C'est pas possible !

– Et si ! Pense à cet événement incroyable. Notre Christophe arrive ici – Gaspard désigna des petites îles des Caraïbes –, certain de se retrouver au milieu des Chinois ou des Indiens, et qu'est-ce qu'il voit sur la plage ? Une population inattendue, aussi ahurie que lui ! Il les appelle des « Indiens ». Ce nom leur est resté. Ils deviendront les « Indiens d'Amérique ».

– Eux non plus, ils ne savaient pas ce qu'il y avait de l'autre côté de la mer ?

– Ils n'en avaient aucune idée. Ils ont pensé que les navires étaient des îles en train de flotter ! Puis, ils ont vu débarquer Colomb et ses marins, vêtus d'une façon bizarre, parlant une langue inconnue. Ils ne se doutaient pas que les Européens venaient pour prendre des richesses, de l'or, et pour les convertir, c'est-à-dire les faire devenir chrétiens !

– De force ? Comme au Moyen Âge ?

– Oui. Après le voyage de Colomb, bien d'autres bateaux ont traversé l'Atlantique. Il y avait des prêtres, des explorateurs, des soldats. Portugais, Espagnols, Hollandais, et puis Français et Anglais, qui, eux, se sont dirigés vers l'Amérique du Nord. Certains sont restés pour transformer les terres des Indiens en colonies.

– Colonies ? répéta Némo.

– Oui, de grands territoires – en Amérique, mais aussi en Afrique, en Asie –, où les Européens s'installaient en proclamant : voilà, nous sommes ici chez nous et nous faisons ce que nous voulons.

– Et les Indiens étaient d'accord ?

– Pas du tout ! Ils ont cherché à se défendre, mais ils étaient mal armés. Beaucoup sont morts de maladies... Les autres ont été contraints de travailler dans les mines ou dans de grandes plantations. Comme ils n'étaient pas assez nombreux pour tout ce travail, les Européens sont allés chercher des Africains et ils les ont ramenés comme esclaves en Amérique. Tu sais ce que c'est, un esclave ?

– Ben non, répondit Némo, étonné.

Gaspard réfléchit, l'air grave.

– Un esclave, c'est une personne qui appartient à une autre personne, comme un meuble. Le maître l'achète, le fait travailler sans le payer, lui interdit de sortir ; il peut le punir ou même le tuer, et bien sûr, le revendre.

– Vendre des gens ! s'exclama Némo. Comme au marché !

– Oui, exactement. On devenait d'ailleurs très riche dans le commerce des esclaves.

– Alors c'est ça, ton progrès ! fit Némo, révolté. D'abord les guerres, les bûchers, les gens qui ne peuvent pas croire ce qu'ils veulent, et maintenant les esclaves ! Et tu veux que je mette tout ça dans ma mémoire !

Il levait vers son cousin un regard brillant, qui rappelait étrangement le Némo d'autrefois, celui qui pouvait rire ou pleurer si fort. Gaspard lui parla d'une voix très douce, comme s'il craignait de le réveiller.

– Le progrès, c'est explorer la planète, échanger des idées nouvelles. Mais aussi respecter les autres et les laisser libres.

– Tu emploies toujours des grands mots, dit Némo en haussant les épaules, mais je ne suis pas débile. Ne pas respecter les autres, je sais ce que c'est. À l'hôpital, l'infirmière parlait de moi comme si je n'étais pas là, comme si je n'étais pas normal.

Gaspard hocha la tête, impressionné par la révolte de Némo. Mais celui-ci continuait.

– Alors les Européens, ils n'ont rien compris au progrès ? Ils sont arrivés dans les autres pays et ils ont méprisé tout le monde ?

Gaspard hésitait.

– Je pense que tu as raison, répondit-il enfin. Les Européens n'ont rien compris à ces civilisations lointaines. Ils ont cru qu'ils étaient les maîtres parce qu'ils avaient des armes, et plus tard des machines. Aujourd'hui, il n'y a plus de colonies, les Noirs d'Amérique ne sont plus esclaves et pourtant, beaucoup de problèmes du monde viennent directement de cette époque-là. Mais tu sais, il était inévitable que les peuples se découvrent. Seulement, on aurait préféré qu'ils s'y prennent mieux.

Ils **découvrent** *la planète*

A la fin du **XV**^e^ *siècle, des marins européens partent à la découverte de la Terre. On découvre la forme des continents, on fait le commerce de l'or, des épices, des fruits exotiques…*
La planète communique.
Les artistes, eux, explorent le corps humain et s'intéressent aux sciences et à la vie.
Les statues et les personnages des tableaux sont si naturels qu'ils semblent vivants. C'est la « **Renaissance** *»: les idées et les arts renaissent. Les peintres italiens Michel-Ange, Raphaël, Léonard de Vinci, vont inspirer les Français.*

Christophe Colomb

Léonard de Vinci

Galilée

Vers 1450 *Gutenberg invente l'imprimerie. Vive les livres!*

1492 *Christophe Colomb découvre ce qui deviendra le « Nouveau Monde ». On l'appellera plus tard « Amérique », du nom du marin Amerigo Vespucci.*

1497-1498 *Vasco de Gama rejoint l'Inde par le sud de l'Afrique.*

vers 1510 *Les premiers esclaves africains sont emmené en Amérique.*

1515 *En France, François* **1**^er^ *devient roi. Il fera construire de beaux châteaux, non plus pour se défendre, mais pour faire la fête!*

1519 *Léonard de Vinci meurt au Clos-Lucé, près d'Amboise.*

1519-1522 *Magellan accomplit le premier tour du monde!*

1534-1535 *Jacques Cartier explore le fleuve Saint-Laurent en Amérique du Nord.*

1543 *« La Terre tourne autour du Soleil » affirme Nicolas Copernic. Galilée le confirme à son tour en 1632*

1562-1598 *Les Français se déchirent dans les guerres de Religion.*

1602 *William Shakespeare écrit* Hamlet*, sa pièce de théâtre la plus célèbre.*

à suivre…

Némo

– Et nous, qui est-ce qui nous a découverts ?

– Nous ?

Gaspard s'arrêta, se gratta la tête.

– Mais personne ! s'exclama-t-il. Ce sont les Indiens qui ont été découverts, pas les Européens !

– Oui, eh bien les Indiens, ils n'avaient sûrement pas envie d'être découverts ! Et les Européens, ils auraient fait une drôle de tête s'ils avaient vu des gens débarquer en disant « vous êtes découverts, alors c'est nous les chefs ! ».

– Ça a failli arriver ! s'écria Gaspard, épaté par la logique de Némo. Bien avant Christophe Colomb, des navigateurs chinois ont exploré l'Asie et l'Afrique, et ils se sont approchés de l'Europe. Mais ils ont renoncé : ça ne valait pas la peine de s'intéresser à des sauvages comme nous !

– Ils avaient raison. En fait, ce n'est pas terrible, ta Renaissance !

– Ce n'est pas la mienne... Il ne faut pas oublier tout le reste : les grandes découvertes des savants, par exemple.

– Qu'est-ce qu'ils ont trouvé ?

– Auparavant, on croyait en général que le Soleil tournait autour de la Terre. Copernic en 1543 et Galilée en 1632, deux scientifiques très en avance sur leur époque, affirment le contraire : la Terre tourne autour du Soleil, et elle tourne également sur elle-même ! Il faudra écrire ces noms-là dans ton carnet.

Némo fit « oui » de la tête, mais garda les sourcils froncés.

– Tu sais, continua Gaspard, ces savants ont eu du mal à imposer leurs découvertes. L'Église les a obligés à dire qu'ils s'étaient trompés.

– Ils ont changé d'avis ? fit Némo abasourdi.

– Pas du tout, mais ils ont fait semblant. Sinon, c'était le bûcher !

– Eh bien, moi, je ne vois aucune différence avec le Moyen Âge !

– Sauf qu'à la Renaissance, de plus en plus de gens veulent penser librement. L'esprit critique finit par l'emporter. Certains osent même critiquer l'Église, en disant qu'elle ne s'intéresse qu'au pouvoir et à l'argent !

– Et les papes, ils ne mettent pas tout ce monde-là à griller ?

– Oh là là ! s'exclama Gaspard, les yeux au ciel, si tu savais ! Ceux qui protestaient – on les a appelés les protestants – ont fini par fonder une Église séparée...

– Ils ont eu raison, coupa Némo, s'ils n'étaient pas d'accord.

– Oui, mais les catholiques ne voulaient pas les laisser libres. Cela a provoqué de terribles guerres de religion, qui ont duré de nombreuses années en France et en Europe.

Gaspard soupira.

– Toute cette période a été mouvementée, c'est vrai. Mais malgré tout, nos idées sur le monde et sur l'homme ont fait des progrès...

Némo mordillait le bout de son doigt, les yeux dans le vague. Il ne voyait même plus le jardin, ni les toits pointus du petit château. Le progrès, c'était quand même pas un cadeau.

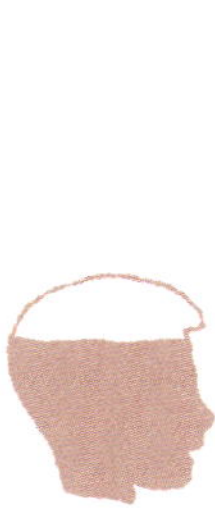

Chapitre 11

Tu es le gardien de la démocratie

Némo se révolte

– Sire, voilà l'heure !

– Qu'est-ce qui te prend ? fit Némo en regardant Gaspard avec des yeux ronds. Tu ne sais plus mon nom ?

– Il ne s'agit pas de toi, mon cher Némo, mais du roi Louis XIV, que son valet de chambre réveillait ainsi tous les matins à sept heures trente précises. Nous allons justement entrer dans sa chambre.

La veille, en fin d'après-midi, Némo et Gaspard avaient quitté le Clos-Lucé et s'étaient arrêtés dans un petit hôtel proche de Versailles. Gaspard appelait régulièrement la mère de Némo, mais il n'y avait aucune nouvelle de Sunita. Quant à Léa, elle ne donnait pas davantage signe de vie. Cependant, depuis leur arrivée au château, Gaspard semblait oublier son inquiétude. Il n'arrêtait pas de s'extasier : « Magnifique ! Grandiose ! Splendide ! » Il avait ajouté : « À l'époque de Louis XIV, tous les Européens instruits apprenaient le français, tant était grand le prestige du Roi-Soleil ! »

Ils entrèrent dans la chambre royale. Les yeux écarquillés, Némo contemplait la vaste pièce croulant sous les dorures, depuis le sol jusqu'au plafond. Ce n'était que boiseries, sculptures, tissus brodés. De l'or partout ! Une barrière basse, dorée elle aussi, séparait les visiteurs de l'immense lit qui faisait face aux fenêtres et au balcon, évidemment doré. Au-dessus du lit, une espèce de toit, orné de quatre bouquets de plumeaux, soutenait d'épais rideaux rouge, or et argent.

– Tu vois cette balustrade ? reprit Gaspard, en désignant la petite barrière. Elle délimitait une sorte de scène, comme au théâtre. Louis XIV menait sa vie entière comme un spectacle destiné à montrer aux nobles, à la France et à l'Europe entière qu'il était un être exceptionnel, tout-puissant.

Le regard de Némo se posa sur Gaspard, puis sur le lit gigantesque, revint à Gaspard.

– Il vivait comment ? dit-il enfin.

– Le matin, son valet, puis ses médecins, l'éveillaient. Sa famille entrait pendant qu'il priait et faisait sa toilette. Très rapide, d'ailleurs, il ne se lavait que les mains !

Némo fit une petite grimace dégoûtée.

– Et après ? demanda-t-il.

– Le roi choisissait sa perruque et continuait à se préparer, tandis que les personnages les plus importants arrivaient. Les uns lui tendaient sa chemise, les autres son habit ou son épée. Les seigneurs étaient très fiers de tenir le chapeau ou le bougeoir du roi.

– Il y avait beaucoup de monde avec lui ?

– Une foule ! Tous les « courtisans », les nobles de la « Cour », qui vivaient près du roi : grands seigneurs, ambassadeurs, conseillers d'État… Les gens se bousculaient autour du lit ! Toute la journée se passait ainsi, le roi mangeait en public, seul à sa table, il se couchait en public, il allait même aux toilettes en public, sur sa chaise percée !

Némo se boucha le nez, tira la langue, roula des yeux blancs.

– Et les seigneurs supportaient ça ? dit-il enfin. Je croyais qu'ils n'obéissaient pas facilement!

– Tout a changé avec Louis XIV. C'était la « monarchie absolue » : le pouvoir sans limite d'un seul homme. Le roi payait ses courtisans qui ne travaillaient pas ; il organisait pour eux des fêtes somptueuses. Mais si quelqu'un lui déplaisait, il le faisait emprisonner sans même expliquer pourquoi. Cela s'appelait « l'arbitraire » : le roi faisait ce qu'il voulait, un point c'est tout.

– Il pouvait vraiment faire tout ce qu'il voulait ? répéta Némo incrédule.

– Oui, tout. D'ailleurs, il travaillait beaucoup pour transformer la France en un pays moderne, bien organisé. Avec son ministre Colbert, il a installé des « manufactures », ces grands ateliers où l'on fabriquait des tissus, de la porcelaine, des miroirs. Il a fait creuser des canaux – des cours d'eau artificiels – pour améliorer les transports. Et il aidait les artistes. Tu as entendu parler de Molière ?

– C'est malin, ça ! Qu'est-ce que tu veux que je te dise : « J'ai oublié » ?

– Ah ! mon pauvre Némo ! Toujours ces trous de mémoire !

Némo haussa à peine les épaules, pour la forme.

– Molière était un grand écrivain de théâtre, continuait son cousin. Il parlait des personnages de son époque. Mais il écrivait si bien et il racontait de si bonnes histoires qu'aujourd'hui encore ses pièces sont très populaires.

– Il pouvait dire ce qu'il voulait ? Louis XIV ne se fâchait pas ?

– Il fallait être prudent. Pourtant, au début de son règne, le roi était moins strict que dans sa vieillesse et, surtout, il savait reconnaître le vrai talent. Il aimait aussi beaucoup l'opéra – les spectacles chantés – et le ballet.

– La danse ? Comme Léa ?

– Presque ! Louis XIV, apparemment, dansait très bien, il participait même aux représentations.

– Eh ben dis donc ! Moi, je ne trouve pas ça très royal !

– Ne t'inquiète pas, il savait choisir ses rôles, il jouait le soleil !

– Mais qu'est-ce qu'il a fait de vraiment, vraiment pas bien ?

– Il a ruiné le pays, avec la construction de ce château et toute la richesse de la Cour. Très souvent, les Français mouraient de faim et de froid. Louis XIV est devenu roi en 1643 et jusqu'à sa mort, en 1715, il a provoqué de très nombreuses guerres en Europe, pour montrer sa puissance. Plus de trente ans de guerre pendant son règne !

– Trente ans !

– Oui, ça n'arrêtait pas ! Et en plus, il a révoqué l'Édit de Nantes.

– Tu ne peux pas employer des mots que je comprends ?

– L'Édit de Nantes était une décision du roi Henri IV, en… en…

Gaspard se gratta la tête, perplexe.

– Je ne m'en souviens plus ! s'exclama-t-il enfin.

– Toi, tu n'as pas d'excuse ! fit Némo, assez content.

Gaspard s'assit sur un banc de velours rouge et commença à feuilleter le livre d'histoire qu'il portait sous le bras.

– Voilà ! 1598, Henri IV signe l'Édit de Nantes, qui accorde la liberté religieuse aux protestants. Mais pas pour très longtemps. En 1685, Louis XIV interdit de nouveau la religion protestante, et ça recommence ! Les guerres, les massacres, et les protestants qui essaient de fuir à l'étranger.

– Pour une fois qu'on avait la paix… murmura Némo comme pour lui-même.

Gaspard proposa de continuer la visite. Némo le suivit sans un mot. Ils allèrent de chambres en salons, d'antichambres en appartements, tous magnifiquement décorés. Némo marchait sans s'arrêter et ne disait plus rien. Ils passèrent par le « salon d'Apollon », où se trouvait un grand portrait de Louis XIV enveloppé d'un manteau de fourrure blanche et coiffé d'une immense perruque. Ils entrèrent ensuite dans le « salon de la guerre ». Cette fois, Némo se planta devant une majestueuse sculpture. Louis XIV se tenait à cheval, toujours surmonté de sa perruque mais vêtu d'une petite jupe d'empereur romain. Némo fronçait les sourcils, il n'avait pas l'air content du tout.

– Mais enfin, dit Gaspard décontenancé par ce silence persistant, dis-moi ce que tu penses !

– Mais tu ne vois que ton Louis XIV, c'était un dingue, un dingue absolu !

– Mais… mais… fit Gaspard, pour une fois à court d'idées. C'était un roi très autoritaire, bien sûr, mais aussi très intelligent, très ambitieux…

Némo l'interrompit.

– Mais Gaspard, regarde ! Ce château, gigantesque, qu'on n'arrive même pas à voir en entier quand on est devant ! Cet or partout ! Ce lit tellement énorme pour un seul petit bonhomme ! Et ce Louis XIV complètement débile « regardez-moi comme je suis beau quand je mange mes tartines, et quand je me gratte le nez, et quand je fais pipi ! ». Tu trouves ça normal, toi ? Je te dis que c'était un monstre, un vrai cinglé !

– Vive la révolution ! fit un grand garçon à lunettes, en applaudissant. Les aristocrates à la lanterne !

Tout le monde regardait Némo. Une touriste japonaise tourna même son appareil photo vers lui. Némo partit en courant, Gaspard sur ses talons. Il fonça vers la galerie des Glaces : une très longue salle décorée d'une multitude de lustres, de sculptures, de miroirs étincelants. Némo courait, courait, il sauta par-dessus les cordons de velours rouge, grimpa sur une table, pinça le derrière de trois petits anges dorés qui soutenaient une torche en cristal. Quel tohu-bohu ! Des gardiens se précipitèrent en sifflant, l'un d'eux voulut empoigner Némo, qui fit un saut de côté, perdit l'équilibre et glissa sur le dos jusqu'à une fenêtre où il se cogna durement la tête.

– Oh, non !

C'était la voix de Gaspard.

– N'approchez pas ! cria-t-il à l'adresse des gardiens. Laissez-le tranquille !

Il courut jusqu'à son petit cousin.

– Dis donc, disait Némo en regardant le reflet du parc dans les grandes glaces, on dirait que le jardin est entré dans le château.

– Tu t'es fait mal ? Tu te souviens de moi ? Tu sais comment tu t'appelles ?

– T'es débile ou quoi ? fit Némo en se frottant le crâne. Bien sûr, je sais comment je m'appelle !

– Monsieur ! hurlait un gardien tout rouge en regardant Gaspard. Si vous ne faites pas sortir votre fils im-mé-dia-tement, j'appelle la police, la po-li-ce !

Gaspard jugea bon de partir sans tarder. Il souleva Némo qui se débattait vigoureusement.

– Espèce de courtisan ! cria-t-il à l'adresse du gardien.

Mais Gaspard l'emporta dans ses bras, à travers les galeries et les escaliers, jusqu'à la sortie vers le parc. Ils entendirent encore les hurlements du gardien : « On aura tout vu ! C'est incroyable ! In-croy-a-ble ! »

L'idée qui a tout changé

Une heure plus tard, assis dans une barque qui glissait tant bien que mal sur le grand canal, Némo voyait avec soulagement le château s'éloigner.

– Dis, Gaspard, tu veux bien me passer les rames ?

Pas de réponse. Némo continua de lécher méthodiquement sa glace au chocolat. Le parc lui plaisait. Grandiose, évidemment ! Les arbres étaient magnifiques, les statues semblaient en vacances dans les allées, et l'on pouvait courir partout sans avoir les gardiens à ses trousses. Seulement, Gaspard ne parlait plus.

– Dis, Gaspard, arrête de faire la tête !

– Je ne fais pas la tête, je réfléchis.

– Ne t'inquiète pas, j'ai bien compris qu'il ne fallait pas courir dans le château ! Mais tu trouvais ça normal que personne n'ait osé dire à Louis XIV : « Non ! Ça suffit ! » ?

– Justement, j'y pensais, dit Gaspard. Les nobles, naturellement, avaient peur de perdre leurs privilèges. Les paysans se révoltaient parfois, dans les périodes les plus dures. Alors, la police du roi n'hésitait pas à les massacrer ! En plus, le peuple était très ignorant. Sais-tu qu'à l'époque de Louis XIV, la plupart des gens ne savaient pas lire ?

– Et l'imprimerie alors ? Et « l'esprit critique » ?

– Cela ne concernait encore qu'une petite minorité de personnes instruites. Mais ça n'avait pas disparu. Au contraire ! Les écrivains, les « philosophes » – cela veut dire «les amis de la sagesse» – se posaient de plus en plus de questions sur la bonne manière de gouverner les hommes.

– Quel genre de question ? Comment dire « non » au roi ?

– Oui. Pourquoi le roi avait tous les pouvoirs et un simple paysan n'en avait aucun ? Ce n'était pas normal. Les gens l'acceptaient par peur et par ignorance. Déjà, dans l'Antiquité, les philosophes grecs, comme Platon et Aristote, avaient réfléchi à ce sujet.

– Comment ils s'appelaient, les... les « philosophes » français ?

– Écoute, dit Gaspard, en posant les rames à l'intérieur de la barque, nous allons nous arrêter un instant, je voudrais que tu notes plusieurs noms dans ton carnet.

– Mais après, tu me laisses ramer !

Némo sortait déjà son carnet et son crayon.

– Sais-tu, reprit Gaspard, que la période qui a suivi la mort de Louis XIV a été appelée « le siècle des Lumières » ? Parce qu'en montrant – ou en « éclairant » – les erreurs des hommes, les philosophes ont vraiment changé le monde.

– Alors, comment ils s'appelaient ? répéta Némo.

– Écris au brouillon… à cause de l'orthographe. Tu recopieras ce soir. D'abord, Montesquieu. Il pensait qu'un seul homme ne devait jamais avoir tout le pouvoir ! Le roi devait, lui aussi, obéir à des règles fixées pour le bien de tous. Il n'avait pas le droit d'emprisonner les gens seulement parce qu'il n'était pas content.

– Il me plaît bien, Montesquieu. Et qui d'autre ?

– Voltaire. Il a beaucoup défendu la liberté de religion. Que chacun puisse croire ce qu'il veut !

– Très bien ! Et puis ?

– Marque aussi le nom de Diderot, qui a essayé de

rassembler toutes les connaissances de son époque dans un ensemble de livres, appelé l'*Encyclopédie*.

– Il a fait un carnet ?

Gaspard sourit.

– Beaucoup, beaucoup de carnets... À cette époque, au XVIIIe siècle, on apprend à mieux connaître l'univers et la Terre ; on étudie la chimie, on fait des expériences de physique. C'est important, parce que le progrès des sciences a aidé les philosophes à réfléchir, à comprendre davantage le monde et la vie des hommes.

– Il y a eu d'autres « philosophes » ?

– Oui. Retiens surtout le nom de Jean-Jacques Rousseau. Lui, il pensait qu'on n'avait pas besoin d'un roi. Tous les hommes devraient avoir le droit de décider ensemble et de faire des règlements – ou des lois. Il appelait cela le « contrat social ».

– Ça ne devait pas leur plaire, aux rois de France !

– Non, ça ne leur plaisait pas parce que ce n'était plus la « monarchie » mais la « démocratie ». Cela veut dire « le gouvernement du peuple ». Encore une idée des anciens Grecs. Et elle a changé le monde !

– « Dé-mo-cra-tie », nota Némo. Ça veut dire « tout le monde décide » ?

– Si tu veux... Le peuple s'organise pour prendre les grandes décisions, et chaque personne a les mêmes droits.

– À ce moment-là, alors, le roi est parti ?

– Patience... Les grands changements ont commencé en Amérique. Les Européens qui s'étaient installés là-bas ne voulaient pas seulement faire fortune, mais vivre et penser librement. Beaucoup fuyaient les guerres de Religion.

– Moi, j'aurais fait comme eux, je serais parti !

– Tu en es bien capable ! Seulement voilà, une grande

partie de l'Amérique du Nord était une colonie britannique. Ces nouveaux Américains devaient toujours obéir au roi d'Angleterre. Ils lui versaient des impôts – de l'argent – et, bien sûr, le roi ne leur demandait jamais leur avis.

– Et ils ont fini par dire : « Ça suffit comme ça ! On ne veut plus obéir ! »

– Exactement ! Ils l'ont même écrit.

Gaspard avait ressorti son livre d'histoire et en tira une grande feuille qu'il déplia.

– « Déclaration d'indépendance des États-Unis d'Amérique, 4 juillet 1776 », lut-il. Attends, je vais simplifier un petit peu les mots... « Tous les hommes sont créés égaux. Ils ont des droits naturels. Notamment la vie, la liberté et la recherche du bonheur. »

– Tous les hommes sont égaux... répéta Némo. Ils ont tous les mêmes droits ? C'est bien ce que disaient les philosophes ?

– Oui. D'ailleurs, Thomas Jefferson, qui a écrit cette déclaration, les connaissait bien.

– Mais le roi d'Angleterre, comment il a réagi ?

– Très mal ! Il a employé la force. Ce fut le début de la guerre d'Indépendance américaine. L'Angleterre avait une armée très puissante et les Américains n'auraient pas pu gagner seuls. Heureusement, le roi de France, Louis XVI, a envoyé ses soldats pour les aider.

– Attends, interrompit Némo. Je n'y comprends plus rien ! Le roi de France a aidé des gens qui, justement, ne voulaient plus de roi ? Des gens qui voulaient, euh… « une démocratie » ?

– Louis XVI pensait surtout à affaiblir l'Angleterre, mais, le pauvre, il n'a pas compris ce qui allait lui arriver. Cette révolution américaine a donné des idées à tout le monde et, bien sûr, aux Français !

– Une révolution qui change tout ? Comme au Néolithique ?

– Oui. Tout a changé. La Révolution française a commencé ici même, à Versailles, quelques années plus tard. C'est là qu'on a voté un des grands textes de la démocratie : la Déclaration des droits de l'homme et du citoyen. D'ailleurs, j'aimerais bien retrouver avec toi l'endroit exact.

– Pourquoi tu veux toujours m'emmener dans les endroits « exacts » ? Dans le champ où est née la France, là où la Révolution a commencé...

– Parce que c'est important. Émouvant aussi. On peut mieux sentir les choses, mieux les comprendre peut-être...

Gaspard fit une petite pause, et demanda :

– Maintenant, je te passe les rames ?

– Pas trop tôt ! s'écria Némo en se précipitant à l'arrière de la barque. Ne t'inquiète pas comme ça, je suis sûr que c'est hyper-facile !

Gaspard n'eut que le temps de mettre livre et carnet à l'abri, une gerbe d'eau s'abattait déjà sur ses épaules.

– Arrête ! Arrête ! cria-t-il. Tu m'éclabousses !

Némo faisait des moulinets avec sa rame et la laissait retomber avec de grands « splash ! ». Pas moyen de faire virer cette barque débile ! Il leva encore une fois la rame, la sonnerie du portable retentit.

– Attends, Némo ! Attends !

Gaspard s'énervait, essuyait maladroitement ses mains à sa chemise, mais n'arrivait pas à détacher le téléphone de sa ceinture. « Allô ? Allô ? » parvint-il à dire enfin. Il n'entendit que le « bip-bip » d'une communication interrompue.

– C'est trop bête ! fit-il en secouant la tête. À cette heure-ci, c'était peut-être Léa !

– Tu n'auras qu'à rappeler plus tard, dit Némo, occupé à faire rouler la barque d'un côté à l'autre.

Libres et **égaux**

Chaque personne a des droits, et personne ne peut les lui enlever. C'est à partir du **XVIIe** *siècle qu'on a commencé à avoir cette idée. En 1679, en Angleterre, « l'***Habeas Corpus** *» (cela signifie « que tu aies ton corps ») interdit qu'une personne soit emprisonnée sans décision d'un juge. Auparavant, les rois pouvaient mettre en prison qui ils voulaient, même sans raison grave. Les premiers droits de l'homme ont été proclamés en Angleterre, puis en Amérique et en France. En 1948, l'***Organisation des Nations unies**, *a elle aussi déclaré la liberté et l'égalité de tous les êtres humains. Malheureusement, dans beaucoup de pays, cette déclaration n'est toujours pas appliquée aujourd'hui.*

Déclaration d'indépendance des États-Unis

(4 juillet 1776)

« Nous tenons pour évidentes par elles-mêmes les vérités suivantes : tous les hommes sont créés égaux ; ils sont dotés par le Créateur de certains droits inaliénables ; parmi ces droits se trouvent la vie, la liberté et la recherche du bonheur. Les gouvernements sont établis parmi les hommes pour garantir ces droits... »

Déclaration des droits de l'homme et du citoyen

(26 août 1789)

Article Ier *: Les hommes naissent et demeurent libres et égaux en droits...*

Art. 2 *: ...Ces droits sont la liberté, la propriété, la sûreté et la résistance à l'oppression.*

Art. 4 *: La liberté consiste à pouvoir faire tout ce qui ne nuit pas à autrui.*

Art. 7 *: Nul homme ne peut être accusé, arrêté, ni détenu que dans les cas déterminés par la loi.*

Art. 10 *: Nul ne doit être inquiété pour ses opinions, même religieuses...*

Déclaration universelle des droits de l'homme

(10 décembre 1948)

Article 1er : *Tous les êtres humains naissent libres et égaux en dignité et en droits. Ils sont doués de raison et de conscience et doivent agir les uns avec les autres dans un esprit de fraternité.*

Art. 2 : *…Chacun peut se prévaloir de tous les droits et de toutes les libertés proclamés dans la présente Déclaration, sans distinction (…) de race, de couleur, de sexe, de langue, de religion, d'opinion politique ou de toute autre opinion…*

Art. 3 : *Tout individu a droit à la vie, à la liberté et à la sûreté de sa personne.*

Art. 4 : *(…) L'esclavage et la traite des esclaves sont interdits sous toutes leurs formes.*

Art. 5 : *Nul ne sera soumis à la torture.*

Art. 18 : *Toute personne a droit à la liberté de pensée, de conscience et de religion.*

Art. 23 : *Toute personne a droit à un travail… Tous ont droit à un salaire égal pour un travail égal.*

Art. 26 : *Toute personne a droit à l'éducation.*

Némo

– Tu sais bien que c'est impossible. Elle a changé d'hôtel, je n'ai aucun numéro où la joindre. Avec le décalage horaire, c'est un enfer ! Je passe mon temps à la chercher !

– Comme Sunita, constata Némo calmement, on ne sait toujours pas où elle est.

– Oui, mais pour Sunita, c'est beaucoup plus grave. Elle a vraiment dis-pa-ru !

– Ne me regarde pas comme ça ! dit Némo en levant sur Gaspard un regard noir. Vous croyez tous que je sais où elle est passée, mais c'est complètement nul. Pourquoi elle m'aurait dit quelque chose ?

Gaspard secoua la tête, l'air triste.

– Alors, comment on fait pour tourner ? demanda Némo avec brusquerie.

Gaspard se mordit la lèvre.

– Plonge ta rame bien droit et pousse. Plusieurs fois du même côté. Voilà... Très bien ! Encore un peu ! Maintenant, sers-toi des deux rames. Je voudrais que nous retournions à la librairie du château.

La force des baïonnettes

– Nous cherchons l'endroit où l'on a voté la Déclaration des droits de l'homme et du citoyen, annonça Gaspard au libraire, un petit monsieur à lunettes qui ressemblait à un instituteur.

– L'endroit exact, ajouta Némo.

– Oh ! oh ! répondit le libraire, en empilant plusieurs ouvrages sur le comptoir. Essayez de regarder là-dedans.

Gaspard feuilleta rapidement le plus gros des livres. Il s'arrêta soudain sur une gravure montrant une grande salle rectangulaire à colonnes. On voyait le roi perché sur un trône, au sommet de plusieurs marches, devant une foule de personnes assises sur des bancs.

– « Hôtel des Menus-Plaisirs », lut Némo.

– C'est la réunion des « États généraux » en 1789, expliqua Gaspard. Tu vois les représentants des nobles, ceux de l'Église et, au fond, ceux du peuple, qu'on appelait le « tiers état ». À ce moment-là, le roi Louis XVI n'avait plus un sou, il voulait créer de nouveaux impôts et pour cela, il lui fallait obtenir l'accord de cette assemblée. Le peuple espérait avoir enfin la possibilité de participer aux grandes décisions du pays.

– Et alors ? demanda Némo.

– Pour le roi, il n'en était pas question. Mais il n'avait pas réalisé que le monde avait bien changé. Beaucoup de gens savaient lire, au moins pour déchiffrer des affiches. Ils discutaient des idées nouvelles : la liberté, les droits des hommes. Et ils ne supportaient plus la monarchie absolue.

– Ils avaient bien raison !

– Comme le roi refusait de les écouter, les représentants du peuple ont décidé de former eux-mêmes une « Assemblée nationale », qui ferait les lois. Le roi a voulu les en empêcher en faisant fermer la salle des Menus-Plaisirs, où ils continuaient à se réunir. « Tant pis ! a répondu le tiers état, nous irons ailleurs ! »

– Ils se sont d'abord retrouvés dans une salle de sport, ajouta le libraire, la salle du Jeu de paume.

– Et là, poursuivit Gaspard, ils ont juré de ne pas se séparer avant d'avoir donné une Constitution à la France, c'est-à-dire une loi écrite qui limite le pouvoir du roi et donne à chacun des droits et des libertés.

– Et ensuite ? demanda Némo.

– Ils se sont réunis encore une fois pour voter la Déclaration des droits de l'homme et du citoyen, répondit Gaspard. Regarde.

Sur le livre que montrait Gaspard, on voyait une représentation du vote de la fameuse Déclaration. Les délégués du peuple étaient assis sur des sièges disposés en gradins tout autour de la salle, comme dans un cirque. Ceux qui parlaient se tenaient debout, en bas, au milieu de tous.

– Tu vois, commenta Gaspard, la disposition de la salle est très importante : c'est un amphithéâtre, pour que chacun puisse voir, entendre et se faire entendre. Cette fois, tout le monde est à égalité. Ce sont les vrais débuts de la démocratie. J'aimerais vraiment retrouver cet endroit…

Némo examinait attentivement la gravure. Quelques députés avaient l'air de se disputer. Certains s'appuyaient aux colonnes, l'air fatigué.

– Les colonnes ! fit soudain Némo. Ce sont les mêmes que dans la première gravure !

– La salle des Menus-Plaisirs ? Comme les États généraux ? Tu crois ?

– Regarde bien ! La grande toile qui décore le plafond, les dessins en haut des murs, ce sont bien les mêmes.

– Ils y sont retournés alors ! Et ils ont simplement changé le décor, pour installer un amphithéâtre. C'est fantastique !

Gaspard était aux anges.

– Mais existe-t-elle encore aujourd'hui, cette salle des Menus-Plaisirs ?

– Aucune idée, fit le libraire. En tout cas, elle n'est pas dans le château, elle ne fait partie d'aucune visite. Pourquoi ne regarderiez-vous pas une carte de l'époque ?

Il leur tendit un autre livre. Gaspard ne chercha pas longtemps avant de découvrir un plan de Versailles datant de 1789. Il avait été dessiné pour aider les députés, qui venaient de toutes les régions de France, à trouver leur chemin.

– Voilà, dit-il. Avenue de Paris, à quelques centaines de mètres du château. Némo, il faut y aller !

Némo et Gaspard remercièrent le libraire et retournèrent à la voiture. Armé du plan de 1789, Némo servait de guide.

– Continue, disait-il. D'abord, il y avait une petite rue qui partait en oblique... Et puis un grand croisement...

– Nous sommes déjà trop loin, marmonna Gaspard.

Il fit un demi-tour périlleux au prochain carrefour, revint en arrière. Toujours rien.

– C'est là ! cria Némo, en pointant le doigt vers un modeste bâtiment jaune.

Une plaque noire indiquait en effet : « Hôtel des Menus-Plaisirs ».

– Ça alors ! fit Némo. C'est tout petit ! Ça n'a même pas l'air riche !

Gaspard gara la voiture. Tous deux descendirent et entrèrent dans une cour pavée, entourée de trois petits immeubles. Des notes de musique s'échappaient par les fenêtres ouvertes. Au hasard, Gaspard poussa une porte. Une jeune fille leur tournait le dos. La joue penchée sur son instrument, elle jouait du violon. Némo et Gaspard ne voyaient que la courbe de son cou, une cascade de cheveux dorés qui couvrait une épaule, et un bras mince qui guidait l'archet avec dextérité. Gaspard, charmé, mit un doigt sur ses lèvres. Mais Némo n'avait pas eu besoin de son signal. Il balançait doucement la tête en suivant le rythme de la mélodie. À la fin du morceau, la jeune fille se retourna. Elle avait un visage fin et des yeux rieurs.

– Vous cherchez quelque chose ? demanda-t-elle.

– Les... les États généraux, balbutia Némo.

– Les États généraux ? Mais vous êtes au Centre de Musique baroque de Versailles !

– La salle où a été votée la Déclaration des droits de l'homme, elle se trouve bien ici ? renchérit Gaspard.

La jeune fille eut l'air de comprendre.

– La salle... Vous seriez déçus ! dit-elle. Tout a été transformé depuis longtemps. On n'a pas le droit de visiter.

– Même un tout petit moment ?

Némo levait vers elle ses grands yeux bleus.

– Écoute, je veux bien te conduire, mais ça restera un secret. D'accord ?

Némo fit « oui » de la tête et lui emboîta le pas, tout en adressant un clin d'œil de triomphe à Gaspard.

– Quand je ne joue pas du violon, leur expliqua la jeune fille en ressortant dans la cour, je fais des études d'histoire. Je connais bien la période révolutionnaire.

Elle tendit le doigt vers le petit bâtiment à sa gauche :

– Le clergé – les représentants de l'Église – se réunissait ici, au premier étage. Et la noblesse, dans le bâtiment d'angle. Maintenant, tout a été transformé en salles de répétition pour les musiciens et les danseurs. Nous préparons les fêtes de Versailles, comme autrefois, au temps des rois.

Elle leur fit grimper un petit escalier de ciment, très raide, qui séparait en deux le bâtiment du fond. Ils se retrouvèrent dans une seconde cour, plus élevée. Quelques arbres longeaient les murs. Des herbes folles poussaient entre les pierres.

– Voilà, dit-elle simplement.

Némo et Gaspard se regardèrent, sans comprendre. Il n'y avait rien. Rien que cette cour banale.

– C'est bien ici, confirma la jeune violoniste. Là où s'est tenue la réunion des États généraux. Et là où la première assemblée a voté la Déclaration des droits de l'homme. Après la Révolution, la salle a été rachetée par un marchand de bois. Tout ou presque a été démoli. Il y a quelques années, on a redessiné par terre, en pierre, le plan de la première assemblée, c'est tout.

– Ça alors ! s'exclama Némo.

Sur le sol, on voyait en effet le dessin de l'amphithéâtre de la gravure.

– C'est si important que ça ? dit la jeune fille. Tu aimes tellement l'histoire ?

Elle semblait désolée. Tout d'un coup, elle eut une inspiration.

– Veux-tu jouer avec moi ? Comme si on faisait la Révolution ? Viens, je ferai le roi, tu seras le tiers état !

– Quelle idée géniale ! s'exclama Gaspard, sortant déjà sa caméra. Ça ne vous ennuie pas si je filme ?

La jeune fille lui adressa un sourire lumineux. Puis, déjà tout à son rôle, elle alla se percher d'un air majestueux sur une vieille pierre.

– Messieurs, dit-elle à Némo, la France a besoin de beaucoup d'argent !

– Euh !... hésita Némo. Majesté, euh... nous voudrions bien donner notre avis sur le gouvernement !

– Comment ! Mais c'est une honte ! Regardez les nobles, et le clergé, ils ne se plaignent pas !

– Évidemment, ils ne travaillent jamais ! répliqua Némo. Mais nous, nous vous donnons tout le temps de l'argent et, en plus, vous pouvez nous jeter en prison n'importe quand ! Ça suffit comme ça !

– Je suis le roi ! Je fais ce qui me plaît !

– C’est fini ! Nous allons devenir une Assemblée nationale ! Nous allons faire des lois !

– Je vous l’interdis ! Je vais faire fermer cette salle !

La jeune fille courut à Némo, lui souffla quelque chose à l’oreille.

– C’est quoi, des baïonnettes ? demanda Némo.

– Une sorte de fusils !

– Majesté, cria Némo en répétant ce qu’elle venait de lui dire, je suis monsieur de Mirabeau ! Sachez que nous sommes ici par la volonté du peuple, et que nous n’en sortirons que par la force des baïonnettes !

– Bravo ! s’écria Gaspard.

Némo et la jeune fille revinrent vers lui.

– Mais en vrai, demanda Némo ravi de ce petit jeu, qu’est-ce qu’il a fait, le roi ?

Gaspard posa sa caméra.

– Il a essayé de résister, très maladroitement d’ailleurs, et la France est entrée dans une vraie révolution.

– Tout a changé ?

– Oui. Le 14 juillet 1789, les Parisiens ont détruit la Bastille, une grosse prison plantée en plein Paris, qui leur rappelait trop le pouvoir du roi. Et en 1792 a commencé la première « république », c’est-à-dire un gouvernement démocratique, sans roi.

– Le roi est parti ?

– Pas vraiment... Il a été guillotiné, en 1793, dit leur amie musicienne en portant la main à son cou.

– Guillotiné ? répéta Némo.

– On lui a coupé la tête.

Némo en resta muet.

– Tous les pays d’Europe ont attaqué la France, continua Gaspard, parce que les rois avaient peur que leurs peuples ne suivent l'exemple des Français. Chez nous, les chefs de la Révolution ont commencé à devenir de plus en plus autoritaires et intolérants. Ils voyaient des ennemis partout. Ils ont guillotiné la reine, beaucoup de nobles, de prêtres et de simples citoyens qui n'étaient même pas opposés à la Révolution. C'était la Terreur !

– Mais, balbutia Némo, je croyais que les gens avaient le droit de penser ce qu'ils voulaient ?

– L'égalité, la liberté... C'étaient de superbes idées. Mais les hommes sont prêts à tout pour avoir le pouvoir, et pour faire obéir les autres. Quand la révolution s'est calmée, les Français, qui n'avaient plus de roi, se sont donné un empereur, en 1804.

– Alors là, s'exclama Némo. D'où il sort, celui-là ?

– Il s'appelait Napoléon. Il avait d'abord défendu la liberté, et puis finalement, quand il est devenu le chef, il a voulu être tout-puissant. Il a fait la guerre à toute l'Europe.

– Alors on a fait la révolution pour rien ?

– Non, elle a quand même changé le monde. Les hommes ont pris goût à la démocratie. Mais ils ont beaucoup de mal à comprendre qu'elle doit être défendue tous les jours, même aujourd'hui.

– Marie ! On te cherche partout ! Tout le monde t'attend !

Némo et Gaspard se tournèrent vers l'intrus : un monsieur tout rond, tout chauve, qui arrivait en soufflant et n'avait pas l'air content du tout.

– La répétition ! J'avais oublié ! dit la musicienne en courant vers l'escalier. Ses cheveux volèrent derrière elle. Elle se retourna :

– Tu t'appelles comment ?

– Némo !

– Et moi, Marie ! Au revoir !

La conquête des **libertés**

C'est la monarchie absolue qui, au **XVI**ᵉ *et au* **XVII**ᵉ *siècle, règne en Europe. Les rois sont tout-puissants. Ils établissent des colonies en Afrique, en Amérique et en Asie. En France, de grands écrivains se manifestent : Molière, Racine, Corneille, Boileau, Bossuet, Pascal. Au* **XVIII**ᵉ *siècle, les philosophes demandent plus de liberté et de justice. On veut vivre autrement. La révolution gronde.*

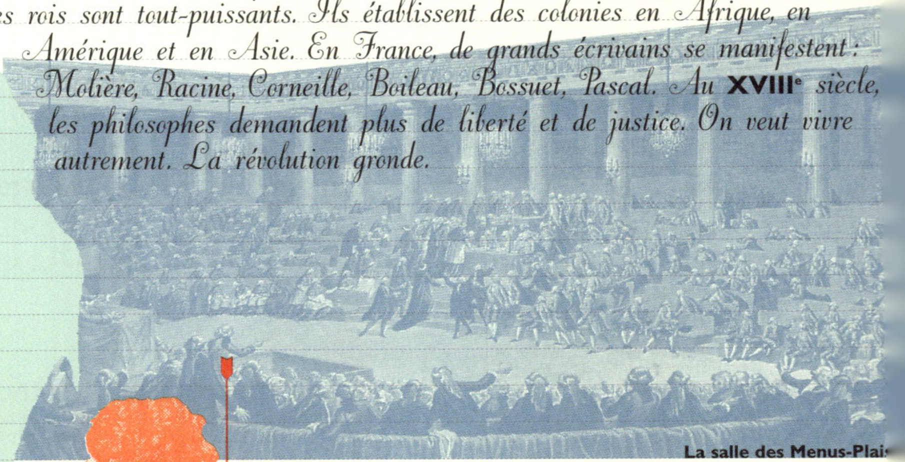

La salle des Menus-Plais

Louis XIV

La Bastille

Robespierre

Napoléon Bonaparte

1682 *Louis* **XIV** *s'installe à Versailles. Le château, commencé en 1624, sera encore en chantier un siècle plus tard.*

1685 *Louis* **XIV** *« révoque » l'Edit de Nantes : la religion protestante est de nouveau interdite. Les guerres de Religion reprennent.*

1783 *Les Etats-Unis gagnent leur guerre d'indépendance contre l'Angleterre.*

17 juin 1789 *Les députés du tiers état forment la première Assemblée nationale. Dans la salle des Menus-Plaisirs, à Versailles.*

14 juillet 1789 *Les Parisiens occupent la prison de la Bastille. La Révolution commence.*

26 août 1789 *L'Assemblée nationale vote la Déclaration des droits de l'homme et du citoyen.*

1792 *La République est proclamée.*

1793-1794 *C'est la Terreur ! Robespierre, l'un des chefs de la Révolution, fait guillotiner tous ses opposants. Jusqu'à ce qu'on le guillotine à son tour.*

1799 *Le jeune général Napoléon Bonaparte prend le pouvoir. Il se proclamera empereur en 1804.*

1815 *Après la défaite de Waterloo, Napoléon doit s'exiler. La France a de nouveau un roi... C'était bien la peine de faire la Révolution !*

à suivre...

Némo

Elle fit un petit signe à Gaspard, reprit sa course, disparut.

Les deux cousins se regardèrent : ils ne trouvaient plus rien à dire. Enfin, Némo murmura :

– Dommage qu'elle soit partie... Marie, c'est joli...

Gaspard ne répondit pas. Il contemplait la cour déserte et l'escalier par lequel la jeune fille avait disparu.

– Et la Déclaration des droits de l'homme ? demanda Némo.

– Quoi ?

– Elle existe toujours ?

– Oui, affirma enfin Gaspard avec force. Elle reste un modèle pour les hommes du monde entier.

– C'est pour ça que tu veux que je mette des choses dans ma mémoire ? Pour que je sache que j'ai des droits ?

– Exactement, approuva Gaspard en lui frictionnant amicalement les cheveux. Pour que tu connaisses tes droits et que tu les défendes. La démocratie, ça se cultive, il faut y faire très attention. Nous sommes tous des gardiens de la démocratie !

Au bas de l'escalier en ciment, le jeune gardien de la démocratie s'arrêta brusquement. Gaspard l'imita. Dans le bâtiment, un violon malicieux s'était mis à jouer.

– Marie... fit Gaspard.

– J'ai déjà entendu ça quelque part, dit Némo à voix basse.

C'était un chant de victoire, des notes claires et joyeuses : les premières mesures de *La Marseillaise*, lancées comme un petit cadeau à Némo et Gaspard.

Chapitre 12
Tu portes la mémoire des hommes

Sur un tas de charbon

– Revenez ! Revenez donc ! Qu'est-ce qu'ils font ? Quelle bande d'incapables !

Némo tira sur la manche de Gaspard. Un grand type en pull bleu accourait dans leur direction et gesticulait en grimpant la pente raide du « terril » : « le tas de charbon » avait expliqué Gaspard.

Un tas de charbon pareil, Némo ne l'avait jamais imaginé : une vraie montagne ! La surface était irrégulière, parsemée de cailloux et d'herbes ratatinées. Némo s'attendait à ce que le sol soit mou, comme du sable. Non, il était dur, solide. Arrivés au sommet, Némo et Gaspard avaient découvert l'étrange paysage sous le ciel gris : des petites rues qui se coupaient à angle droit, des rangées de maisons identiques et puis, juste en bas, un échafaudage de fer, comme une mini tour Eiffel. « Le chevalet, à l'entrée de la mine » avait encore ajouté Gaspard, tout en tournant lentement sur lui-même pour filmer le panorama. Mais pour le moment, il n'écoutait plus rien.

– Nous sommes près d'Arras, dans le pays minier, criait-il dans son portable. Non, ce n'est pas revenu ! Non, je n'ai pas appelé le docteur. De toute façon, il nous a prévenus, ça ne reviendra peut-être jamais !

– Vous allez me faire cavaler comme ça longtemps ?

L'homme en pull bleu les avait enfin rejoints. Il était à bout de souffle.

– Laissez-nous tranquilles ! lui jeta Gaspard.

Némo n'en revenait pas. Et les discours sur la politesse, le respect des autres ?

– Non, ce n'est pas à toi que je parle ! reprit Gaspard dans son téléphone. Mais écoute, il est bien vivant, intelligent, sympa ! Moi, ça me suffit. S'il n'y avait pas cette petite fille… Et la police ? Toujours rien ?… C'est terrible… Némo n'y peut rien… Si, si, il va très bien… OK, je te rappelle.

– Ça va durer longtemps, ce cirque ? hurla le bonhomme en bleu.

– Vous allez nous lâcher ? répondit Gaspard sur le même ton. Et d'abord, qui êtes-vous ?

– Luc Renaud, journaliste pigiste à *La Voix du Nord* ! lança le type, encore plus fort, tout en désignant d'un doigt vengeur l'appareil de photo qu'il portait en bandoulière.

– Ça va, fit Gaspard, on n'est pas sourds ! Qu'est-ce que vous nous voulez ?

– Vous accompagner, imaginez-vous ! Némo, le môme qui a perdu la mémoire, en visite dans la région du Nord, c'est un beau sujet, ça !

– Mais qui vous a prévenu ? s'étonna Gaspard.

– J'ai mes contacts, moi ! Je fais mon boulot, moi ! Le voyage à la recherche de son identité, l'essentiel du savoir… Je suis au courant !

Luc Renaud se laissa tomber près de Gaspard. Il fourragea des deux mains dans ses cheveux roux, et sortit de sa poche une petite bouteille très plate en clignant de l'œil.

– Whisky ?

– C'est encore un peu tôt pour moi ! répondit Gaspard.

– Ça ressemble au champagne ? demanda Némo, tout à coup intéressé.

Sa remarque arracha un sourire à Luc Renaud. Il commençait à se calmer. Il regarda Gaspard.

– Qu'est-ce qu'il vous a fait, pour que vous hurliez comme ça ?

– Némo ? Il ne m'a rien fait, lui. Mais sa meilleure amie, Sunita, a disparu. Et tout le monde croit que Némo connaissait un secret qui la concerne, mais avant…

– Tout le monde m'embête avec ça ! coupa Némo. Même la police !

– Oui, ils sont venus nous parler hier, confirma Gaspard. Mais Némo ne sait rien de plus.

– Je connais l'histoire… fit Renaud en avalant une rasade de whisky. La petite Indienne. Depuis hier, il y a sa photo dans les commissariats.

– La police explore toutes les pistes : enlèvement d'enfant, ou même pire… Au début, la mère de la petite croyait plutôt à une fugue, reprit Gaspard en fixant le sol devant lui. Vous comprenez, avant, Némo et Sunita ne se quittaient pas. Alors ça paraît bizarre, cette disparition, juste maintenant…

Luc Renaud secoua la tête. Puis il se leva en frottant ses mains l'une contre l'autre, et déclara :

– Pour le moment, on ne peut rien faire. Alors je vous fais visiter la région, et vous m'aidez à écrire mon papier ! D'accord ?

Gaspard se redressa à son tour, assez content de changer de conversation.

– On est d'accord, dit-il. Vous connaissez le principe ? Némo voyage dans l'histoire… Aujourd'hui, nous explorons le XIXe siècle, une période très agitée.

Il se tourna vers Némo :

– En France, après l'empereur Napoléon Ier, les rois sont revenus au pouvoir en 1815.

– Les rois ? Encore ?

– Ça n'a pas duré ! Il y a eu d'autres révolutions : en 1830, et en 1848. Les peuples voulaient plus de liberté, toute l'Europe était en révolte. En France, nous avons connu une autre République, et puis un autre empereur, Napoléon III. Et enfin, la République est revenue pour de bon, mais ce ne fut pas facile.

– Ouf ! fit Némo.

– Il faut du temps, tu sais, pour apprendre à vivre en démocratie. Les Français ont commencé à organiser des « partis politiques » : des groupes de gens qui partageaient les mêmes idées, et les défendaient à l'Assemblée, et au gouvernement.

Némo commençait à trouver le temps long.

– Dis donc, qu'est-ce qu'on fait sur ce tas de charbon ? demanda-t-il tout à coup, en regardant le paysage monotone. Ici, il ne se passe vraiment rien !

– Oh mais ça n'a pas toujours été comme ça ! s'exclama Luc, comme s'il s'agissait d'une affaire personnelle. Tu vois, ici, autrefois, ça grouillait de monde !

– Mais… pourquoi ? s'étonna Némo.

– Le charbon, Némo, le charbon ! Au XIXe siècle, la révolution industrielle, c'est-à-dire la révolution des machines, a transformé cette région, et toute l'Europe.

– Il en reste encore plein, du charbon, ajouta Némo en donnant un coup de pied contre le sol dur du terril.

– Mais non ! fit Luc Renaud. Le terril, c'est le charbon de mauvaise qualité, la terre et les bouts de cailloux que l'on évacuait en creusant dans la mine. La poubelle, quoi. Le charbon, le vrai, bien noir, il fallait aller le chercher très profond, là où il attendait depuis des millions d'années.

– Des millions d'années ? répéta Némo.

– Oui, confirma Gaspard. Le charbon s'est formé au début de l'histoire de la Terre, avec des restes de végétaux. C'est une roche « fossile ».

– Viens, intervint Luc d'un air décidé, je vais te montrer l'entrée du puits.

Suivi de Gaspard et Némo, il entreprit la descente du terril, en direction de la mini tour Eiffel.

– Tu vois, reprit Luc à l'adresse de Némo, mon père, mon grand-père, et même mon arrière-grand-père ont travaillé à la mine. C'était dur, et dangereux. Ils se glissaient dans des boyaux étroits, qui parfois s'effondraient ou explosaient à cause des gaz contenus dans le sous-sol. Et puis les mineurs respiraient toute cette poussière, qui leur abîmait les poumons. Mais ici, on était fiers d'eux. Ils prenaient des risques, et ils faisaient vivre tout le pays.

– Grâce au charbon, reprit Gaspard, on a produit de l'énergie, et de la chaleur. Et avec le fer qu'on extrayait d'autres mines, on a fabriqué des machines.

– Exactement ! approuva vigoureusement Luc. Métiers à tisser mécaniques, outils de toutes sortes, rails, trains, bateaux à vapeur, et puis finalement, les automobiles ! On a voyagé plus vite, plus loin, et peu à peu, la France s'est couverte d'usines, et de lignes de chemins de fer.

Luc embrassait le paysage d'un vaste geste du bras, comme

si toutes ces transformations s'étaient déroulées ici, juste devant chez lui. Ils étaient arrivés au pied de l'échafaudage de fer, qui paraissait beaucoup plus grand depuis qu'ils étaient descendus du terril.

– Voilà, mon p'tit Némo, reprit-il, le chevalet. Renverse la tête ! Tu vois la roue, tout en haut ?

Némo la voyait, en effet. Un gros câble y était suspendu, qui descendait au milieu de la tour, jusqu'à une petite plate-forme à ras de terre.

– L'ascenseur, annonça Luc. Tout descendait et remontait par là : les outils, les wagonnets de charbon, et les hommes. À quatre heures et demi tous les matins, ils partaient sous terre !

Gaspard ne se mêlait plus à la conversation. De nouveau, il glissa une cassette dans sa caméra, toujours à la recherche du petit moment privilégié qui animerait son film. Ce Luc Renaud, avec son sale caractère, était une aubaine !

– Et toi, demanda Némo, pourquoi tu n'es pas mineur ?

– Mon pauvre garçon, les mines sont fermées depuis longtemps ! On ne trouve plus guère de charbon, dans le coin, et il y a d'autres sources d'énergie : le pétrole, le gaz, l'atome... De toute façon...

Luc regarda de travers la caméra de Gaspard, puis ajouta très vite, en maugréant :

– J'ai peur du noir, et je ne supporte pas d'être enfermé ! Claustrophobe, ça s'appelle !

Tout en parlant, il les entraîna vers les ruelles avoisinantes. Némo regardait d'un bout à l'autre des longs trottoirs : toutes les maisons étaient exactement pareilles ! Des murs de briques rouges, deux fenêtres en bas, une fenêtre à l'étage, et un petit jardin derrière, semblable à tous les jardins de la rue.

– Voilà, annonça Luc. Les corons, les habitations des mineurs ! Ici, tout appartenait au patron !

– Tout ?

– Oui. Les corons, les magasins, les hôpitaux, même le terrain de foot et la salle des fêtes.... Mais tu sais, les mineurs n'étaient pas les plus malheureux : chacun sa petite maison, l'école pour les enfants, le médecin quand on était malade, et la retraite pour les vieux. Le patron s'occupait de tout. Les autres ouvriers n'en avaient pas autant.

– C'est quoi, des ouvriers ?

– « C'est quoi, des ouvriers ? » répéta Luc en imitant la voix de Némo. Tu lui fais ça sans arrêt, à ton Gaspard : C'est quoi ? C'est quoi ?

– Eh oui ! dit Gaspard, en rangeant sa caméra. J'ai l'impression de recommencer des études ! Les ouvriers, donc. Ce sont les travailleurs des usines. Au début, dans les années 1820-1850, ils vivaient dans une misère terrible. Plus de quinze heures de travail par jour, sur des machines souvent dangereuses, jamais de vacances... Un salaire à peine suffisant pour ne pas mourir de faim, des logements surpeuplés. Et pareil pour les enfants...

– Les enfants !

Némo n'en revenait pas.

– Eh ! oui, mon petit bonhomme ! fit Luc. Des mômes comme toi, dès six ans, à l'usine ! Et le fouet s'ils n'obéissaient pas !

– Mais pourquoi ils ne se sauvaient pas ? Pourquoi leurs parents ne les protégeaient pas ?

– Réfléchis, Némo, expliqua Gaspard. Pour bâtir des usines, installer des machines, acheter des matières premières – charbon, fer, coton –, il fallait beaucoup d'argent. Grâce aux banques, les gens riches se groupaient et achetaient des entreprises à plusieurs : cela s'appelait des sociétés par actions. Ensuite, en vendant les produits que fabriquaient les ouvriers, les propriétaires devenaient encore plus riches. Tandis que les pauvres, eux, restaient pauvres, forcément. Que pouvaient-ils faire ?

– C'est à toi de savoir, pas à moi !

– Avec leur salaire de misère, pas question d'économiser ! Si un ouvrier osait se plaindre, il était renvoyé, et remplacé par un autre.

– Seulement, ils se sont parfois révoltés, intervint Luc d'un air satisfait, en cessant tous ensemble de travailler… Ça s'appelle une grève. Le patron, avec tout son argent, ne peut quand même pas faire tourner son usine tout seul !

– Les ouvriers, reprit Gaspard, ont ainsi obtenu, petit à petit, des améliorations. Sur les salaires, la durée de la journée de travail, les jours de repos. Et pour les enfants, la meilleure protection, ce fut l'école obligatoire !

– T'as du mal à le croire, hein ? rigola Luc. Mais pour un mouflet, l'école, ça vaut bien mieux que la mine !

– Mouais… fit Némo. Et à part l'école ?

– À la fin du XIXe siècle, continua Gaspard, les ouvriers ont formé des associations, les « syndicats », pour défendre leurs droits. Certains ont rejoint les partis politiques. Par exemple, les « socialistes » pensaient qu'il fallait partager les richesses. D'autres affirmaient que les ouvriers devaient prendre le pouvoir. On les appelait les « communistes » ou les « marxistes », du nom de Karl Marx, un philosophe qui parlait de la « lutte des classes », c'est-à-dire la lutte entre les riches propriétaires d'usines et les ouvriers.

– Qui a gagné ? demanda Némo, très intéressé.

Luc faillit s'étrangler :

– Elle est bonne, celle-là ! Qui a gagné la lutte des classes !

Le siècle des **machines**

*Les trains, puis l'électricité et le téléphone, et encore l'automobile (**1887**), le cinéma (**1895**)… Les inventions du **XIXᵉ** transforment la vie des gens.*
Dans les usines, les machines ne s'arrêtent jamais. Les ouvriers vivent dans la misère. Ils se regroupent dans des syndicats et des partis politiques.
*En Europe, les populations qui partagent la même langue, la même culture, souvent la même religion, veulent former des pays indépendants : c'est l'éveil des « nationalités ». Les révoltes se multiplient en **1830** et **1848**.*

Napoléon III

Alfred Dreyfus

1848 *Une révolution chasse le roi de France. Ce sera le dernier ! La seconde République est créée.*
1852 *Napoléon **III**, neveu de Napoléon **Iᵉʳ**, prend tous les pouvoirs et se fait proclamer empereur.*
1863 *L'esclavage est aboli aux Etats-Unis pendant la guerre civile (guerre de Sécession) entre Etats du Nord et Etats du Sud.*
1864 *Les ouvriers français obtiennent le droit de grève.*
1870-1871 *La France perd la guerre contre la Prusse. Napoléon **III** est déchu. Les Parisiens, affamés, se révoltent : c'est « la Commune de Paris », il y aura 20 000 morts. On installe la **IIIᵉ** République.*
1881-1882 *L'école devient obligatoire en France. C'est malin !*
1898-1906 *Alfred Dreyfus, officier français et juif, est condamné injustement pour trahison. L'antisémitisme (le racisme contre les juifs) se développe dans une partie de la population.*

à suivre…

Némo

– Oh là là ! intervint Gaspard. Cette fois, on entre dans le XXe siècle, mon pauvre Némo. Et ce n'est pas le plus drôle. En Russie, en 1917, les révolutionnaires réussiront à « prendre le pouvoir ». Mais au bout du compte, les ouvriers ne seront pas plus heureux. En fait, les dirigeants du parti communiste se mettront à la place de l'empereur et des riches d'autrefois, et tous ceux qui n'obéiront pas seront enfermés ou tués. En Union soviétique – l'ancien Empire russe – il y aura ainsi des millions et des millions de morts.

– Tu dis ça comme ça : « des millions et des millions de morts »... Mais moi, je ne peux pas les voir dans ma tête, je ne peux même pas penser que ce soit vrai, fit Némo d'une voix morne.

– Personne ne peut l'imaginer, Némo, c'est bien trop monstrueux.

– En France, ça s'est aussi passé comme ça ?

– Non, répondit Gaspard en jetant un coup d'œil à sa montre. Mais il y a eu la guerre... C'est aussi la raison de notre voyage dans le Nord. Nous allons visiter les champs de bataille de la Première Guerre mondiale, à Vimy, tout près d'ici. Il est temps de partir.

– Eh, une seconde ! protesta Luc. Il me faut encore des photos !

Il braqua son appareil sur Némo et le mitrailla sous tous les angles, avec le terril en arrière-plan. Puis il leur tendit la main :

– Salut les mecs ! Et bon vent !

– Tenez-moi au courant, pour l'article, dit encore Gaspard.

Tandis que le journaliste s'éloignait, il ajouta :

– Il ne m'a même pas pris une seule fois en photo !

– Normal ! fit Némo. C'est quand même moi, la star de la télé !

Eugène dans les tranchées

– Ça y est ? Tu y arrives ?

La petite tête brune de Némo dépassait à peine de la tranchée, une sorte de long fossé aux parois renforcées par des sacs de sable.

– Tu vois quelque chose ? demanda Gaspard.

– On dirait la Lune ! s'écria Némo. Il y a plein de cratères !

À son tour, Gaspard étira le cou pour apercevoir le paysage. La plaine environnante était entièrement défoncée. De grands trous, des crêtes, comme des vagues immobiles. Ou comme une terre labourée par une charrue géante.

– Chacun de ces trous a été creusé par une explosion, expliqua Gaspard.

Némo lut, sur un panneau rouge, accroché à une barrière en fil de fer: «Danger. Entrée interdite. Munitions non explosées».

– Oui, commenta Gaspard. Ici, à Vimy, les champs sont encore truffés d'obus enfoncés dans la terre, qui n'ont pas explosé. Je vais t'expliquer tout ça. Aujourd'hui, nous suivons un guide bien différent des autres : mon grand-père, Eugène. Ton arrière-grand-père, si tu préfères.

– Tu me prends vraiment pour un débile ! s'exclama Némo. Je sais bien qu'il est mort.

Gaspard s'adossa au mur de la tranchée, les bras croisés.

– Quand il est mort, j'avais cinq ans, mais je le revois encore. Il était toujours couché, il toussait.

– Pourquoi était-il malade ?

– Pendant la guerre, les armées allemandes ont utilisé un gaz très toxique, qui brûlait les poumons. On l'appelait «l'ypérite», à cause de la bataille d'Ypres, où les Allemands l'ont pour la première fois lancé vers les lignes françaises. Beaucoup de soldats sont morts en le respirant. D'autres sont revenus très malades, on disait qu'ils avaient été « gazés ». Mon grand-père était de ceux-là. Il en a souffert toute sa vie.

– Il t'a raconté ?

– Non, j'étais trop petit. Et puis il ne parlait plus jamais de la guerre.

– Lui aussi, il avait perdu la mémoire ?

– Au contraire. Il aurait bien voulu oublier ! Un jour, longtemps après sa mort, ma grand-mère m'a enfin dit tout ce qu'elle savait. Regarde, je t'ai apporté des photos.

Gaspard avait tiré de son sac à dos une petite liasse de papiers jaunis, écornés, attachés par un ruban bleu. Il tendit à Némo deux photos anciennes, un peu délavées. La première montrait un jeune homme aux grands yeux noirs et aux cheveux épais, séparés par une raie au milieu. Il portait un costume clair, et une cravate blanche. Sur la seconde, il était vêtu d'un uniforme militaire, il avait l'air sévère. Némo prit les photos, les regarda avec intérêt. Gaspard pointa le doigt sur le premier portrait.

– Cette photo a été prise pour l'anniversaire d'Eugène, en août 1914. Il avait vingt ans. Quelques jours plus tard, la guerre a éclaté.

Némo rendit les photos et partit à pas rapides dans le dédale de la tranchée. À deux reprises, il se retrouva face à un mur. Le fossé repartait à droite et à gauche, comme si une taupe avait hésité en creusant son tunnel.

– Attends-moi ! appela Gaspard, qui refermait son sac.

Némo se retourna vers lui.

– Comment elle a commencé, cette guerre ? demanda-t-il.

Il entama l'escalade d'un poste de tir, dans une avancée de la tranchée. Il s'imagina en train de viser, et de tirer sur l'ennemi. Gaspard sortit sa caméra.

– Il y avait déjà eu une autre guerre, dit-il, en 1870, entre la France et la Prusse, un puissant État allemand. Depuis, les Allemands et les Français se surveillaient comme des ennemis, le conflit menaçait sans arrêt d'éclater. Tous les pays d'Europe attendaient la guerre, ils s'étaient regroupés pour être plus forts. D'un côté il y avait les « Alliés » : la France, la Grande-Bretagne et la Russie ; et de l'autre, l'Allemagne et l'Autriche-Hongrie. En août 1914, l'héritier du trône d'Autriche, François-Ferdinand, a été assassiné par un Serbe. L'Autriche a déclaré la guerre à la Serbie.

– C'est quoi, la Serbie ?

– Un petit pays du sud de l'Europe. Les « Alliés » ont soutenu la Serbie, l'Allemagne a soutenu l'Autriche, et toute l'Europe a plongé dans la guerre.

Némo sauta à bas de son poste de tir. Il agita la main devant la caméra de Gaspard.

– Arrête une seconde ! Tout le monde a commencé à se battre ? Des pays entiers ? Pour un seul mec assassiné ?

– Oui. D'autres pays ont rejoint les Alliés. D'autres encore ont soutenu l'Allemagne et l'Autriche. En 1915, les Canadiens sont arrivés, et en 1917, les Américains, pour aider les Alliés. La guerre est vraiment devenue mondiale.

Némo s'enfonça dans un recoin de la tranchée, visiblement prévu pour abriter un homme. Il avait envie d'échapper un instant à la caméra.

– Et ton grand-père, qu'est-ce qui lui est arrivé ?

– En août 1914, les gendarmes sont venus le chercher : ils lui ont dit qu'il devait partir à la guerre.

– Mais lui, il ne voulait pas ?

– Ceux qui n'obéissaient pas étaient fusillés – tués immédiatement. Eugène est parti, en croyant, comme les autres, que la guerre allait durer quelques semaines. Il a quitté son village et sa famille, on lui a donné un uniforme. Au début, les soldats portaient un pantalon rouge, un vrai désastre ! Personne n'avait songé qu'ainsi, les Allemands pouvaient les repérer à des kilomètres de distance ! Des milliers de jeunes Français sont morts aussi bêtement que ça, à cause d'une couleur d'uniforme.

– Et Eugène ?

– Il s'est retrouvé ici, dans le Nord. Au commencement, les armées française et allemande ont avancé très vite, à la rencontre l'une de l'autre, et puis tout s'est bloqué. Elles sont restées face à face. Les soldats ont creusé des tranchées, pour se protéger, et pendant quatre ans, ils se sont battus pour tenter de conquérir quelques mètres de terrain.

Némo se percha de nouveau sur un rebord de la tranchée, et observa les alentours. Il aperçut un poste de tir, qui lui faisait face, à trente mètres à peine.

– Tu vois, là-bas, lui montra Gaspard. Ce sont les lignes allemandes.

– Si près que ça ? Mais alors, ils pouvaient se parler ?

– Oui, ils le faisaient parfois. Eugène reniflait même les odeurs de cuisine qui venaient d'en face. Une fois, en sortant d'un bois, ton arrière-grand-père a croisé un soldat allemand, par surprise. Ils allaient tous les deux chercher de l'eau au même endroit. Alors, ils se sont fait un signe de la main, et chacun a continué son chemin !

– Mais pourquoi ils se battaient ? Ce n'était pas de leur faute, si les gouvernements se disputaient ! Les soldats, dans les tranchées, ils ne se connaissaient pas. Ils n'avaient sûrement pas envie de se tuer !

Némo parcourait du regard le réseau des tranchées, les postes de tir, la plaine défoncée à perte de vue.

– Gaspard, je ne comprends pas parce que je n'ai pas de mémoire ?

– Je crois que c'est le contraire. Tu découvres tout cela pour la première fois, et tu réalises à quel point cette guerre était absurde. Eugène a passé des mois dans ces tranchées. Les obus tombaient jour et nuit. Il ne supportait plus le bruit, il pataugeait dans la boue, il avait froid. Ses camarades tombaient les uns après les autres. On ne savait jamais qui serait le prochain.

– Mais il faisait quoi, pendant tout ce temps ?

– Il attendait l'attaque. Au coup de sifflet de l'officier, les soldats grimpaient les uns derrière les autres hors du fossé en s'aidant de petites échelles, et fonçaient vers l'ennemi.

– Et Eugène y allait ?

Gaspard entraîna Némo, pour retourner vers l'entrée de la tranchée.

– Il était obligé d'obéir, comme les autres. Pourtant, très rapidement, il a perdu confiance dans ses chefs, les officiers. Eux, ils envoyaient leurs soldats se faire tuer, mais ils restaient à l'abri ! Eugène se méfiait. Il refusait de boire le rhum distribué aux soldats avant l'attaque, pour garder toute sa conscience, et bien surveiller le terrain, se cacher dans le moindre creux. Les autres, les malheureux, ils étaient souvent à moitié ivres, ils ne se rendaient plus trop compte. Tu comprends, c'était tellement terrifiant de partir comme ça, en sachant qu'on allait peut-être être tué, ou revenir gravement blessé.

C'était donc ça, « avoir peur », se dit Némo en sortant de la tranchée. Savoir qu'il va arriver une chose horrible…

Un jeune homme aux cheveux blonds et aux épaules carrées s'avançait à leur rencontre.

– Allez-y, dit-il à Gaspard, avec un drôle d'accent. Je vous ai ouvert la porte ! Soyez discrets. Normalement, les enfants de moins de douze ans n'ont pas le droit de visiter les tunnels.

Gaspard posa un doigt sur ses lèvres en souriant, et le dépassa.

– C'est le guide canadien, chuchota-t-il à l'oreille de Némo. Le site de Vimy a été donné aux Canadiens, qui ont finalement gagné cette grande bataille en 1917.

Ils franchirent une porte en fer, et découvrirent un escalier, très raide, qui s'enfonçait droit dans la terre.

– On se croirait dans une tombe égyptienne ! murmura Némo.

En bas, ils débouchèrent dans une galerie souterraine, si longue qu'ils ne parvenaient pas à en voir la fin. L'air sentait l'humidité, la terre, le froid.

– Nous sommes à dix mètres de profondeur, expliqua Gaspard.

Il appuya sur un interrupteur, presque toutes les lumières s'éteignirent. Une petite veilleuse éclairait à peine, de loin en loin, quelques mètres de tunnel. Tout le reste se perdait dans l'obscurité.

– Quand Eugène était à Vimy, reprit Gaspard, il n'y avait pas plus de lumière que ça. Ton arrière-grand-père s'est sans doute appuyé, comme toi, contre cette paroi.

Si les murs ont de la mémoire, eux, se dit Némo, peut-être qu'ils se souviennent des soldats qui les ont touchés…

Il lui semblait que d'un instant à l'autre, il allait tomber sur Eugène, avec son uniforme sali, une barbe de plusieurs jours, et ses yeux noirs remplis de terreur.

– Qu'est-ce qu'il faisait sous terre, comme une taupe ?

– Les troupes empruntaient les tunnels pour aller jusqu'aux tranchées et en revenir, sans se faire voir.

Gaspard ralluma la lumière, et montra à Némo une petite pièce creusée dans une paroi.

– Tu vois, le passage est trop étroit pour que deux groupes puissent se croiser. Ceux qui arrivaient de l'arrière avaient toujours priorité. Les soldats qui revenaient du combat se cachaient dans ces recoins, pour laisser passer les nouveaux.

– Pourquoi se cachaient-ils ?

– Pour que les soldats qui allaient se battre ne voient pas les blessés. Après l'attaque, les tunnels se remplissaient de morts et de blessés qui gémissaient.

Némo ferma les yeux. Il voyait maintenant Eugène couvert de sang, méconnaissable, au milieu des autres blessés.

– Et Eugène ? demanda-t-il à nouveau.

– Il a été blessé une fois, au bras. Ce n'était pas trop grave, mais en 1917, il y a eu les gaz… Son jeune frère, Louis, a été tué en août 1918. Il avait reçu une balle en plein cœur.

Gaspard et Némo retournèrent à l'air libre.

– Et puis, le 11 novembre 1918, le clairon a sonné à midi, annonçant la fin des combats. Les Alliés avaient gagné la guerre.

– Et Eugène ?

– Il était à l'hôpital, dans l'est de la France. Il n'a pu rentrer chez lui que plusieurs mois plus tard.

– Alors lui, il n'avait pas gagné la guerre ?

– Qu'est-ce que ça veut dire, « gagner la guerre » ? Pour les gouvernements, cela signifiait agrandir leurs territoires, obtenir de l'argent de l'Allemagne pour réparer les dégâts. Mais toutes les familles d'Europe ont perdu des fils, des frères et des maris. Dans le monde, il y a eu presque dix millions de morts, et vingt millions de blessés !

– Et Eugène ? répéta encore Némo.

– Il a rencontré ma grand-mère, Noémie, quelques mois plus tard. Elle l'a soigné jusqu'à sa mort ; leur vie n'a pas été facile, mais je crois qu'ils ont été heureux ensemble. Sais-tu qu'il lui écrivait des poèmes ?

– C'est vrai ? Des poèmes avec de la musique ?

Gaspard s'assit sur le bord d'un cratère, et ressortit de son sac à dos la liasse de papiers jaunis.

– Regarde ! Je crois qu'il y en a quelques-uns.

Némo déplia plusieurs feuilles.

– « Noémie tant aimée… », lut-il. Dis donc, Gaspard, tu crois qu'on a le droit de les lire ?

Gaspard fit « oui » de la tête. Némo découvrit un autre texte, qu'il tendit à son cousin.

– Celui-ci, dit Gaspard, Eugène l'avait recopié pour Noémie, parce que c'était son poème préféré, *Le dormeur du Val*. Arthur Rimbaud l'a écrit bien avant la Première Guerre mondiale. Mais il parle de tous les jeunes soldats morts de manière absurde, dans des combats qu'ils ne comprenaient pas. De tous ceux qui, comme Louis, ont reçu une balle dans la poitrine.

– « C'est un trou de verdure… » commença Némo.

Quand il eut fini, il resta un moment silencieux, regarda Gaspard et décida :

– Je vais le recopier. J'en suis sûr, Eugène aurait voulu que, moi non plus, je ne l'oublie pas !

Le grenier de Mamy Fanny

– Ah ça, mon petit Gaspard, il faut savoir ce qu'on veut dans la vie ! Si Léa te laisse tomber, ne compte pas sur moi pour te plaindre. Elle passe son temps à t'attendre !

Le **dormeur** *du val*

Le dormeur du val

C'est un trou de verdure où chante une rivière
Accrochant follement aux herbes des haillons
D'argent ; où le soleil, de la montagne fière,
Luit : c'est un petit val qui mousse de rayons.

Un soldat jeune, bouche ouverte, tête nue,
Et la nuque baignant dans le frais cresson bleu,
Dort ; il est étendu dans l'herbe, sous la nue,
Pâle dans son lit vert où la lumière pleut.

Les pieds dans les glaïeuls, il dort. Souriant comme
Sourirait un enfant malade, il fait un somme.
Nature, berce-le chaudement : il a froid.

Les parfums ne font pas frissonner sa narine ;
Il dort dans le soleil, la main sur la poitrine,
Tranquille. Il a deux trous rouges au côté droit.

Arthur Rimbaud, 1870.

Némo

Mamy Fanny pinça les lèvres d'un air sévère, mais ses yeux continuèrent de briller d'un petit éclat moqueur. Ils étaient arrivés chez elle le matin même et Némo s'amusait beaucoup. Gaspard ne lui faisait plus la leçon, Mamy Fanny en savait toujours plus long que lui !

– Et toi, Némo, reprenait sa grand-mère en lui versant une seconde tasse de chocolat, tu l'as vue, Léa ?

– Ben non, fit Némo. En ce moment, Gaspard prétend qu'elle n'appelle plus parce qu'elle est au Japon. Mais peut-être qu'il me raconte des histoires !

Mamy Fanny partit d'un éclat de rire joyeux. Elle avait l'air si contente de voir Némo et Gaspard assis sur une vieille malle, sous le plafond bas de son grenier. Elle avait insisté pour monter le goûter jusqu'au dernier étage. Les deux pièces en enfilade, éclairées par de petites fenêtres en pente, étaient encombrées de boîtes en carton, d'étagères bancales, de vieilles armoires. « Là-haut, avait dit Mamy Fanny, c'est mon domaine ! »

Mais pour le moment, elle regardait Gaspard.

– C'est fini, tu sais, le temps des femmes qui attendent sagement à la maison ! Et heureusement ! Moi, d'ailleurs, je n'y ai jamais cru. Mon père ne m'avait pas élevée comme ça. Tu as bien parlé de mon père à Némo ?

– Le grand-père Eugène ? intervint Némo. Bien sûr ! À Vimy, dans les tranchées.

– Ah, je vois ça d'ici, coupa Mamy Fanny avec un petit geste de la main. Il n'a dû te raconter que des choses sinistres, la guerre, etc. Mais il n'y a pas eu que des guerres ! Dans ma famille, ce qui nous a aidés à survivre pendant les temps difficiles, c'était la musique et les livres. Je jouais du piano quand j'avais ton âge, Némo. J'espère que tu sais lire tes notes ?

– Ben… non, répondit Némo, qui eut l'impression que c'était grave.

– Il est grand temps de commencer ! Gaspard, quand même, à quoi ça a servi, toutes les leçons que je t'ai données ?

– Je vais rattraper ça, fit Gaspard, l'air sincèrement désolé.

– Lui as-tu parlé des grands compositeurs romantiques ? Et des grands écrivains du XIXe siècle ? Ceux que je lisais avec mes parents ?

– Pour le XIXe, dit Némo, j'ai surtout vu des mines de charbon !

– Il était temps que tu viennes me voir ! Je suis sûre que Gaspard t'a parlé des philosophes du XVIIIe siècle : cet esprit sec, raisonnable, il adore ça ! Mais toutes les rêveries, les émotions des romantiques…

– Gaspard non plus, il n'a pas d'émotions ? fit Némo très étonné.

De nouveau Mamy Fanny éclata de rire.

– Crois-moi, Némo, les grands livres, c'est plus important pour la mémoire des hommes que l'histoire des rois de France !

– Ici, dit Némo en jetant un coup d'œil sur le bric-à-brac du grenier, c'est une maison pleine de mémoire !

– Sais-tu que j'y suis née, en 1930 ? Mes parents se sont installés à Paris dès 1924. Ils tenaient la petite épicerie en bas de la maison. Avec la guerre, mon père n'avait pas pu apprendre un métier. Nous habitions au premier étage. Quand je me suis mariée, je me suis installée au troisième. Gaspard et ta maman y sont nés. Plus tard nous avons revendu le magasin, mais nous avons toujours gardé le grenier. Tu te rends compte, un grenier, à Paris, quelle merveille !

– C’est quoi, cette table à pédale ? demanda Némo, qui s’était levé pour examiner le drôle d’engin, coincé entre une malle et une pile de chaises.

– La première machine à coudre de ma mère… répondit Mamy Fanny en souriant. Je m’asseyais par terre, près d’elle, quand elle cousait. J’étais fascinée par le mouvement de son pied sur la pédale ! Ce fut une petite révolution, cette machine. La vie de mes parents ne ressemblait plus du tout à celle de mes grands-parents, à la campagne… Nous avions l’électricité, la lumière rien qu’en appuyant sur un bouton ! Et parfois nous allions au cinéma ! Toi, évidemment, ça te paraît normal !

– Pas vraiment, fit Némo, en actionnant le mouvement de la machine à coudre. Gaspard ne m’emmène jamais au cinéma !

Mamy Fanny continuait déjà :

– Je me souviens aussi de notre première automobile ! Une petite camionnette, pour les livraisons. Mais moi, ce qui m’intriguait le plus, c’était les avions ! Quand j’en entendais un, je courais à la fenêtre et je restais le nez en l’air.

Elle se leva et souleva un morceau de tapis qui recouvrait une grosse boîte en bois, incrustée d’un cadran et de trois boutons.

– Notre première radio, Némo. Elle tenait compagnie à mon père quand il restait couché. Il écoutait tout : les chansons, le sport, et bien sûr, les actualités. Mais j’ai vite senti que quelque chose n’allait pas.

– Pourquoi ? demanda Némo en tournant les boutons.

Mamy Fanny s’est assise dans son vieux fauteuil à bascule.

– Mon père comprenait bien que l’Allemagne voulait

retrouver sa puissance et ses territoires d'avant 1914, et qu'elle se préparait à la guerre. « Ils vont revenir, disait-il, et nous ne serons pas prêts. » Je me souviens du voisin, qui répétait toujours : « Ah ! vous, monsieur l'épicier, vous êtes défaitiste ! Vous ne savez donc pas que l'armée française est la meilleure du monde ! » Malheureusement, mon père avait raison. Hitler a envahi l'Europe et la France n'a pas pu se défendre.

– C'était qui, Hitler ? Le chef de l'Allemagne ? demanda Némo.

– Oui, il est arrivé au pouvoir en 1933. Naturellement, je ne m'en souviens pas, j'avais trois ans. Plus tard, on l'entendait parfois à la radio, hurlant comme un vrai sauvage. Il répétait aux Allemands que tous leurs malheurs venaient des étrangers, des hommes « d'une race inférieure ». La « race supérieure », évidemment, c'était la « race allemande ».

– C'est nul ! s'exclama Némo, de nouveau perché sur sa malle. Gaspard m'a bien expliqué que les races n'existaient pas !

– Il a quand même fait du bon travail, ce Gaspard ! Tout le système d'Hitler, le « nazisme », était pourtant fondé sur cette haine absurde des autres, des gens différents, et surtout des Juifs. Il voulait tous les tuer.

– On ne l'a pas laissé faire ? coupa Némo.

Sa grand-mère ne répondit pas. Elle fouillait dans un vieux coffre de bois. Sur le couvercle, on pouvait encore lire son prénom, « Fanny », écrit en belles lettres rondes.

– En tout cas, quand Hitler et son armée ont envahi l'Europe, nous étions tous terrifiés !

Elle sortit bientôt un petit tas de chiffons marron, avec deux hublots et une sorte de trompe d'éléphant. Elle posa le tout sur le nez de Némo.

– Un masque à gaz ! Nous en avons eu dès 1939. Tu penses, mon pauvre papa, avec ses poumons brûlés, il craignait tellement de nouvelles attaques au gaz !

– Tu t'es servie de ce machin ? demanda Némo après une série d'éternuements.

– Non. Les Allemands ont avancé à toute allure, avec les blindés et les avions bombardiers. Ils n'ont pas eu besoin des gaz. Ils sont entrés en France en mai 1940, et le 14 juin, ils étaient déjà à Paris. Tu ne peux pas t'imaginer ce chaos ! Tout le monde fuyait, en voiture, en vélo, ou même en carriole… Certains entassaient tout ce qu'ils pouvaient dans des voitures d'enfant !

– Mais toi, Mamy Fanny ?

– Mon père a eu une terrible crise d'étouffement et maman a décidé de rester. « Je ne vais pas te tuer en partant sur les routes ! », a-t-elle dit. J'ai vu arriver les premiers Allemands, très tôt, le matin du 14 juin. Je regardais par la fente des volets. Un groupe descendait la rue, au pas cadencé, avec ce bruit de bottes sur le pavé, je l'entends encore ! Pendant quatre ans, on n'a plus entendu que ça !

Elle se mit à taper sur le coffre avec son poing fermé « boum, boum, boum ».

– À part ce bruit, Paris est devenu totalement silencieux. Il n'y avait plus d'essence, les rues se sont vidées : plus de voitures, plus d'autobus. Il ne restait que les vélos, quelques vélos-taxis – un peu comme des pousse-pousse chinois – et bien sûr la marche à pied ! On a même vu réapparaître des chevaux. Et puis, on n'avait pas grand-chose à manger.

– Mais pourquoi ? demanda Némo.

– L'armée allemande prenait tout : l'essence, mais aussi le pain, la viande, le lait, les légumes… Et le charbon, le cuir, le tissu, le savon. Nous n'avions plus rien. Pendant toutes ces années, les adultes parlaient surtout de deux choses : se chauffer et manger ! On faisait des gâteaux avec des carottes, du café avec des glands, des pâtes avec des rutabagas – une racine que plus personne ne mange, tellement ça rappelle ces années noires. Au quatrième étage, nos voisins élevaient des poulets sur le balcon !

– Comment faisaient tes parents, à l'épicerie ?

– Oh ! c'était très, très compliqué ! Tout était réglementé : par les Allemands et par les autorités françaises qui travaillaient avec eux. Les gens recevaient des cartes d'alimentation et des tickets, tu vois, comme ceux-ci.

Mamy Fanny tendait à Némo une feuille jaune couverte de petits timbres à découper.

– Il y en avait de toutes les couleurs, pour toutes les catégories d'aliments. Les bébés avaient droit à un peu plus de lait, les jeunes à un peu plus de pain, mais tout le monde avait faim ! D'ailleurs, certains commerçants en ont profité pour s'enrichir scandaleusement. Ils gardaient ce qu'ils recevaient de meilleur et ils le vendaient en cachette, très cher. On appelait ça « le marché noir ». Mais mes parents n'auraient jamais fait une chose pareille !

Elle continuait à fouiller. Elle sortit plusieurs cahiers, un vieil album, une drôle de chaussure à semelle très haute.

– Mes premières semelles de bois ! Puisqu'il n'y avait plus de cuir… J'en étais très fière ! Tu comprends, j'avais quatorze ans, ça me grandissait. Enfin, heureusement que je ne les portais pas le jour où j'ai été arrêtée. À la première occasion, je me suis sauvée.

Elle avait déjà replongé le nez dans son coffre. Mais Némo était stupéfait. Discrètement, Gaspard ajusta sa caméra, cadra sa mère et son petit cousin.

– Toi, reprenait Némo, ahuri, tu as été arrêtée ?

– J'ai été arrêtée par la police allemande, la Gestapo, en juillet 1944. Je n'étais pourtant qu'une gamine !

– Qu'est-ce que tu avais fait ?

– Je portais un peu de courrier, pas grand-chose, en fait, pour la Résistance.

– La quoi ?

– La Résistance, les Français qui résistaient et luttaient contre les Allemands. Ils risquaient leur vie pour essayer de libérer notre pays. Charles de Gaulle, un général qui n'avait pas accepté l'Occupation, s'était installé en Angleterre pour organiser cette Résistance. Le soir, on s'enfermait à la maison pour écouter Radio-Londres – ça aussi, c'était interdit ! – et entendre les chefs de la « France libre ».

– Et toi, tu n'avais pas peur quand tu portais les messages ?

– Penses-tu ! J'étais morte de peur, au contraire. Je n'avais rien d'un héros !

– Et tes parents, Eugène et Noémie ?

– Ils n'ont jamais fermé leur porte à ceux qui avaient besoin d'eux. Souvent, des inconnus passaient la nuit à la maison. Et parfois, mon amie Rachel dormait chez nous. On trouvait ça formidable, on pouvait parler pendant des heures !

Mamy Fanny se gratta la gorge, sa voix devint très basse.

– Plus tard, j'ai compris que tous nos visiteurs étaient juifs, comme Rachel. Ils se cachaient les soirs de « rafle », quand ils craignaient d'être arrêtés par la police. Et bien souvent, c'était la police française ! Le lendemain, des élèves manquaient à l'école, ils ne revenaient plus. Ces enfants-là, on les avait vus porter une étoile jaune cousue à leur manteau, avec le mot « Juif », écrit en gros. Pour que tout le monde les reconnaisse. Comme si c'était une honte d'être juif ! Moi, j'avais honte d'être dans un monde où on faisait la guerre aux enfants.

– Alors c'était vrai ? Hitler faisait tuer des Juifs ?

La grand-mère ne semblait plus écouter Némo.

– Rachel a été arrêtée le 17 juillet 1942, avec toute sa famille. Et des milliers de Juifs parisiens. Elle n'est jamais revenue.

– Revenue d'où ?

Mamy Fanny leva les yeux, chercha le regard de Gaspard, qui posa doucement sa caméra. Elle murmura :

– Tu ne lui as rien dit ? Je dois lui dire ?

Gaspard fit « oui » de la tête, sans un mot. Némo sentit un bizarre petit frisson parcourir son dos, comme un courant d'air. Était-ce la peur ? Ce qu'avait dû ressentir son arrière-grand-père Eugène dans les tranchées ?

– Comment te dire cela, mon Némo ? reprenait Mamy Fanny, hésitante. Tant de gens sont morts pendant cette guerre... À nouveau une guerre mondiale, encore plus étendue que la première. Les troupes d'Hitler enfermaient les résistants de toute sorte dans des camps. D'immenses terrains avec des baraques, des barrières en fil de fer barbelé tout autour et des gardes qui tiraient sur les prisonniers s'ils tentaient de s'échapper. Des millions sont morts de faim, de froid, de mauvais traitements. Mais pour les Juifs, et quelques autres, Hitler avait imaginé un système différent.

De nouveau, Mamy Fanny se tut. Et de nouveau, Némo sentit le petit vent froid dans son dos.

– Les Juifs, continuait enfin sa grand-mère, Hitler voulait qu'ils meurent tous, tous jusqu'au dernier. L'armée allemande les faisait rechercher dans les pays qu'elle occupait et les transportait vers des camps spéciaux, des camps « d'extermination ».

– Ça veut dire quoi ? demanda Némo d'une petite voix rauque.

– Des camps pour les faire mourir. Mais ces malheureux ne mouraient jamais assez vite… On leur faisait respirer des gaz empoisonnés, par groupes entiers, et ensuite on brûlait leurs corps. Six millions de Juifs sont morts dans les camps. Hommes, femmes, enfants. Pour être condamnés, il suffisait qu'ils soient juifs.

– Même les enfants… murmura Némo.

Non, il n'avait pas peur. Il n'avait pas d'eau dans les yeux comme Mamy Fanny. Il avait même l'impression de ne rien sentir du tout. Il avait seulement froid. Très froid.

– Viens ici, dit Gaspard, qui se mit à lui frotter vigoureusement le dos.

– Arrête ! dit la grand-mère. Je sais que les petits garçons n'aiment pas trop les câlins, surtout les petits garçons qui ont perdu la mémoire, mais aujourd'hui…

Elle entoura Némo de ses deux bras et l'attira contre elle. Pour la première fois depuis son accident, Némo se laissa faire.

– Il ne se passe presque pas un jour sans que je pense à mon amie Rachel, même tant d'années après, continua Mamy Fanny, sa joue contre les cheveux bruns de Némo. Les nazis voulaient détruire tous les Juifs… Alors il ne faut jamais, jamais oublier ceux qui sont morts.

– Mais à quoi ça sert, puisqu'ils sont morts ? souffla Némo.

– Pour ne pas être du côté des nazis, qui voulaient effacer même leur souvenir.

– À Vimy, dit Némo, sur le grand monument canadien, il y avait de longues listes de noms…

– Oui, ceux des soldats morts. Pour dire : « Nous pensons

La planète se fait la **guerre**

Quel siècle ! Deux terribles guerres mondiales, et des hommes qui s'entre-tuent par millions ! Après 1945, le monde se divise en deux camps : les communistes face aux capitalistes. C'est la guerre froide.
La seconde moitié du siècle s'arrange un peu. Les pays colonisés reprennent leur liberté. On quitte notre petite planète pour explorer l'espace, et on vit mieux en Europ en Amérique du Nord. Mais d'autres continents, comme l'Afrique, connaissent la famine, la maladie, et encore des guerres.

Staline

Adolf Hitler

Général de Gaulle

1914-1918 La Grande Guerre ravage l'Europe : 10 millions de morts, 20 millions de blessés.

1917 C'est la révolution russe. On espère une société plus juste. Mais en Union soviétique, les communistes Lénine, puis à partir de 1924, Staline, élimineront leurs opposants : on parle de 35 millions de morts.

1929 Crise économique : des millions de gens perdent leur travail.

1939 Le nazi Hitler, qui dirige l'Allemagne depuis 1933, envahit la Pologne. La Seconde Guerre mondiale commence.

1940 Les Allemands occupent la moitié de la France Le maréchal Pétain et une partie des Français collaborent avec eux.

18 juin 1940 De Londres, le général de Gaulle appelle les Français à résister aux Allemands.

6 juin 1944 Les Américains débarquent pour aider à libérer la France. De leur côté, en 1945, les Soviétiq pénétreront en Allemagne.

8 mai 1945 C'est fini ! Les nazis capitulent. La Secon Guerre mondiale a fait 40 millions de morts... 6 millio de Juifs ont été exterminés dans les camps nazis.

1948 Les Nations unies votent la création d'un Etat pour les Juifs : Israël.

1957 En signant le traité de Rome, les pays européens commencent à bâtir une « Communauté européenne ».

1969 Neil Armstrong est le premier homme à marcher sur la Lune.

1989 Les communistes doivent quitter le pouvoir en Europe de l'Est. L'Union soviétique se divise.

Années 1990 Il y a encore des guerres, des massacres, des camps, en Afrique, en Bosnie, en Chine...

Au **XXI**e siècle, les hommes apprendront-ils enfin à vivre ensemble ?

Némo

à vous, vous n'avez pas souffert pour rien, nous allons apprendre la leçon. »

Mamy Fanny prit le visage de son petit-fils dans ses mains et le regarda de tout près.

– Les humains sont bien petits, tu sais, pour tout ce qui leur arrive. Perdus sur leur petite planète, au milieu de l'immense univers. Et si petits, parfois, pour supporter tant de malheur… Il faut trouver des moyens de dire « j'ai mal ». Il faut aussi se souvenir des horreurs du passé, pour ne pas les recommencer. Les hommes ont la tête si dure, ils ont tant de mal à comprendre…

Némo s'écarta de sa grand-mère. Il se frotta les yeux, qui picotaient de façon bizarre.

– Et toi, demanda-t-il, comment as-tu fait pour revenir de la prison ?

Mamy Fanny retrouva un peu le sourire.

– Pendant l'été 1944, tu sais, les Allemands étaient en train de perdre la guerre, il y avait une telle pagaille ! Ils m'ont mise dans un train à destination de l'Allemagne, mais, à quelques kilomètres de Paris, la ligne de chemin de fer a été bombardée, les gardes se sont mis à l'abri, et moi, je me suis sauvée à toutes jambes dans la campagne.

– Et après ?

– J'ai couru toute la journée, puis je suis allée me cacher chez des amis de mes parents, à Versailles. Je suis arrivée juste à temps pour accueillir les Américains qui venaient nous aider à libérer la France !

– Encore les Américains ?

– Oui, heureusement qu'ils étaient là !

Némo prit la caméra que Gaspard avait abandonnée, sur un coin de la grande malle. Il se mit, lui aussi, à filmer le grenier, le grand poste de radio, la machine à coudre, le vieux

Ma petite **cinémathèque**

Comment choisir parmi les centaines de films qui ont été réalisés en un siècle de cinéma ? Voici l'essentiel. Quand il s'agit d'un film étranger, il vaut mieux choisir la version originale (v.o.) parce qu'on peut apprécier la vraie voix des acteurs et leur manière de jouer.

Le Kid, *de Charlie Chaplin* (**1921**) *(toujours génial !)*
Frankenstein, *de James Whale* (**1931**) *(le grand film d'horreur)*
King Kong, *de Merian C. Cooper et Ernest B. Schoedsack* (**1933**)
La Grande Illusion, *de Jean Renoir* (**1937**) *(la Première Guerre mondiale)*
Les Disparus de Saint-Agil, *de Christian-Jacque* (**1938**) *(pour le squelette)*
La Chevauchée fantastique, *de John Ford* (**1939**) *(grand western)*
Autant en emporte le vent, *de Victor Fleming* (**1939**) *(grand mélo)*
Le Magicien d'Oz, *de Victor Fleming* (**1939**) *(« si j'avais un cœur... »)*
Le Dictateur, *de Charlie Chaplin* (**1940**) *(le chef-d'œuvre !)*
Les dessins animés de Tex Avery (**1949**) *(surtout les chaperons rouges)*
La vie est belle, *de Frank Capra* (**1946**) *(voir sa vie dans le futur)*
Chantons sous la pluie, *de Stanley Donen* (**1952**) *(la comédie musicale)*
L'homme qui en savait trop, *d'Alfred Hitchcock* (**1956**) *(un enfant otage)*
Nuit et brouillard, *d'Alain Resnais* (**1956**) *(la mémoire des camps)*
Les Sentiers de la gloire, *de Stanley Kubrick* (**1957**) *(dans les tranchées)*
Exodus, *d'Otto Preminger* (**1957**) *(les débuts d'Israël)*
Les 400 Coups, *de François Truffaut* (**1959**) *(un adolescent rebelle)*
Barry Lyndon, *de Stanley Kubrick* (**1975**) *(aventures au XVIII*[e] *siècle)*
La Guerre des étoiles, *de Georges Lucas* (**1977**) *(La force est avec toi !)*
E.T., *de Steven Spielberg* (**1982**) *(devenir l'ami d'un extraterrestre)*
Amadeus, *de Milos Forman* (**1984**) *(pour Mozart)*
Manon des sources, *de Claude Berri* (**1986**) *(tragédie en Provence)*
Au revoir les enfants, *de Louis Malle* (**1987**) *(pendant l'Occupation)*
L'Ours, *de Jean-Jacques Annaud* (**1988**) *(la drôle de vie d'un ourson)*
Le Cercle des poètes disparus, *de Peter Weir* (**1989**) *(dans un collège)*
Cinema Paradiso, *de Giuseppe Tornatore* (**1989**) *(l'amour du cinéma)*
Cyrano de Bergerac, *de Jean-Paul Rappeneau* (**1990**) *(du grand théâtre)*
L'Odeur de la papaye verte, *de Tran Anh Hung* (**1993**) *(au Vietnam)*
Le Jardin secret, *de Agnieszka Holland* (**1993**) *(redécouvrir l'émotion)*
Kundun, *de Martin Scorcese* (**1998**) *(le petit dalaï-lama et le Tibet)*

Némo

coffre de bois. Il revint sur le visage de Mamy Fanny et demanda, très sérieusement :

– Est-ce que les hommes ont enfin appris leur leçon ? Est-ce qu'ils ne tuent plus les autres hommes ?

La grand-mère pianota du bout des doigts, sur l'accoudoir de son fauteuil.

– Ils ont encore très mal appris leur leçon, dit-elle enfin. À la fin de la Seconde Guerre mondiale, les Américains ont utilisé une nouvelle bombe extrêmement destructrice, la bombe atomique, contre le Japon. Et depuis, beaucoup de pays fabriquent des bombes de ce type, pour faire peur aux autres, même s'ils ne s'en servent pas. Il y a toujours des guerres. Et même des camps.

– Des camps aussi ? répéta Némo, à moitié caché derrière son viseur.

– Oui. Dans les pays communistes d'Europe de l'Est, des millions de gens sont morts dans des camps.

– Gaspard me l'a dit. Pourtant, je croyais que les communistes voulaient rendre les ouvriers heureux…

– Il faut toujours se méfier des gens qui veulent rendre tous les autres heureux… On a revu des camps en Yougoslavie, dans une guerre toute récente. Et en Afrique. Il y en a peut-être toujours en Chine.

Némo reposa la caméra.

– Ça sert à quoi de ne pas oublier, si personne n'apprend jamais rien ?

– Tu te trompes, certains apprennent. Depuis 1945, il n'y a pas eu que des catastrophes, heureusement. Par exemple, les pays colonisés ont retrouvé leur liberté. Et depuis 1989, l'Europe de l'Est n'est plus communiste.

Mamy Fanny se leva de son fauteuil.

– De toute façon, mon Némo, on n'a pas le choix. Il faut

défendre les droits des hommes, des femmes et des enfants. Toujours. Et pour ça, on n'a pas le droit d'oublier. À ton tour, tu devras le dire à tes enfants, pour qu'ils sachent… Maintenant, tu portes la mémoire des hommes… Viens, descendons, je voudrais que tu regardes avec moi un grand film : *Le Dictateur*, de Charlie Chaplin. Il t'expliquera tout ça bien mieux que moi.

– Tu as beaucoup de films chez toi ? demanda Némo en s'engageant dans l'escalier.

– Toute une collection ! Quand je pense que Gaspard ne t'emmène jamais au cinéma ! Il est temps que je m'occupe de toi !

Chapitre 13

Tu es un citoyen

Scandale à l'Assemblée nationale

– On se croirait à Versailles ! Le nez en l'air, Némo avançait dans les vastes couloirs de l'Assemblée nationale. Dorures, velours, tableaux, tentures, sculptures et lustres étincelants, à perte de vue… Et cet « huissier » qui leur ouvrait le chemin : en habit noir et nœud papillon blanc, il se tenait raide comme un piquet, le visage plus figé que celui d'une momie ! Oui, presque comme à Versailles.

– Il y a encore un roi ou quoi ?

Gaspard regardait Némo d'un air amusé.

– Nous sommes dans un ancien palais, tu sais. Il a été construit au début du XVIIIe siècle pour la duchesse de Bourbon, fille de Louis XIV. Puis, les révolutionnaires l'ont confisqué en 1792. Cela fait maintenant deux siècles qu'il sert aux députés, les représentants du peuple.

– Ils ne s'ennuient pas, tes représentants du peuple ! Ils ont fait la révolution, mais ils ont piqué les palais des rois !

Un monde fou circulait dans les couloirs. Némo regardait tous ces gens affairés, ces huissiers très stricts, ces jeunes femmes aux bras chargés de dossiers, ces messieurs en costume sombre et cravate.

– Ici, c'est une sorte de village de 3 000 personnes, poursuivait Gaspard. Avec des bureaux, une poste, une bibliothèque, un salon de coiffure, des restaurants et même des caves remplies de vins très rares, pour les invités.

– Ils habitent dans le palais, les représentants du peuple ?

– Non, ils dorment à l'hôtel, de l'autre côté de la rue. On y accède directement par un petit souterrain qui part de l'Assemblée.

Encore un tunnel, pensa Némo, un endroit secret comme Lascaux, les tranchées, les tombes égyptiennes… Pas mal, la vie des députés.

– Ils vivent tout le temps à l'hôtel ?

– Non, seulement quand ils travaillent à Paris. Le reste du temps, ils s'occupent de leur circonscription.

– Leur quoi ?

– Leur circonscription, un petit morceau de France, si tu préfères. La France est découpée en 577 circonscriptions. Les habitants de chacune d'elles choisissent, tous les six ans, leur député qui ira les représenter ici, à l'Assemblée.

Némo et Gaspard pressèrent le pas, toujours derrière l'huissier.

– Comment on fait pour choisir ? reprit Némo.

– En votant. Tous les Français, à partir de dix-huit ans, peuvent le faire. Cela s'appelle le « suffrage universel ». En démocratie, chacun a le droit de donner son avis. On le fait en déposant, le jour de l'élection, un petit papier, le bulletin de vote, portant le nom de la personne que l'on a choisie. Celle qui obtient le plus de bulletins est élue. On choisit ainsi le président de la République, les députés et les autres représentants du peuple.

– Parce qu'il y en a d'autres ?

– Eh oui ! La France est aussi découpée en régions, en départements et en communes avec, à chaque fois, une assemblée, formée de représentants. Ils s'occupent directement des routes, des transports, des écoles, etc.

Après des kilomètres de couloir, l'huissier leur ouvrit une porte et s'inclina pour les laisser entrer. Némo reconnut la vaste salle qu'il avait vue à la télé, avec ses fauteuils rouges disposés en demi-cercle.

– L'hémicycle, chuchota Gaspard, en l'invitant à s'asseoir.

Ils étaient installés tout en haut, dans des tribunes de presse. Dans la salle, la moitié des fauteuils restaient vides.

– En ce moment, les députés devraient être en vacances. Mais ils ont été convoqués, pour une session extraordinaire, précisa Gaspard.

Devant eux, à la tribune, un député parlait au micro en faisant de grands gestes. Et juste derrière lui, à un bureau un peu plus élevé, un homme surveillait la salle.

– Le président de l'Assemblée nationale, précisa Gaspard. Il dirige les débats, donne la parole, fait voter les députés quand il faut prendre une décision… C'est un personnage important.

– Le prof, quoi !

– Si tu veux…

D'ailleurs, comme dans une vraie salle de classe, certains écoutaient, mais beaucoup d'autres semblaient distraits ou occupés à autre chose.

– Qu'est-ce qu'ils doivent faire exactement, les députés ?

– Ils font les lois que tous les Français doivent respecter.

– Comme la première Assemblée nationale ?

Citoyen *français*

La France est une **République** *: une démocratie gouvernée par les représentants du peuple.*
Ils doivent respecter la **Constitution** *:*
un texte qui définit les responsabilités de chacun.

Le pouvoir législatif : voter les lois

L'Assemblée nationale
577 députés élus pour 5 ans par tous les Français

Le Sénat
321 sénateurs élus pour 9 ans

Ensemble, l'Assemblée nationale et le Sénat forment **le Parlement***.*
S'ils ne se mettent pas d'accord sur une loi, l'Assemblée l'emporte.

Le pouvoir exécutif : appliquer les lois

Le Président de la République
élu pour 7 ans par tous les Français
Il veille au respect de la Constitution, signe les lois, peut dissoudre l'Assemblée nationale.
Il peut demander aux Français de voter sur une question précise (le référendum).
Il nomme le Premier ministre.
Le Premier ministre et les ministres forment **le gouvernement***.*

Le pouvoir judiciaire :

Punir ceux qui n'obéissent pas aux lois. Il est exercé par des juges indépendants.

Les Français élisent aussi d'autres assemblées, qui s'occupent directement des régions, des départements et des communes.

La Région *est dirigée par un conseil régional. Il y a 22 régions en métropole et 4 outremer.*

Le département *est dirigé par un conseil général (et un préfet nommé par le gouvernement). Il y a 96 départements en métropole et 4 outremer.*

La commune *est dirigée par un conseil municipal, présidé par le Maire. Il y a 36 763 communes. Paris est dirigé par le Maire et le Conseil de Paris.*

Némo

– Oui, mais la révolution est bien finie. Ils contrôlent le gouvernement et les ministres, et votent le budget de la France.

– Le budget ?

– Chaque année, les Français paient des impôts. Cela sert à bâtir des écoles, payer une armée, aider les plus pauvres, etc. Mais comment répartir cet argent ? Faut-il en donner plus à l'armée, plus à l'école ?

– Ça non ! s'écria Némo.

– … ou construire davantage d'hôpitaux ? Chaque année, le gouvernement propose une manière de répartir l'argent. Puis les députés en discutent.

– Ils ne sont pas d'accord entre eux ?

– Ça non ! Ils discutent longtemps avant de voter une loi ou le budget ! Ils sont surtout divisés en deux clans : ceux de droite et ceux de gauche.

– Gauche ou droite, qu'est-ce que ça veut dire ?

– Oh là là là là…

Gaspard avait pris son ton qui voulait dire : « Bien fait pour moi, j'aurais mieux fait de me taire. » Il réfléchit un long moment.

– Pff… À droite, on préfère donner plus de droits, plus de libertés à chacun pour qu'il se débrouille seul. Mais il y a un risque : les plus forts peuvent écraser les plus faibles s'ils ne sont pas assez protégés. À gauche, on veut plus d'égalité entre les gens, on pense que le gouvernement doit aider davantage les Français. Mais il y a un autre risque : que les gens deviennent trop protégés, trop aidés si tu préfères, et donc un peu moins libres…

Gaspard resta silencieux un moment.

– En fait, c'est encore plus compliqué que ça…

Oui, cela avait l'air compliqué. Némo n'était pas du tout

sûr d'avoir compris. Il se tut car la salle s'agitait. Une partie des députés avaient commencé à élever la voix. Certains d'entre eux criaient :

– Complètement inadmissible ! Scandaleux !

Plusieurs se levèrent, d'autres commencèrent à taper sur leur table. Némo n'en revenait pas.

– On se croirait vraiment à l'école !

– Et vous, qu'avez-vous fait quand vous étiez au gouvernement ? criait un député, debout au dernier rang. Je vais vous le dire, moi, vous avez trahi la France !

À l'autre extrémité de l'hémicycle, plusieurs se levèrent en même temps en hurlant :

– C'est honteux ! Continuez comme ça, donnez la nationalité française à tout le monde et ouvrez grand les frontières, pendant que vous y êtes ! Acceptez tous les étrangers et on verra qui trahit la France !

– La République ne peut pas trier entre ses enfants ! Elle doit faire de tous des citoyens libres ! répondit d'une voix aiguë une jeune femme assise au deuxième rang.

Némo était penché par-dessus la balustrade pour mieux voir.

– Tu vois bien, ils font la révolution !

– Mais non, répondit Gaspard. Ils discutent une fois de plus pour savoir si tous les enfants nés en France sont français, même s'ils ont des parents étrangers.

En bas, la discussion devenait de plus en plus violente. Le président tapait sur son bureau avec un marteau, en répétant « Silence, silence… ». Personne ne l'écoutait. Quel chahut !

Soudain, Némo se dressa sur la pointe des pieds, se pencha en avant et cria de toutes ses forces :

– Moi, je suis un enfant et je suis français. Si les enfants le veulent, ils peuvent être français !

Tous les députés se tournèrent vers lui. Il y eut des cris, des protestations, des rires... Gaspard essayait de tirer Némo en arrière, mais celui-ci continuait de plus belle :

– Vivent les droits de l'homme ! Vivent les Français !

Le président vociféra dans son micro. Némo ne comprit pas tout, mais il était question « d'expulsion ». Des huissiers en noir pénétrèrent dans la tribune. Ils avaient perdu leur petit air figé. Ils attrapèrent Némo par le bras en essayant de le faire sortir. Némo hurla :

– Laissez-moi ! Je ne sortirai d'ici que par la force des baïonnettes !

Il se sentit pris par les pieds, emporté à toute allure dans les couloirs. Il entendait Gaspard qui s'égosillait à ses côtés. Un cameraman, chargé d'une caméra bien plus grosse que celle de Gaspard, les suivait en courant. Némo se retrouva déposé comme un colis dans les jardins, au pied d'un cube qui soutenait une énorme boule noire. Sur le cube de pierre, il reconnut le texte de la Déclaration des droits de l'homme et du citoyen !

– Eh bien bravo ! protesta-t-il de nouveau.

Gaspard lui ordonna de se taire et de ne plus bouger. Il discuta un moment à l'écart avec des personnes en costume, des huissiers, des journalistes.

– Félicitations, tu viens de te faire virer de l'Assemblée nationale, annonça-t-il enfin en le rejoignant. Et en plus, les journalistes de la télé t'ont filmé. Ça va faire une histoire...

Il regarda Némo, avec son visage tout rouge, et ne put s'empêcher d'éclater de rire.

– Mon pauvre Némo, commença-t-il quand il eut retrouvé son calme. On n'est plus à l'époque de la Révolution. On n'a pas le droit de déranger les députés dans leur travail. C'est ça, la démocratie !

Citoyen **européen**

*La France fait partie d'une plus grande démocratie : l'***Union européenne***. Celle-ci a commencé en* **1957** *avec le traité de Rome, signé par 6 pays (France, République fédérale d'Allemagne, Italie, Belgique, Pays-Bas, Luxembourg). Elle s'appelait alors Communauté économique européenne. Aujourd'hui, elle réunit* **15 pays**.

L'Union européenne est dirigée par :

La Commission *siège à Bruxelles.* — *20 commissaires sont nommés par les gouvernements. Elle propos des projets, et s'ils sont approuvés par le Conseil, elle les appliqu*

Le Conseil — *Il réunit des ministres venant de chaque gouvernement. Le Conseil prend les décisions.*

Le Parlement *élu par tous les Européens. Il siège à Strasbourg.* — *Les 626 députés sont élus pour 5 ans. Le Parlement donne son avis sur les projets et surveille le travail de la Commission.*

– Ah oui ! Némo sentait qu'il avait très chaud aux joues. T'appelles ça travailler, toi ! Ce sont des débiles au stade terminal !

Il se souvenait de la phrase préférée de Sunita. Où était-elle passée, celle-là ? Gaspard recevait de nombreux appels sur son portable, et il semblait de plus en plus tendu, de plus en plus inquiet. Quelque chose était arrivé à cette fille, mais quoi ?

À la sortie de l'Assemblée, des caméras les attendaient. Némo ralentit, se tourna vers l'une d'entre elles, fit un faux sourire à la Gaspard et sortit dignement. Un vrai « pro » !

Citoyen du monde

Il faisait chaud dans les rues de Paris, une de ces chaleurs qui donnent envie de plonger dans l'eau froide et de ne plus bouger de la journée. Moins chaud qu'en Égypte, bien sûr. Mais, étrangement, plus difficile à supporter. Et puis Némo se sentait encore tout bizarre, à cause de ce qui s'était passé à l'Assemblée.

– C'est pas terrible, la démocratie, grogna-t-il.

– Facile à dire… fit Gaspard. La démocratie, il faut toujours y travailler, ce n'est jamais terminé. Par exemple, les pays de l'Europe essaient de se rassembler en une démocratie plus grande : ils ont déjà un Parlement et une monnaie en commun. Grâce à cette nouvelle Europe, on ne se battra plus entre pays voisins, comme on l'a fait dans la première partie de ce siècle.

– Il n'y aura plus de guerre ?

– Pas entre pays européens, j'espère. Tu restes citoyen français, comme nos voisins sont citoyens allemands ou belges, mais en plus, nous sommes tous citoyens européens… Et dans les progrès de la démocratie, il n'y a pas que l'Europe. On essaie toujours d'améliorer les droits de chaque individu. Sais-tu qu'autrefois, même chez nous, les femmes avaient moins de droits que les hommes ?

– Mais pourquoi ?

– Elles étaient considérées un peu comme des enfants, qu'il fallait surveiller. Elles devaient rester à la maison, obéir à leur mari. En France, elles n'ont obtenu le droit de vote qu'en 1944 ! Aujourd'hui, les choses ont bien changé. Les femmes votent, elles travaillent, elles sont plus libres. Grâce à la pilule et aux progrès de la médecine, elles peuvent décider d'avoir ou non des enfants.

Gaspard parlait avec force, comme s'il faisait un discours.

– Pourtant, dans de nombreux pays, poursuivait-il, les femmes sont encore traitées comme des esclaves. Les hommes les font vivre dans la peur, ils les empêchent de sortir, d'aller à l'école. Ils les gardent dans l'ignorance pour continuer à avoir du pouvoir sur elles.

– C'est pour ça que Sunita ne voulait pas aller en Inde avec sa mère…

– Oui. L'Inde est un pays immense, à la fois très moderne et très en retard. Beaucoup de femmes sont instruites et indépendantes. Mais à la campagne, dans les familles traditionnelles, elles vivent comme des prisonnières. La mère de Sunita se serait trouvée dans cette situation, obligée d'épouser un inconnu et de lui obéir. Tu sais, j'ai réussi à lui trouver du travail.

– Du travail ? En France ?

– Oui. Un poste de traductrice.

– Alors, elle n'est plus obligée de partir ?

– Non. Je l'ai eue au téléphone plusieurs fois. Elle a

évidemment décidé de rester ici. Mais si on ne retrouve pas Sunita, je ne sais pas ce qu'elle va devenir…

Ils marchèrent un moment en silence. Une ride soucieuse barrait le front de Gaspard. Cette histoire de droits de l'homme, de droits des femmes et de démocratie pas finie trottait dans la tête de Némo.

– Et les enfants, alors ?

Gaspard le regarda sans comprendre.

– Quoi, les enfants ?

– Nous, on n'a aucun droit ! On ne peut même pas parler à l'Assemblée nationale !

– En France, les enfants sont plutôt bien protégés, tu sais. Mais dans le monde, beaucoup d'enfants sont maltraités, battus, envoyés à la guerre. Et 250 millions d'enfants travaillent !

Némo s'arrêta et regarda Gaspard.

– Comme au XIXe siècle ?

– Oui, ils travaillent dans des mines ou dans des usines dès l'âge de six ans, dix heures par jour. Ils tissent des tapis, fabriquent des cassettes vidéo, cousent des chemises ou des chaussures que l'on vend dans les magasins en France et ailleurs… On gagne plus d'argent en faisant travailler les enfants qu'en employant des adultes. On ne les paie presque pas, ces enfants-là.

– C'est toujours pour l'argent, toutes ces horreurs ?

– Pour l'argent, on commet bien des crimes. Et il y a pire…

Gaspard hésita.

– Dans certains pays, on force aussi des enfants à louer leur corps, à avoir… euh, des rapports sexuels avec des adultes.

– Comme des amoureux ?

– Oh ! non ! Là, il n'y a pas d'amour ! C'est même tout le contraire !

Némo en avait assez de cette histoire.

– L'amour ! Tu en parles sans arrêt et tu n'es jamais capable de me l'expliquer !

– D'accord, je n'arrive pas à t'expliquer, admit Gaspard. C'est trop compliqué pour moi ! Mais je suis sûr d'une chose : l'amour n'a rien à voir avec la force ni avec l'argent. La personne aimée doit être respectée et libre. Tu vois ?

Non, Némo ne voyait pas. Mais il sentait chez Gaspard une sorte… d'inquiétude. Oui, une sorte de peur.

– Sunita… avança-t-il. Elle a un problème comme ça avec des adultes ?

À nouveau, Gaspard hésita.

– La police ne trouve aucune piste. Des gens téléphonent, mais sans information sérieuse. Et sa mère est de plus en plus inquiète. Elle pense toujours que Sunita s'est sauvée pour ne pas partir en Inde. Mais où serait-elle allée ? Et plus le temps passe…

Sur les quais de la Seine, les gens se pressaient devant les étalages des bouquinistes. On vendait de tout, des vieux journaux, des affiches, des cartes postales, des livres jaunis… Des petits morceaux de mémoire, se dit Némo. Gaspard l'entraîna en contrebas, juste au bord de l'eau, pour trouver un peu de fraîcheur.

Ils passèrent devant un jeune homme aux habits tachés, assis par terre, une pancarte devant lui : « Pour manger, s'il vous plaît. »

– Pourquoi tu ne lui donnes pas d'argent ? demanda Némo.

– J'en donne souvent. Mais je ne peux pas en donner à tout le monde, tu comprends ?

Pourtant, Gaspard s'arrêta, fouilla dans sa poche et déposa quelques pièces dans la petite boîte du mendiant. Il lui demanda comment il en était arrivé là. Le jeune homme n'avait pas de famille, pas de femme, pas d'enfants. Il avait travaillé quelques mois dans un atelier, puis celui-ci avait fermé. Bientôt, il n'avait plus été capable de payer le loyer de sa chambre. Et il s'était retrouvé dans la rue, sans travail, sans maison. Il aurait bien voulu trouver un emploi, mais il ne savait pas comment faire. D'ailleurs, il n'avait pas d'adresse, la première chose que demandent les employeurs…

Némo et Gaspard s'éloignèrent en promettant de revenir le voir. Que pouvait-on faire pour lui ? Némo marcha longtemps sans dire un mot. Il sentait une fois encore que quelque chose n'allait pas à l'intérieur de lui. Il réfléchissait à son voyage, à toute cette histoire. Tu es l'enfant des étoiles, mon p'tit Némo ; tu fais partie d'une espèce, tu vis en démocratie, tatatatatata… Des millions d'années pour arriver là ! Des guerres, des hommes qui se tuent sans arrêt, des enfants esclaves, des gens dans la rue, en France, sans maison ni rien à manger… Il sentait une petite boule monter du fond de lui. Il explosa :

– Tout notre voyage à travers l'histoire, c'était vers le « mieux », vers le progrès ! En fait, on n'a pas avancé du tout ! Peut-être que ça n'existe pas, le progrès ? Moi, je pense que les hommes étaient plus heureux avant !

– Avant quoi ? demanda Gaspard. Qu'est-ce que ça veut dire « plus heureux » ?

– J'aurais préféré vivre à la préhistoire ! déclara Némo.

– En es-tu bien sûr ? Les hommes de Lascaux mouraient très jeunes, ils vivaient dans une nature hostile, menacés par des maladies, exposés aux animaux sauvages…

Némo écoutait, les sourcils froncés.

L'Homme, petite **étincelle...**

L'univers a 12 milliards d'années au moins; l'espèce : environ 3 millions d'années; l'ère chrétienne : 2 000 ans. Difficile de comparer toutes ces durées...

Pour se faire une idée du temps, imaginons que l'histoire de l'univers soit contenue dans une journée et que le big bang ait eu lieu à zéro heure. Voici ce que cela donnerait : L'univers naît à **0 heure**. *Il faut attendre jusqu'à* **15 h** *pour que la Terre apparaisse ! La vie surgit à* **17 h**. *Les dinosaures, à* **23 h 30** *seulement et ils disparaissent à* **23 h 42**. *L'Homo sapiens arrive* **sept secondes avant minuit**, *et le Christ,* **un centième de seconde avant minuit**. *Il est maintenant minuit, et nous sommes là, à nous poser des questions. A cette échelle, une vie d'homme ne durerait que* **5 dix-millièmes de seconde**...

Nous ne sommes vraiment que de toutes petites étincelles dans l'histoire de l'univers.

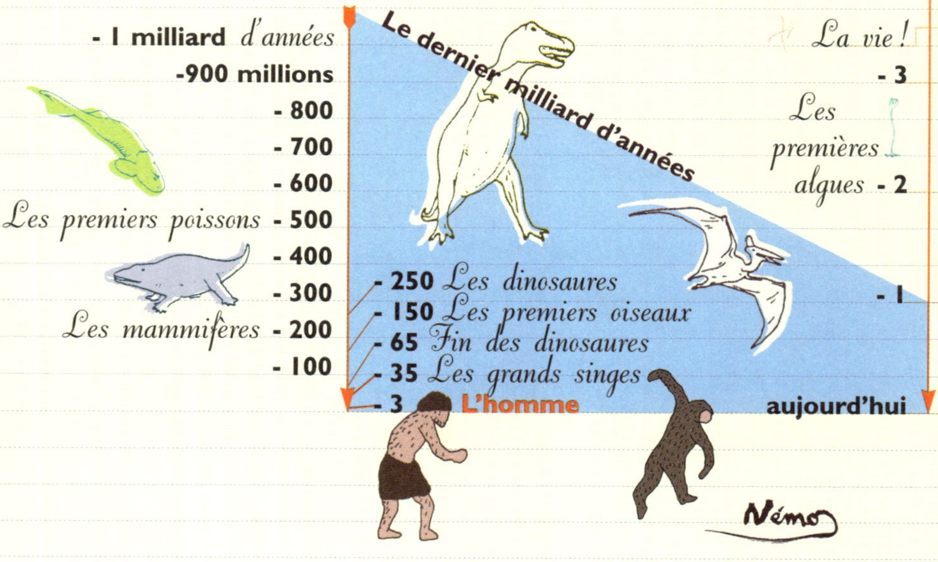

– Aujourd'hui, poursuivit Gaspard, nous avons beaucoup plus de confort, nous connaissons mieux le monde, nous savons guérir un grand nombre de maladies…

– Je sais qu'il y a le Sida, fit Némo. Et la drogue.

Il se souvenait de reportages à la télé, où on parlait de la maladie du siècle. Il avait aussi vu des jeunes gens très maigres, malades des drogues qu'ils prenaient.

– Tu as raison, approuva Gaspard. Et la plupart des humains sur la planète vivent dans la misère.

– Tu vois bien qu'on n'a pas avancé…

Gaspard gardait l'air songeur.

– Je ne sais pas… Rappelle-toi tes arrière-grands-parents, Eugène et Noémie. Quand ils étaient petits, il n'y avait pas de téléphone, pas de télévision… Ils ne voyageaient pas plus loin que la ville voisine… Étaient-ils moins heureux que nous ? Ils ne connaissaient pas les embouteillages, la pollution… Le monde était différent, voilà tout. Seulement, mes parents, mes grands-parents et mes arrière-grands-parents ont tous subi une guerre, et parfois plusieurs dans leur vie. Toi, Némo, et moi aussi, nous avons cette chance : nous n'avons pas connu la guerre en France.

– Tu crois qu'on arrêtera les guerres ?

Gaspard le regarda, le visage grave.

– Il y a toujours des hommes qui veulent dominer les autres, être plus riches qu'eux, occuper leurs territoires…

– Mais pourquoi ? Pourquoi ils font ça, les humains ?

– Ils ne comprennent pas qu'ils sont comme de toutes petites étincelles qui palpitent un moment, puis disparaissent. Ils se croient forts, importants…

– Alors, on ne changera jamais ?

Gaspard réfléchit un court moment.

– Peut-être, quand même, peut-être… En fait, l'histoire

humaine vient juste de commencer. L'homme existe depuis 3 millions d'années, mais, à part quelques petites expériences dans l'Antiquité, la démocratie n'a que 200 ans. Presque rien ! Il faudra certainement des centaines, peut-être des milliers d'années, pour que les choses s'améliorent.

Des milliers d'années ! Némo se sentait épuisé d'avance.

– Alors, moi, je ne peux rien changer !

– Bien sûr que si ! Si chacun fait une toute petite chose, cela finit par faire de grandes choses. Si chaque Français aidait un enfant pauvre dans le monde, cela pourrait sauver des millions d'enfants. Tu peux changer le monde, Némo. Oui, tu peux changer le monde…

La femme aux yeux bleus

La journée n'était pas finie ! Dès le lendemain, Gaspard devait s'atteler au montage de « leur » film, mais avant de raccompagner Némo chez ses parents, il tenait absolument à lui montrer « de l'art ».

– Sûrement à cause de Mamy Fanny ! rigola Némo.

Ils avaient traversé la Seine et se dirigeaient vers un immense bâtiment en pierre, orné de colonnes. Au-dessus du portail d'entrée, une grande banderole annonçait : « Un siècle d'art. »

– Nous allons voir une sélection de peintures et de sculptures du XXe siècle, précisa Gaspard. L'exposition ouvre demain. Mais nous pouvons la visiter avant tout le monde. La télé, tu sais bien…

Oui, Némo savait. Très pratique de travailler à la télé ! Gaspard le précéda et, marchant à reculons, filma son entrée dans l'exposition. La première salle comportait plusieurs grands tableaux, accrochés sur des murs blancs et regroupés sous le titre : « Au tournant du siècle ». Némo se retrouva devant une peinture étrange. Il distingua un petit pont suspendu au-dessus d'une rivière ou d'un lac tout vert… Il s'approcha. Le tableau semblait fait de petites taches. Il s'approcha encore, tout près de la toile. Il voyait parfaitement les coups de pinceau, mais le paysage avait disparu. Il fallait reculer pour le voir réapparaître.

– C'est magique, hein ?

Gaspard le filmait, en souriant.

– Claude Monet a peint ce tableau en 1899, dans son jardin de Giverny, près de Paris. Il représente son petit pont japonais, au-dessus de l'étang couvert de nénuphars.

– Mais pourquoi ces petites taches ? demanda Némo.

– Monet était un peintre « impressionniste ». Il ne cherchait pas à peindre exactement ce qu'il voyait, mais plutôt ses impressions, ce qu'il ressentait. L'idée qu'il se faisait du pont. Il l'a d'ailleurs peint plusieurs fois, à différentes époques de sa vie, sous le soleil, sous le ciel gris, le matin ou le soir. Et à chaque fois, cela a donné une « impression » différente. L'impressionnisme a fait l'effet d'une révolution dans la peinture !

– Tu en vois partout, des révolutions !

– Mais oui ! La peinture a elle aussi une histoire, qui suit celle des hommes. Tu te souviens de Lascaux ?

– Bien sûr ! On y a vu les premières peintures.

– Exactement. Et nous avons vu aussi la suite : les fresques superbes, les dieux et les jolies déesses de l'Égypte ancienne…

– Eh, eh… fit Némo.

Quand son cousin parlait des jolies femmes, il avait toujours un petit air étrange.

– Oh, ça va !

Gaspard avait les joues un peu rouges.

– L'art, reprit-il, ressemble à son époque. Il nous révèle les pensées, les connaissances du moment. Le Moyen Âge était dominé par la religion : les peintures nous montrent des scènes de la Bible. À la Renaissance, on s'intéresse au monde réel et on se met à peindre l'homme, on fait des portraits, on joue avec la lumière, comme Léonard de Vinci. Après la Révolution, on se sent encore plus libre : on essaie de peindre l'émotion. Et puis, au début du siècle, les artistes abandonnent la réalité et peignent leurs impressions, et même plus tard, des choses abstraites… Peut-être le monde est-il devenu trop cruel ? La peinture évolue, comme les idées.

Sur l'un des tableaux, on voyait une drôle de chambre, avec un lit et des petites chaises de travers. *La Chambre de Van Gogh à Arles,* 1899, lut Némo.

– Là, Van Gogh a joué avec la perspective, commenta Gaspard.

– La quoi ?

– La perspective. Pour essayer de représenter ce que l'on voit, il y a des « trucs », des techniques. Dans un paysage, par exemple, plus les choses sont éloignées de nous, plus il faut les représenter petites. C'est cela, la perspective… La peinture, ça s'apprend !

Némo n'était pas enchanté par cette idée.

– Rassure-toi, ajouta Gaspard. On peut regarder un tableau en recherchant comment le peintre a utilisé les couleurs, les lignes, la lumière. On peut aussi le regarder sans se poser de questions, juste pour le plaisir. Pour l'émotion…

Gaspard se pencha vers Némo.

– Tiens, on va faire une expérience. Promène-toi seul dans l'exposition et choisis les tableaux que tu préfères.

Némo n'était pas sûr d'en être capable… Il avança néanmoins dans les couloirs, s'arrêtant un bref moment devant chaque tableau. Certains ressemblaient à quelque chose et d'autres ne ressemblaient à rien du tout. Picasso, Matisse, Miró, Magritte : Némo les regardait tous. Il y avait même un tableau bleu, entièrement bleu, sans un seul dessin. Là, le peintre s'était vraiment moqué du monde, se dit Némo. Il revint plusieurs fois sur ses pas. Deux tableaux lui plaisaient particulièrement. Il alla plusieurs fois de l'un à l'autre pour les comparer. Puis il appela Gaspard pour les lui montrer.

Son cousin le regarda, l'air admiratif.

– Tu sais, je crois qu'elles reviennent vraiment, tes fameuses émotions. Tu as choisi deux tableaux très émouvants, justement…

Le premier, accroché au tout début de l'exposition, représentait deux jolies femmes, comme aurait dit Gaspard. *Les Deux Tahitiennes*, de Gauguin, peint en 1899. Elles avaient de longs cheveux noirs, un air de bonheur. Celle qui se tenait au centre avait les seins nus et un visage calme, mais si vivant. Elle regardait Némo. Celui-ci recula. Elle ne le quittait pas des yeux. Il recula encore, très loin, jusqu'à la sortie de la salle. La femme semblait toujours le regarder, elle l'attirait…

Le second tableau, dans une pièce voisine, montrait une autre femme, plus étrange. *La Femme aux yeux bleus*, de Modigliani, 1918. Elle portait une robe noire qu'elle tenait fermée d'une main longue, longue. Son visage était ovale, comme celui de la Tahitienne. Elle semblait perdue dans ses pensées… On aurait dit qu'elle sortait d'un rêve. Némo était fasciné par ses yeux. Bleus, encore plus bleus que les siens.

Ces deux visages étaient entrés dans sa tête. En fermant les paupières, Némo continuait à les voir.

– Tu as découvert deux chefs-d'œuvre de la peinture, dit Gaspard au bout d'un moment. Et je sais ce que tu penses !

Némo se tourna vers Gaspard.

– Comment ça, tu sais ce que je pense ?

– Tu ne penses pas avec des mots, tu sens quelque chose à l'intérieur de toi. L'art, c'est une autre manière d'exprimer ses sentiments, de comprendre le monde, une autre manière de parler. Souvent, mieux qu'avec des mots.

Gaspard se tut un instant. Puis il reprit :

– Quand Léa danse, elle ne dit rien, mais elle donne à ceux qui la regardent quelque chose de très fort. Je n'arrive pas bien à le définir, mais c'est comme… l'essentiel d'elle-même, l'essentiel d'un être humain. Elle me donne envie de pleurer de bonheur.

Cela faisait longtemps qu'il n'avait pas parlé de Léa, pensa Némo. Quand rentrait-elle ? Gaspard supportait très mal son absence.

Dans les dernières salles, Némo s'arrêta devant deux sculptures. La plus grande représentait un homme très long, très maigre, si long, si maigre, qu'il semblait en fil de fer. Il marchait, les bras le long du corps, l'air malheureux, comme si on l'obligeait à marcher, à marcher, à marcher, jusqu'à ce qu'il tombe. Et justement, la sculpture suivante, plus petite, montrait un homme semblable, très long, très maigre lui aussi. Il était en train de tomber en avant, ses jambes ne pouvaient plus le porter…

– *L'Homme qui marche* et *L'Homme qui chavire*, de Giacometti, commenta Gaspard, en tournant autour des sculptures avec sa caméra. Il les a sculptées entre 1950 et 1960. Giacometti a dit : « J'ai toujours eu l'impression de la fragilité des êtres vivants, comme s'il fallait une énergie formidable pour qu'ils puissent tenir debout. »

– Il a raison, dit Némo. C'est tellement bizarre que l'on puisse tenir debout sur nos deux pieds.

– Oui. Pour moi, ces sculptures montrent vraiment la fragilité de l'être humain, en équilibre délicat, si petit, si fragile sur sa planète. L'être humain qui marche et ne fait que passer, l'être humain qui souffre aussi peut-être… Ces personnages très longs n'existent pas dans la réalité. Mais ils sont plus vrais que les vrais.

Dans la rue, Némo pensait encore à ces visages de femmes et à ces longs bonshommes tristes. Gaspard avait raison. Ils disent plus de choses que les mots.

Mais déjà, le programme « artistique » continuait ! Après le dîner, Gaspard avait prévu d'emmener Némo au concert, « pour finir notre voyage en beauté ».

– Nous ne pouvons pas achever notre aventure sans Wolfgang Amadeus Mozart, avait-il dit. Mozart, l'enfant prodige. Le plus grand compositeur de tous les temps. Il a vécu à la fin du XVIIIe siècle. Et il a imaginé sa première symphonie à l'âge de huit ans !

– Huit ans !

– Eh oui ! Mozart avait quelque chose que les autres êtres humains n'ont pas : il entendait la musique à l'intérieur de lui. Il écrivait, très vite, comme une urgence, comme s'il avait su qu'il allait mourir très jeune. Il a composé vingt opéras, quarante-quatre symphonies, des sérénades, des concertos, des quatuors…

– C'est quoi, tout ça ?

– De la musique, Némo. Pour des grands orchestres, des plus petits, ou seulement des violons ou un piano. Des dizaines et des dizaines de morceaux de musique, que l'on joue toujours dans le monde entier. Les plus beaux que l'on ait jamais écrits.

Ma petite **discothèque**

Pour découvrir le plaisir de la musique, il faut écouter, et écouter encore, en n'hésitan pas à explorer des univers inconnus (le classique n'est pas réservé aux adultes !). Alors, la magie opère, et on ressent de émotions si for que jamais, c ne pourra les oublie

Classique

Messe pour les trépassés, de **Marc-Antoine Charpentier**
Les Quatre Saisons, d'**Antonio Vivaldi** *(classique des classiques)*
Les Variations Goldberg, de **Johann Sebastian Bach** *(par Glenn Gould)*
Requiem, de **Wolfgang Amadeus Mozart** *(le chef-d'œuvre absolu)*
Don Giovanni, de **Mozart** *(pour essayer un opéra), Concerto pour piano n°21,* de **Mozart**
La Symphonie pastorale, de **Ludwig van Beethoven** *Trio n°2, opus 100,* de **Franz Schubert**
La Symphonie fantastique, d'**Hector Berlioz,** *Barcarolle,* de **Frédéric Chopin**
Four Last Songs, de **Richard Strauss** *(chants à écouter la nuit) Le Boléro,* de **Maurice Ravel**
Gymnopédies et Nocturnes, d'**Erik Satie**

Rock, pop, etc.

Pour se promener dans les années 60 et 70 : Sergent Peppers, des **Beatles** *(surtout A day in the life). Dark Side...,* des **Pink Floyd**, *Days of future passed,* des **Moody Blues** *et un "best of" de* **Bob Dylan**

Jazz

Une compilation des grands du jazz, avec **Louis Armstr Duke Ellington, Ella Fitzgerald, Count Basie, Art Tatu Dizzy Gillespie, Stéphane Grappelli,** *etc, pour repérer ce qui nous*
A écouter particulièrement : Kind of blue, de **Miles Davis** *; Time Out,* de **Dave Brubeck** *et Two of mind, de* **Paul Desmond** *et* **Gerry Mulligan**

Les chanteurs poètes

Chanson pour l'Auvergnat, de **Georges Brassens**
Les Vieux, de **Jacques Brel**
La Mer, de **Charles Trenet**

Musique du monde

Les sons de **Bob Marley** *(le reggae)*
Ravi Shankar *(le sitar indien)*
Fela *(les rythmes nigérians),* **Noa** *(la belle d'Israël)*
Ray Barretto *(la salsa portoricaine)* **Khaled** *(le raï algérien)*

Fin de siècle

Dummy, de **Portishead**
Le rap de **MC Solaar**

Némo

La salle dans laquelle ils entrèrent était immense. La foule se pressait dans les allées pour prendre place. Mais Némo était le seul enfant.

– Les parents emmènent rarement les enfants au concert, expliqua Gaspard, de peur qu'ils ne s'ennuient. C'est une erreur. Plus on écoute de la musique, plus on l'aime. Exactement comme la lecture. Plus on lit, plus on aime lire.

Leurs sièges se trouvaient au cinquième rang, au milieu de la rangée. Sur la scène, des dizaines de musiciens s'agitaient. Les plus proches de Némo tenaient un violon. Ils portaient tous un costume noir, avec une veste plus longue derrière que devant. Quel vacarme ! Ils tripotaient tous leurs instruments et en tiraient des bruits affreux. Ça allait être gai, le concert…

– Ils s'accordent, lui souffla Gaspard en rigolant. Ils se règlent tous sur la même note. Nous avons devant nous un orchestre « symphonique », celui qui comporte le plus d'instruments.

Son cousin détailla la formation qui se tenait devant eux : les rangs des premiers violons et des seconds violons. Le coin des violoncelles et, derrière, les contrebasses. Puis les bois, c'est-à-dire les hautbois, flûtes, clarinettes, bassons. Plus loin encore, les cuivres : trombones, trompettes, cors. Et tout au fond, les percussions : timbales, grosse caisse, carillons… La harpe et le piano, un peu à l'écart. Cela faisait pas mal de monde… Plusieurs personnes, elles aussi habillées en noir, prirent encore place sur la scène.

– Les choristes, commenta Gaspard. Les chanteurs, si tu préfères. Ce soir, le programme commence par le *Requiem*. Mozart l'a composé juste avant de mourir, sur son lit.

– Sur son lit ?

– Oui, il était si faible… Il dictait les notes de chaque instrument à un autre compositeur, qui les écrivait sur le papier. Mozart a ainsi composé le chant de sa propre mort. Comme un dernier adieu.

Les lumières de la salle s'éteignirent. Et le silence se fit. Tout le monde retenait son souffle…

Alors, de l'orchestre, partit une mélodie très douce. Les cuivres et les violons chuchotaient ensemble ; puis les timbales, les violoncelles… La mélodie grandit, grossit. Les voix des choristes gonflaient, comme la mer. Quelque chose montait, montait et prenait tout le corps. Les voix de femmes, très hautes, semblaient descendre du ciel. Némo écoutait sans oser bouger. L'une des choristes avança d'un pas et se mit à chanter. Sa voix semblait portée par les violons et par les chœurs, soulevée par l'orchestre entier. Les voix d'hommes reprirent, puis les voix de femmes un peu décalées… C'était doux, c'était fort, c'était chaud. Némo se tourna vers Gaspard. Celui-ci écoutait, les yeux fermés. Le silence retomba un instant, puis l'orchestre reprit, plus rapide. Les voix des hommes et des femmes se succédaient. Némo ferma les yeux, lui aussi. Il entendait mieux encore. Il voyait des images. Des paysages qui défilaient, comme à travers la vitre d'une voiture. Parfois, tous les instruments de l'orchestre jouaient à la fois. Némo se sentait entraîné à toute allure, dans un torrent de notes. Parfois, un choriste isolé chantait, accompagné seulement de quelques violons, comme s'ils se mettaient un peu à l'écart des autres pour une conversation entre eux.

Encore un silence. Alors, les chœurs reprirent ensemble, dans un cri. Les violons les suivirent. Les femmes lancèrent de petites notes, des sortes de plaintes. Puis les hommes et les violons tonnèrent, comme l'orage. La musique pénétrait tout entière dans la tête de Némo. Il pensait à Mozart, dans son lit, mais il imaginait un petit enfant, pâle, le visage triste. L'enfant bougeait les mains, comme le chef d'orchestre, pour diriger sa musique. Oui, c'était beau.

Némo sentit quelque chose sur sa joue. Il ouvrit les yeux, toucha ses paupières. Quelque chose de mouillé. Il comprit. Des larmes... Comme Sunita, comme Gaspard... Némo pleurait.

Chapitre 14

Tu seras Némo

Le cri du passé

Mais qui avait tondu la pelouse ? Elle avait l'air malade avec son herbe rase, et les arbres semblaient plus nombreux que d'habitude. Némo n'avait jamais remarqué que le jardin de ses parents était aussi grand. Si grand qu'il n'en voyait pas la fin. Il avançait doucement, en veillant à ne pas écraser une fleur, surtout pas un nénuphar. Il adorait les nénuphars, et le jardin en était rempli.

La maison était loin derrière lui maintenant, mais il n'avait toujours pas trouvé l'entrée du tunnel. Où était-elle ? Tiens, voilà le grand tilleul. Quand il était petit, il avait construit une cabane au sommet de l'arbre. Il avait utilisé les vieilles planches qui, personne ne savait pourquoi, étaient entassées dans un coin du garage depuis des années. Il les avait assemblées avec une grosse ficelle pour former un toit, entre deux branches, et recouvertes de grands draps pour servir de parois. On pouvait s'y tenir à deux, à condition de ne pas être trop gros. Il passait des heures là-haut, serré contre Sunita. Et c'est là qu'il l'avait embrassée pour la première fois.

L'entrée était cachée juste derrière les forsythias, ce gros buisson de fleurs jaunes planté par sa maman quand il avait cinq ans. « Mes forsythias, mes forsythias ! », criait toujours sa mère, qui craignait que quelqu'un ne les écrase. Oui, c'était bien là. Némo se mit à plat ventre et se glissa dans le trou. Le tunnel était étroit et faiblement éclairé. Il avançait rapidement, mais le parcours semblait interminable. Il passa à côté de la cachette, leur « antre ». Sunita l'attendait. Elle avait le visage maigre et fatigué. Il mangea quelques biscuits avec elle, comme ils le faisaient d'habitude. Mais il la quitta car une voix l'appelait.

Attention ! Dans le tunnel, un groupe de soldats le croisa en le bousculant. Ils avaient le visage noir et certains d'entre eux étaient couverts de sang. « Ne reste pas là ! Ne reste pas là, Némo ! » cria son arrière-grand-père. Celui-ci portait lui aussi un uniforme taché de boue. Il posa lentement ses mains sur les épaules de Némo, le regarda d'un air doux et répéta : « Ne reste pas là, mon p'tit, ne reste pas là ! » Puis il disparut à la suite des soldats.

Némo enleva son masque à gaz, grimpa l'échelle. Dehors il faisait chaud. Il donna une pièce au jeune mendiant qui se tenait assis au pied de l'arbre. Un air de musique parvenait faiblement à ses oreilles. Il avança dans la direction du son et découvrit l'orchestre qui jouait sur une immense scène en plein air. Assis sur son lit, un petit enfant dirigeait les musiciens d'une main fine. La musique était lente, lente, et sourde comme si elle venait du fond de l'eau. L'un des violonistes jouait trop rapidement et trop fort, perturbant les autres instruments. Son voisin jetait des regards sombres, mais Gaspard continuait de jouer de plus en plus fort, de plus en plus faux. Quelle cacophonie ! Alors, deux huissiers en noir surgirent, arrachèrent Gaspard de sa chaise et l'entraînèrent loin de la scène.

Némo essaya de les suivre… C'était déjà trop tard, ils avaient disparu.

Il releva la tête. Un peu plus loin devant lui se tenait Léa. Elle était si belle, avec ses immenses yeux bleus, sa figure ovale et ses longues mains qui fermaient sa robe noire. Elle le regardait sans le voir, avec une expression étrange. Qu'elle était belle… Némo essayait de la rejoindre. Mais plus il s'approchait d'elle, plus elle semblait lointaine. Il marchait, marchait, sans jamais l'atteindre. Il se sentait si léger, avec son long corps en fil de fer. Avec un corps comme ça, on voyait les choses de haut et le monde paraissait tout petit. Il marchait, il marchait.

« Attention ! Attention ! » Quelqu'un venait de crier. Némo se retourna. Une voiture se dirigeait vers lui à vive allure. Il pressa le pas, pour l'éviter. Mais il était trop faible. Son corps de fil de fer se courba, chancela et il tomba en avant. Il vit la voiture grossir et foncer sur lui. Alors, il cria, il cria très fort, un immense cri de terreur…

– Némo ? Némo ? Tu vas bien ? Tu as mal quelque part ?

Son père et sa mère étaient penchés vers lui. Némo les regarda un moment, ahuri. Il était allongé sur son lit, le corps trempé de transpiration, secoué de sanglots.

– Ça va aller, ça va aller, reprit sa mère.

– Je crois que tu as fait un cauchemar, ajouta son père.

Némo s'assit difficilement en s'appuyant contre le montant du lit. Les images tournaient encore dans sa tête. Le tunnel, le tilleul, le jardin…

– Les forsythias ? Ils sont encore là ?
C'était maintenant sa mère qui avait l'air ahuri.
– Les quoi ? Les forsythias ? Mais Némo…
La jeune femme aux yeux bleus, son arrière-grand-père, les musiciens et… la voiture. Oui, il se souvenait. La voiture… La voiture de son accident. Et Sunita dans l'arbre, Sunita, son amie de toujours… Sunita…
Némo tremblait. Il regarda ses parents, reprit son souffle et dit d'une toute petite voix :
– Je sais où se trouve Sunita.

Le secret des archives

Il n'était que six heures du matin. Le jour se levait. Ils s'habillèrent rapidement tous les trois, sautèrent dans la voiture et partirent en direction de l'école, comme le souhaitait Némo. Sa mère le tenait contre elle et ne cessait de répéter : « Tu te souviens, tu te souviens… »
Oui, Némo se souvenait. Déjà la veille, pendant le concert, il avait senti quelque chose en lui. Quelque chose de fort, de chaud, oui, qui l'avait recouvert comme la mer, qui l'avait envahi, qui l'avait submergé. Et qui soudain, il ne pouvait pas expliquer pourquoi, avait débordé : il avait pleuré. Ces fameuses émotions… Il les avait retrouvées !
Et cette nuit, pendant son sommeil, les images du passé étaient remontées à la surface. Il s'était vu, enfant, dans le jardin de ses parents, il avait revécu le moment horrible de l'accident. Il se rappelait bien maintenant : il marchait rapidement vers le carrefour, il était pressé. Si pressé qu'il n'avait pas regardé en avançant sur la chaussée. Quelqu'un avait crié, mais trop tard. Dans un grand crissement de

pneus, la voiture l'avait heurté. Et puis, plus rien. Il s'était réveillé à l'hôpital, la mémoire effacée, comme un extraterrestre tombé sur la planète.

Tout allait bien maintenant. Les pensées se bousculaient dans sa tête. Il mélangeait un peu tout, ce qui venait d'avant son accident et ce qu'il avait appris après. Mais en tout cas, sa mémoire était bel et bien revenue. C'était l'essentiel. Surtout pour Sunita…

Pauvre Sunita. Comme elle avait dû avoir de la peine. Il avait été horrible avec elle. Bien sûr qu'il l'aimait, il le savait maintenant. Il avait simplement oublié. Elle lui pardonnerait, il en était certain. Sunita, c'était quelqu'un d'unique. Mais il fallait d'abord la sauver. Pourvu qu'elle soit encore en vie…

– Sunita ne voulait absolument pas partir en Inde, expliqua-t-il à ses parents pendant le trajet. Je ne voulais pas non plus qu'elle parte. C'était trop grave. Alors, on avait imaginé un truc tous les deux. Une cachette. C'était notre secret. Sunita est à l'école.

Ses parents ouvraient des yeux ronds.

– À l'école !

– Oui, poursuivit Némo. Pourvu qu'elle aille bien.

Il était vraiment inquiet. Combien de jours s'étaient écoulés depuis sa disparition ?

Devant l'école, Némo demanda à son père de contourner les vieux bâtiments et de s'arrêter derrière un haut mur. Là, il se dirigea vers un gros poteau électrique en béton qui s'élevait à proximité. Il se mit à l'escalader en posant ses pieds dans les petites marches qui servent habituellement aux réparateurs.

– C'est presque comme un escalier !

À la quatrième marche, il suffisait de poser le pied sur le

haut du mur et de sauter de l'autre côté. Après un moment d'hésitation, son père et sa mère l'imitèrent.

L'école était déserte. Tout le monde était en vacances. Némo entraîna ses parents dans le couloir qui menait à la cantine, puis descendit un long escalier. En bas, des centaines et des centaines de dossiers s'entassaient dans la poussière.

– Les archives… fit son père.

Il parlait à voix basse, comme dans une église.

Ils traversèrent deux longues salles et arrivèrent devant un encombrement de vieilles bibliothèques. Némo se glissa derrière l'une d'entre elles. Elle dissimulait une petite porte en bois, à peine visible dans la pénombre. Il essaya de l'ouvrir, mais elle était fermée de l'intérieur. Il appela :

– Sunita ?

Tout le monde retint son souffle. Pas de réponse.

– Sunita ? Sunita ? Tu es là ? cria Némo.

Alors, une petite voix fine leur parvint, si faible qu'ils l'entendirent à peine.

– Némo ?

Ils sautèrent tous les trois de joie. Elle était là ! Vivante !

Une clef tourna dans la serrure et la porte s'ouvrit. Sunita les regardait, les yeux ensommeillés, le visage pâle.

– Tes… Tes parents…

Son visage s'illumina. Elle était en train de comprendre.

– Tu as retrouvé la mémoire ?

Ils se serrèrent tous les quatre en s'embrassant. Némo lui raconta à toute allure. Oui, il venait tout juste de retrouver la mémoire, il s'était souvenu de leur secret, il était venu la sauver. Et en plus, elle ne partait pas en Inde, sa mère restait en France et elle avait même trouvé du travail… Pendant que Sunita l'écoutait, émerveillée, les parents de Némo examinaient « la cachette ». La petite salle, éclairée par un soupirail, contenait des vieux meubles, des tables et des chaises qui dataient d'au moins un siècle.

– Nous l'avons découvert un jour, Sunita et moi, en explorant l'école, expliqua Némo. On y a mis des biscuits, des boîtes de conserve, du chocolat, pour vivre pendant plusieurs jours sans sortir, un duvet…

– Ah ! voilà où il était passé, s'exclama la mère de Némo. Je le cherche depuis des semaines !

– Et plein de livres, pour ne pas s'ennuyer, ajouta Sunita. J'ai lu des dizaines de romans. Il y a même l'électricité : on a juste dû changer l'ampoule. De toute façon, j'avais aussi une lampe de poche, avec des piles de rechange. Et pour l'eau, il y a un petit évier, pas très loin. On peut aller remplir les bouteilles sans se faire voir…

Sunita montra tous ses petits secrets, comme si elle leur faisait visiter son appartement. Elle avait l'air affaiblie, mais en bonne santé.

– Allons prévenir ta maman maintenant, dit le père de Némo. Elle est si inquiète.

La journée se passa en retrouvailles. Sunita et sa mère – elle était accourue immédiatement après le coup de téléphone du père de Némo – restèrent longtemps enlacées. Némo en avait les larmes aux yeux. C'était drôle, les émotions ; ça revenait sans arrêt, surtout quand on ne s'y attendait pas. Puis Mamy Fanny arriva, suivie des amis de Sunita, Arthur et Paul, du docteur Benoît, qui examina Némo et, bien sûr, de Gaspard, heureux comme un roi, qui entraîna Sunita dans une petite danse de joie. Et puis, il y eut aussi la police… Cette visite-là était moins drôle. Les deux officiers posèrent un tas de questions à Némo. Quand avait-il découvert la cachette ? Qui d'autre la connaissait ? Pourquoi ne l'avait-il pas dit avant ?

Le soir, la famille et les amis se retrouvèrent dans le jardin, invités par les parents de Némo qui avaient préparé une montagne de crêpes. Némo et Sunita se souvenaient de leur dernier repas ensemble, après l'émission de télévision, lorsque le voyage s'était décidé. Mais cette fois, Sunita était gaie. Elle riait sans arrêt. Ils avaient gagné !

En plein milieu du dîner, le téléphone sonna.

– Gaspard, c'est pour toi, dit le père de Némo en lui tendant le combiné.

– La télé, sans doute, fit Gaspard. Ils ne me laissent jamais en paix. Allô ?

Némo le regardait. Le visage de Gaspard était en train de changer à vue d'œil. Il devenait plus doux, ses yeux riaient et sa bouche dessinait un immense sourire. Il parla doucement, longuement. Quand il eut raccroché, il avait… devinez quoi… de l'eau dans les yeux.

– C'était Léa, fit-il d'une voix émue.

Mais tout le monde avait compris depuis longtemps.

– Elle rentre. Elle sera là pour la projection.

Némo regardait son cousin. Il le poussa du coude en rigolant.

– Ah, l'amour !

N'oublie jamais, Némo

Une petite foule se pressait devant l'entrée de la salle de projection, au deuxième étage de l'immeuble de la télévision. Trois semaines s'étaient déjà écoulées depuis les retrouvailles avec Sunita. La plupart des journaux avaient publié leurs photos avec des gros titres : « Le petit Némo sauve son amie », « La mémoire retrouvée de Némo »… Et même : « Némo et Sunita, l'amour de deux enfants »… Némo était encore plus célèbre qu'avant. Le film de leur voyage devait bientôt être diffusé sur la chaîne de télévision. Ce soir-là, Némo allait le découvrir pour la première fois avec les invités.

Et quels invités ! Némo n'en revenait pas. Il y avait ses parents, bien sûr, Mamy Fanny, Sunita et sa mère, le docteur Benoît. Mais aussi l'astrophysicien du pic du Midi, l'archéologue du rocher avec son drôle d'accent, Marie, la jeune violoniste de la salle des Menus-Plaisirs, et même Luc, le journaliste rigolo. Presque tous ceux que Gaspard avait filmés pendant le voyage. Et puis Arthur, Paul, qui avait mis un nœud papillon pour l'occasion, et même la petite bande de l'école, Isabelle, Caroline, Antonin, Johanna et Célia, qui rigolaient comme des fous. La dernière à prendre place, ce fut Léa, ravissante dans une mini-robe noire. Depuis que Gaspard la lui avait présentée, Némo l'adorait. Elle ressemblait vraiment à la jeune femme aux yeux bleus de Modigliani, mais en plus joyeux quand même.

Gaspard s'avança, un micro à la main, et souhaita la bienvenue à l'assistance. Il rappela l'amnésie de Némo, la première émission de télévision qui avait été un succès, l'idée du voyage et du film.

La salle applaudit longuement. Gaspard attendit que le silence revienne pour reprendre la parole :

– Nous allons maintenant regarder ensemble notre film, *La Mémoire de Némo*. Mais permettez-moi encore un mot, ajouta-t-il.

Il se tourna vers Némo.

– Je voulais te dire, devant tout le monde, combien j'ai été heureux de vivre cette aventure avec toi. J'avais déjà beaucoup voyagé, visité de nombreux pays, rencontré des gens extraordinaires… Mais ce que j'ai vécu avec toi est sans doute l'expérience la plus enrichissante de ma vie. J'ai appris de toi peut-être autant que tu as appris de moi.

Gaspard s'adressa à la bande de copains qui entouraient Némo.

– Car vous, les enfants, vous savez ce qu'est l'essentiel de la vie ; vous savez encore ce qui est beau, ce qui est vrai. Et je crois que nous, les adultes, nous devrions davantage vous écouter. Pour tout cela, Némo, mon ami, je veux te dire « merci ».

La salle s'éteignit. Ce qui suivit fut pour Némo un moment de magie. Le film retraçait son voyage, étape après étape, et racontait comment il avait redécouvert son identité : sa nouvelle mémoire se déroulait devant lui en images. Sa colère devant la dame Psy lors de la première émission de télévision, qui fit éclater la salle de rire, son air bizarre après avoir bu du champagne dans l'avion, son regard étonné tourné vers les étoiles au-dessus du pic du Midi… Il était sur presque toutes les images. Il y eut encore de grands rires quand on vit Gaspard s'ébrouer comme un pingouin, tout habillé et dégoulinant d'eau. Et un grand silence quand ils dévoilèrent les peintures de Lascaux avec leur lampe torche, ou quand ils contemplaient la tombe de Ramsès en compagnie de la jolie restauratrice.

La voix de Gaspard commentait les séquences et, de temps en temps, on le voyait, souriant devant la caméra, qui présentait les lieux où ils se trouvaient. Les images étaient superbes : les champs de tournesol à Fontenoy, la crypte de Vézelay avec ses ombres étranges, le visage de la violoniste en train de mimer une scène de la Révolution.

– Dis donc, il n'y a que des jolies minettes, Léa va être jalouse, chuchota Némo.

– Ne t'inquiète pas, répondit Gaspard, en lui ébouriffant les cheveux. On s'aime trop, tous les deux.

La salle s'esclaffa de nouveau, en découvrant Némo rouge de colère dans la galerie des Glaces, puis à l'Assemblée nationale, au moment de son expulsion. Au fil des séquences, on comprenait que Némo devenait de plus en plus savant, de plus en plus sensible. Le film se terminait par un gros plan sur ses yeux brillants, quand il racontait à Sunita son enfance retrouvée.

Il y eut beaucoup d'applaudissements, des spectateurs crièrent même « Bravo, bravo ! ». Mais Gaspard les interrompit :

– Attendez, ce n'est pas fini !

Sur l'écran en effet, le visage de Némo avait laissé place à un paysage de désert, avec un ciel d'un bleu pur. La caméra avançait lentement vers une construction qui se confondait avec les roches couleur de sable. Némo reconnut la pyramide d'Imhotep. La caméra approchait encore et on distingua une silhouette, un homme en costume blanc portant un drôle de petit chapeau. Le vieux professeur… Un sourire se dessinait sur son beau visage ridé.

« Némo, quand tu es venu me voir, dans ce lieu qui conserve la mémoire des dieux, tu m'as dit : "Je ne sais pas bien qui je suis…" J'y ai beaucoup réfléchi depuis ton départ et, avec l'aide de ton ami Gaspard, je voulais te dire ceci… »

Némo était stupéfait.

– Tu es retourné en Égypte ? chuchota-t-il à Gaspard.

– Oui, juste un aller et retour, accompagné d'une équipe de télévision, pour te faire une surprise.

« Je m'adresse à toi, Némo, mais aussi à toi, lecteur, qui a suivi cette histoire, continuait le professeur sur l'écran.

« Quand on est enfant, c'est vrai, on ne sait pas trop qui on est, ni qui on va devenir. On ne veut pas ressembler aux adultes, mais on aimerait bien grandir.

« J'ai d'abord envie de te dire : ne change pas trop, Némo. Ne redeviens pas tout à fait "comme les autres". Continue à demander "Pourquoi ?", "Comment ?" Dans la grande aventure des hommes, les questions sont plus importantes que les réponses. Ce sont les questions qui font changer le monde.

« Toi, tu viens de retrouver une mémoire, tu as redécouvert ce qu'un enfant doit savoir. Mais tu n'as pas fini d'apprendre ! Toute notre vie, nous apprenons à penser, à chercher le beau et le vrai, à être nous-mêmes. Tu es Némo. Mais surtout, tu seras Némo. Tu as toute une vie pour devenir vraiment Némo. »

Le professeur fit une petite pause, pour reprendre son souffle. Il poursuivit :

« Comment devenir toi-même ? En suivant ceux qui t'aiment et que tu aimes. Mais aussi en faisant fonctionner ton intelligence, en laissant parler tes émotions, en t'écoutant toi-même.

« Chaque fois que tu seras en difficulté, quand tu ne sauras pas comment agir, cherche à l'intérieur de toi. N'écoute pas le Némo qui a peur. Ce n'est pas très important, la peur. N'écoute pas le Némo qui veut faire comme les autres, il est un peu faible et tu auras parfois honte de lui. Va plus profond encore, tout au fond de toi. Là où tout est calme, tu trouveras le petit Némo qui te dit toujours la vérité. Fais confiance à ce Némo-là, ne laisse personne décider à sa place.

« Tu penses souvent que le monde est trop grand, trop cruel, qu'il y a trop d'injustices, trop de malheurs, trop de gens qui souffrent ? Mais tu peux agir, Némo ! “Je suis tout seul, je suis tout petit, me diras-tu, qu’est-ce que je peux faire?” Et alors ? Sur cette planète, chacun est tout seul et tout petit. Toi, tu es libre. Libre de dire “Non !” Libre de lutter, avec d’autres, pour inventer plus d’humanité.

« Avec qui ? Ne suis pas ceux qui te diront : “C’est comme ça, on ne peut rien faire.” Ceux-là se sont fabriqué une carapace et ne savent plus suivre leur cœur. Méfie-toi aussi des beaux parleurs qui veulent faire ton bonheur à ta place. Comment savoir s’ils sont sincères ? Avant de les écouter, regarde plutôt ce qu’ils font. Les mots peuvent tromper, mais les actes disent toujours la vérité. N’oublie pas cela, Némo : les actes disent la vérité. »

La caméra se rapprocha. Les yeux du vieil homme brillaient.

« Toi aussi, tu deviendras un adulte. Mais prends garde de ne pas trop te durcir. N’éteins pas la petite flamme qui vit à l’intérieur de toi, celle qui te fait mettre en colère face à une injustice, qui te fait pleurer devant la beauté, celle qui te fait aimer. L’amour, Némo, l’amour, c’est ce que les êtres humains ont de plus précieux. Reste émerveillé et curieux. Sois toi-même, Némo. Et quand tu seras grand, n’oublie jamais l’enfant qui est en toi. »

Le visage du vieux professeur disparut lentement de l’écran. Il y eut un long silence, puis un tonnerre d’applaudissements. La foule se leva et se dirigea vers des tables où on servait du champagne. Némo, entouré d’invités impatients de le féliciter, se laissa entraîner par Sunita et Gaspard qui lui tenaient chacun une main. Il avait la tête pleine des paroles du vieil homme et, évidemment, un peu d’eau dans les yeux. Il était étourdi, mais heureux. À l’intérieur de lui, il sentait la chaleur de cette petite flamme dont parlait le professeur. Et il se le promit en secret : non, cette fois-ci, il n'oublierait jamais.

Les carnets de **Némo**

Histoire

page 120 Aux origines du monde
152 Et voici l'Homme !
160 Les premiers civilisés
198 Nos ancêtres, les immigrés
208 Le temps des croyants
218 Ils découvrent la planète
242 La conquête des libertés
252 Le siècle des machines
272 La planète se fait la guerre

Français

50 La phrase en questions
52 Le train des propositions
54 Des mots bien accordés
56 Les fausses familles de mots
134 Raconter une histoire
136 Des personnages très actifs

Mathématiques

106 Des mesures astronomiques
166 Les secrets des triangles
168 Pour faire bonne figure
170 La belle inconnue
172 Le passage du signe
174 Une histoire de gâteaux

Les carnets de **Némo**

Arts, littérature

page 132 Ma petite bibliothèque
202 Roman ou gothique ?
262 Le dormeur du val
274 Ma petite cinémathèque
298 Ma petite discothèque

Géographie, écologie

74 La Terre imaginaire
76 Le chaud et le froid
78, 79 Les sept plaies de la planète
94 Mon pays, la France

Sciences, astronomie, religions

32, 34 Le corps dévoilé
102, 103 Où sommes-nous dans l'univers ?
186 Les dieux, aujourd'hui
290 L'Homme, petite étincelle…

Citoyenneté

232, 233 Libres et égaux
280 Citoyen français
284 Citoyen européen

Némo

2 Notre voyage
40 Ma famille

Némo

page 11 *Chapitre 1*
Tu es Némo
Drôle de réveil
Il a tout oublié !
Il faut sauver Némo

21 *Chapitre 2*
Tu es un être humain
Ma grand-mère est un mammifère
Les mots de Némo
La merveilleuse machine

37 *Chapitre 3*
Tu es unique
Ils ont fait un œuf !
Retour à l'école
La bagarre du sergent

61 *Chapitre 4*
Tu es un terrien
Star de télé
La leçon de la Lune
Le repas planétaire

89 *Chapitre 5*
Tu es l'enfant des étoiles
Némo dans les airs
Le Pic des étoiles
Sur les anneaux de Saturne

113 *Chapitre 6*
Tu es né dans l'océan
Le bain de Gaspard
Némo sous les mers
Les larmes de la Sirène

140 *Chapitre 7*
Tu fais partie d'une espèce
Le trésor de Lascaux
Nous sommes tous des singes africains
Le rocher du Causse

page 155 *Chapitre 8*
Tu es civilisé
Némo au Caire
Le message de la pyramide
Dans la tombe de Ramsès

182 *Chapitre 9*
Tu es français
Une nuit sous un pont
Dans la maison d'Apollon
Des champs si tranquilles

201 *Chapitre 10*
Tu es l'héritier du progrès
Les voix mystérieuses
La disparition
Némo découvre l'esprit critique

221 *Chapitre 11*
Tu es le gardien de la démocratie
Némo se révolte
L'idée qui a tout changé
La force des baïonnettes

244 *Chapitre 12*
Tu portes la mémoire des hommes
Sur un tas de charbon
Eugène dans les tranchées
Le grenier de Mamy Fanny

277 *Chapitre 13*
Tu es un citoyen
Scandale à l'Assemblée nationale
Citoyen du monde
La femme aux yeux bleus

302 *Chapitre 14*
Tu seras Némo
Le cri du passé
Le secret des archives
N'oublie jamais, Némo

Achevé d'imprimer
sur les presses
de l'imprimerie Hérissey
en mars 2001.
N° d'Imprimeur : 89190